KB196851

미래의 조직,
조직의 미래

# 미래의 조직, 조직의 미래

스타트업부터 대기업까지
조직모델을 고민하는 이들을 위한 14가지 질문

2024년 12월 27일 초판 1쇄 발행

지 은 이 | 박정우 · 김명진 · 진한규 · 주세영 · 김재원
펴 낸 곳 | 삼성글로벌리서치
펴 낸 이 | 김원준
출판등록 | 제1991-000067호
등록일자 | 1991년 10월 12일
주    소 | 서울특별시 서초구 서초대로74길 4(서초동) 삼성생명서초타워 28층
전    화 | 02-3780-8213(기획), 02-3780-8074(마케팅)
이 메 일 | sgrbooks@samsung.com

ⓒ 박정우 · 김명진 · 진한규 · 주세영 · 김재원 2024

ISBN | 978-89-7633-136-6  03320

● 이 책은 저작권법에 따라 보호받는 저작물이므로 무단전재와 무단복제를 금지하며,
  이 책 내용의 전부 또는 일부를 이용하려면 반드시 저작권자와 삼성글로벌리서치의
  서면동의를 받아야 합니다.
● 가격은 뒤표지에 있습니다.
● 잘못된 책은 바꾸어 드립니다.

# 미래의 조직,
# 조직의 미래

――― 스타트업부터 대기업까지 ―――
조직모델을 고민하는 이들을 위한 14가지 질문

박정우 · 김명진 · 진한규 · 주세영 · 김재원 지음 | 배노조 감수

삼성글로벌리서치

급변하는 경영 환경에서 조직설계의 본질과 방향성을 고민하는 경영자에게 이 책은 필수적 안내서가 될 것이며, 인사 담당자에게는 실무에 바로 적용할 수 있는 지침서가 될 것입니다. 저자들은 기존의 조직모델로는 지속 가능한 성장을 기대하기 어렵다는 점을 지적하는 한편, 변화하는 시장 상황에 어떻게 유연하게 대응하며 미래 변화를 선도할 수 있을지 깊이 있게 성찰합니다. 이를 통해 조직설계가 단순한 구조적 개편을 넘어, 기업의 생존과 지속적 성장을 좌우하는 중요한 경영활동임을 강조합니다. 또한 다양한 기업의 실제 사례를 바탕으로 각 기업이 직면한 현실적 문제에 대한 구체적인 해결책을 제시합니다.

다양한 유형의 조직 가운데, 스타트업은 빠르고 유연한 실행력이 요구되며 대기업은 전통적 조직구조의 한계를 극복하고 조직 내외부의 협업을 강화하는 동시에 혁신을 이루어야 한다는 중차대한 과제를 안고 있습니다. 이 책은 조직의 초기 단계부터 성장기, 신사업 추진 시기까지 각각의 단계에서 조직모델을 어떻게 구축하고 발전시켜야 할지 탐구하며, 이러한 과제를 해결하기 위한 전략과 실천 방안을 제시합니다. 마이크로소프트가 사업부제를 폐지하고 플랫폼과 고객 중심의 조직으로 과감하게 재편한 사례를 비롯해, 스타트업과 대기업이 직면한 여러 상황을 조직모델에 관한 14가지 핵심 질문을 통해 구체적으로 다룹니다. 특히, 성장하는 기업들이 마주하는 '사람에 의존하지 않으면서도 사람을 배제하지 않는 조직'을 구축하기 위한 고민과 그 해결책은 오늘날의 리더들이 반드시 고민해야 할 중요한 주제입니다.

이 책에서는 신사업 추진과 관련해 양손잡이 조직, 사내벤처 육성, 애자일 조직 등 최신 경영 트렌드를 반영한 다양한 조직모델 또한 다루어지며, 기업이 직면할 미래의 위기와 기회가 폭넓게 분석되고 있습니다. 저자들은 인플레이션, 인재 부족, 기술 혁신 등 다가오는 경영환경에서 발생할 수 있는 리스크와 그에 대비할 수 있는 전략적 조언도 아낌없이 제공합니다. 이러한 통찰이 독자들에게 큰 도움이 될 것입니다.

'조직모델 설계'라는 복잡한 주제를 명쾌하게 풀어낸 이 책은 변화하는 경영 환경 속에서 경쟁력 있는 조직을 설계하고자 하는 모든 이에게 필독서입니다. 미래 조직을 설계하는 과정에서 이 책이 제공하는 통찰과 실용적 조언은 기업 성장을 이끄는 든든한 나침반 역할을 할 것입니다.

고려대학교 경영대학 교수

김광현

인사 담당자로 처음 접한 '조직설계'라는 업무 영역은 인재 채용, 평가, 보상 등 상대적으로 친숙한 다른 인사 업무와는 다른, 미지와 생소함의 영역이었다.

그도 그럴 것이 '조직' 전공자들은 다른 분야에 비해 그 수가 적었고 생소한 분야이다 보니 업무 내용을 정확히 파악하기도 쉽지 않았다. 그래서 '조직'을 고민하는 소수의 선배들은 범접할 수 없는 전문가라는 느낌을 주었고 그들이 만들어내는 조직도상의 라인(line)과 박스(box)는 회사의 실제 현장에서 다양한 변화를 불러일으키는 마술 같은 작업으로 보였다.

사실 20대 초반 군대에서도 명확한 상하 위계가 존재하는 동시에 작전, 인사, 군수 등 기능별로 정의된, 소위 '조직'이라는 체계의 역할과 책임을 경험한 바 있다. 기업 조직은 그보다 더 다양하고 복잡하며, 잦은 사업전략 변화에 대응해 다른 어떤 기능보다 선제적이고 신속하게 움직여야 한다. 그렇기에 '조직모델 설계'는 매우 중요한 경영활동이라는 점을, 다행히도 그리 늦지 않은 시점에 깨달을 수 있었다.

조직모델 설계는 구성원의 업무 방식과 의사결정 방식을 좌우하여 기업 성과에 결정적 영향을 미치는 핵심 경영활동이다. 그럼에도 불구하고 조직의 개념부터 현장에서 실질적으로 활용할 수 있는 지식까지 조직설계에 대해 제대로 공부할 수 있는 자료에는 늘 갈증을 느껴왔다. 이 책이 기획된 이유다.

이 책은 조직모델 설계를 고민하는 이들이라면 반드시 짚어보아야 할 이슈들을 14가지 질문과 답으로 풀어간다. 기업의 규모 및 처한 상황을 다양하게 설정하여 각각의 단계에서 꼭 필요하다고 판단하는 질문들을 뽑았으며, 이어 효과적으로 대처할 수 있는 최적의 솔루션을 그 답으로 제안한다.

우선 1부에서는 조직모델이란 무엇인지 설명하고 왜 지금 시점에 미래 조직에 대해 고민해야 하는지를 짚어본다.

2부는 작은 신생기업과 스타트업의 조직구조를 다룬다. 스타트업은 조직 규모가 작지만, 그렇다고 대기업의 축소판은 아니다. 그렇기 때문에 대기업이나 공공기관 중심으로 확립된 이론을 스타트업에 그대로 적용하기는 어렵다. 따라서 2부에서는 스타트업의 조직구조는 무엇이며 대기업 구조와 어떻게 다른지, 성장 과정에서 조직구조 재편을 어떤 방식으로 하면 좋은지를 고민해본다.

이어서 3부에는 안정화 단계로 접어든 스타트업과 대기업 등 성장한 기업의 조직모델에 대한 내용을 담았다. 조직과 리더의 관계, 사업부 간 협업 활성화, 애자일 조직의 국내 기업 적용 가능성 등 기업의 리더와 실무자들이 주로 고민하는 내용을 다루면서 그에 대한 해결 방향을 제시한다.

4부는 기업이 신사업을 추진할 때 가장 적절한 조직구조가 무엇인지 다룬다. 기존 사업과 새로운 사업의 조직을 분리 운영하는 양손잡이 조직, 사내벤처와 스타트업 액셀러레이터, 업종의 경계를 넘어서는 합종연횡 등 전통적 조직구조와 다른 새로운 형태의 조직에 대한 논의를 담는다.

끝으로 5부에서는 미래 지향적 조직을 만들고 지속적으로 운영하기 위해 이사회, 최고경영진, 인사는 어떤 역할을 해야 하는지 제시한다.

이와 같이 다섯 범주에서 펼쳐내는 '조직' 이야기는 조직에 대한 이해를 목적으로 하는 경영학도부터 회사 내에서 최적의 조직을 설계하고자 하는 인사 실무자, 이러한 조직모델 설계를 통해 사업 성공을 희망하는 경영자들에게 좋은 참고 자료가 될 것이라 확신한다.

또한 프로세스보다 사람 본연의 가치에 주목하는 요즘의 인사 트렌드와, 보다 유연한 방식으로 협업과 소통을 이끌어내야 하는 인사의 미션을 고민한다면 연구결과와 실제 사례가 함께 제시된 이 책에서 소개하는 다양한 제안들은 전문성과 실용성을 겸비한, 활용 가능한 솔루션으로서 큰 가치가 있을 것이다.

바쁜 연구 업무 중에도 조직모델 설계에 대한 지식과 혜안을 모아준 삼성글로벌리서치의 전·현직 인재경영연구실 연구원들에게 깊은 감사와 존경의 마음을 보내며, 연구결과를 아름답게 엮어준 출판팀에도 고마운 마음을 전한다.

삼성글로벌리서치 인재경영연구실장

배노조 상무

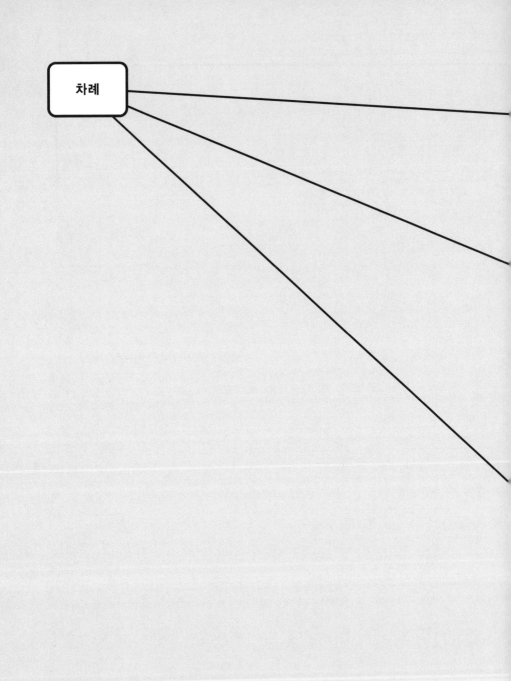

## 5부 · 조직모델을 완성하는 사람들

# 1부

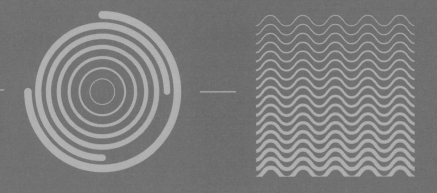

# 조직모델을
# 바라보는 시각

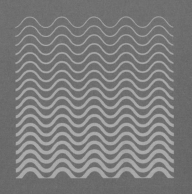

# 01

**첫 번째 질문**

# 왜, 지금
# 미래 조직모델인가?

미래 전략 변화와 고객대응을 위해
새로운 조직구조를 도입합니다
(Aligning Our Strategy & Structure).[1]

마이크로소프트(MS) CEO 사티아 나델라(Satya Nadella)가
취임 이듬해에 전 임직원에게 보낸 서신을 한 문장으로 요약하면 위와 같다.
즉, 마이크로소프트는 미래 핵심사업인 모바일과 클라우드 플랫폼 강화를 위해
그동안 성공 공식처럼 신봉하던 사업부제를 과감히 폐지하고
고객과 플랫폼 중심으로 대대적 조직개편을 단행했던 것이다.
오늘날 CEO들의 머릿속은 매우 복잡하다.
지금 우리 기업의 조직구조가 지속 가능한가?
새로운 조직도 기존 조직과 같은 형태로 만들면 되는가?
경쟁사들이 새로운 조직모델을 도입해 앞서가지는 않을까?
어떤 조직모델이 미래의 성공을 견인할 수 있는가?
지금 CEO들은 끊임없이 고민하고 있다.

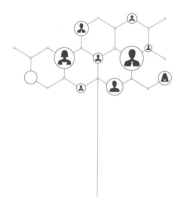

수많은 기업이 창업부터 폐업까지 기업의 생로병사를 경험하며 100년 기업이 되기 위해 진력을 다하고 있다. 맥킨지에 따르면 S&P 500 기업의 수명이 1958년 61세이던 것이 1995년에는 22세로, 최근에는 20세 이하로 낮아졌다.[2] 극심한 경쟁, 새로운 제품과 비즈니스 모델의 등장, 고객니즈의 변화 등으로 아마도 기업의 기대수명은 점점 더 짧아질 것이라는 전망이 많다.

경영자들은 100년 이상 지속 가능한 기업을 꿈꾸지만, 현실은 한 세대조차 유지하기가 힘들다. 이 점은 현존하는 글로벌 IT 기업들을 보면 이해가 보다 쉽다. 미국의 투자정보회사 모틀리풀(The Motley Pool)은 최근의 미국 주식시장을 'MANAMANA(MS, Apple, Netflix, Amazon, Meta, Adobe, Nvidia, Alphabet)'의 시대라고 표현했는데,[3] 이 중 1975년에 설립된 마이크로소프트, 그 이듬해에 설립된 애플, 그리고 1982년에 설립된 어도비 이외에 나머지 기업은 사람 나이로 치면 20~30대 초반의 젊은 기업들이다. 그만큼 현재 시장은 젊은 기업들이 주도하고 있다. 반면, 이들과의 경쟁에서 밀려난 넷스케이프(Netscape), 블록버스터(Blockbuster), 아메리카온라인(AOL), 야후(Yahoo), 라이코스(Lycos) 등은 30세 전후의 젊은 나이에 시장

▼ 도표 1-1 : MANAMANA 기업들의 설립 연도

▼ 도표 1-1 : MANAMANA 기업들의 설립 연도

| 기업 | 설립연도 | 기업 | 설립연도 |
|---|---|---|---|
| Microsoft | 1975년 | Meta | 2004년 |
| (Apple) | 1976년 | Adobe | 1982년 |
| NETFLIX | 1997년 | nVIDIA. | 1993년 |
| amazon | 1994년 | Alphabet | 1998년 |

을 떠난 셈이다. 글로벌 컨설팅사 캡제미니(Capgemini)에 따르면, 2000년 S&P 500에 포함된 기업 중 52%가 현재 파산하거나 다른 기업에 흡수되었다.[4]

## '변화'를 넘어 '변신'하는 기업만이 살아남는다

과거 100년을 지속해온 전통기업들은 기능형에서 시작해 사업부형으로 성장하고 매트릭스 구조로 효율을 높이는 등 기존 조직구조 안에서 문제의 해결책을 찾을 수 있었다. 그러나 경쟁 환경의 급격한 변화로 기존에는 캐시카우(cash cow)였던 핵심사업들이 한순간에 적자 사업으로 돌변하거나 신기술과 신공법 등장으로 수년간 공들여 준비한 연구와 설비가 무용지물이 되는 일을 겪기도 했다. 규모의 성장에 집중하다 보니 조직 곳곳에서 비효율과 리스크가 커지면서, 새롭게 시장에 등장한 혁신기업들과의 경쟁에서 도태되는 상황에 내몰리고 말았다.

반면에 혁신기업들은 핵심 기능만 보유하고 그 외에 필요한 부문은 외부 자원을 활용하는 방식으로 리스크를 줄였고 플랫폼이라는 새로운 먹이사슬을 만들어 더 적은 에너지를 투입하면서도 더 빠르게 성장할 수 있었다. 하지만 그러한 혁신기업들마저 최근 들어서는 전통기업들이 겪었던 조직 간 성장 불균형, 인재수급, 노사 갈등 및 법적 문제에 직면하고 있다.

결국 전통기업이든 혁신기업이든 급변하는 경영환경 속에서 끊임없이 성장통을 겪었고 이를 극복하기 위해 새로운 조직모델에서 해답을 찾아왔다. 예컨대 IBM은 조직분할과 사업 매각을 통해 하드웨어 기업에서 소프트웨어 기업으로 탈바꿈했고 HP는 하드웨어 사업과 소프트웨어 사업을 분사해 각각의 특성에 맞는 조직운영 방식을 도입했다. 또 구글(Google)은 기존 사업과 신사업 간 균형 성장을 위해 알파벳(Alphabet)이라는 지주회사를 설립했고 메타(Meta)는 조직 수평화(flatten)를 위해 조직 간 위계를 제거하고 팀 중심의 소조직들로 재편했다.

이처럼 기업들은 다양한 리스크에 대응하기 위해 끊임없이 조직을 변신시키고 있고 성공한 기업들의 조직모델을 벤치마킹하며 자신만의 미래 조직을 만들고자 준비하고 있다.

그렇다면 미래 조직모델은 구체적으로 어떤 리스크에 대응해야 하는가? 2023년 《포브스(Forbes)》는 "2024년 기업이 직면하게 될 9가지 가장 큰 리스크와 위협"이라는 기사를 게재한 바 있다.[5] 기사에 따르면 인플레이션, 금리/환율 변동, 인재 부족, 공급망 문제, 지정학적 리스크는 이제 만성적 위험이 되었고 AI 활용 확대에 따른 내부 리스크와 세대 갈등의 정도를 넘어선 임직원 간의 심각한 단절, 지능화된 사이버 공격 등 새롭고 심화된 위험 요인까지 등장하고 있다. 이처럼 오늘날 경영환경의 리스크는 한두 가지가 아니며, 따라서 기업은 그 어떤 상황에도 유연하고 빠르게 대응할 수 있는 조직구조를 갖추어야만 한다.

비단 리스크 대응에 그칠 것이 아니라, 새로운 사업을 발굴하거나 비효율을 줄이면서 지속 성장을 해나가야만 더 오래 생존하는 기업이 될 수 있다. 실제로 맥킨지 조사에 따르면, 코로나 이전 10년간 글로벌 기업들의 평균 성장률은 2.8% 수준이었는데 그 가운데 사업과 체질 개선에 성공한 13%의 기업들은 연평균 10% 이상 성장했다.[6] 이들 고성장 기업들은 빠르게 사업과 조직을 변신시켰거나 인수합병을 통해 사업을 확장했고, 신사업을 지속 육성한 것으로 나타났다. 결국 기업들은 변화(change)를 넘어 변신(transformation)을 거듭해야만 지속 가능한 성장을 유지할 수 있는 것이다.

코로나 팬데믹 이후 기업들은 더 많은 리스크와 성장의 한계에 직면해 있다. 신사업 발굴 및 육성, 수평적 조직문화 구축, 우수 인재의 확보와 유지, AI 활용과 디지털 트랜스포메이션 등 코로나 팬데믹을 겪느라 미뤄놓았던 과제들도 산적해 있다. 그러므로 미래 조직모델에 대한 고민은 기업들이 처한 어려운 현 상황과 산적한 과제들을 해결하는 또 다른 시도이자 든든한 기반이 될 것이다.

## 현재를 알아야 미래가 보인다

미래 조직모델을 잘 설계하려면 먼저 조직구조의 기본 형태부터 잘 이해해둘 필요가 있다. 흔히 기업 조직 전문가들은 "하늘 아래 새로운 조직은 없다."라고 말한다. 이는 곧 조직구조의 기본 형태, 즉 기능형·사업부형·매트릭스형 조직이 수십 년간 조직구조의 근간이 되어왔다는 의미이다. 미래의 조직 역시 기존의 기본적 조직구조에 토대를 두고 파생된다고 해야 할 것이므로 이러한 조직구조에 대한 명확한 이해는 필수적이다.

조직구조를 살펴보기에 앞서 '조직'의 개념부터 명확히 짚어보자. 조직의 사전적 정의는 '특정한 목표를 달성하기 위해 협력하는 체계적인 집단'이다. 국내에서 발간된 조직이론 저서 중 가장 많이 인용되는 김인수의 《거시조직이론》[7]에서는 여러 조직이론가의 정의를 종합하여, 조직은 ①공동의 목표를 가지고 있으며, ②이를 달성하기 위하여 의도적으로 정립한 체계화된 구조에 따라 구성원들이 상호작용하며, ③내부와 외부라는 경계를 가지고, ④외부에 적응하는, ⑤인간의 사회적 집단이라고 개념화한 바 있다. 저자는 조직의 사전적 개념 위에 구성원의 의도, 사회적 상호작용, 조직의 경계 등을 강조하며 실제 기업 조직에 근접한 정의를 정립했다. 여러 조직이론가들이 내린 조직에 대한 정의는 〈도표 1-2〉와 같다.

▼ 도표 1-2 : 조직이론가들이 내린 조직에 대한 정의

| 조직이론가 | 조직에 대한 정의 |
|---|---|
| 막스 베버<br>(Max Weber) | 특정한 목적 달성을 위해 조직구성원 간 상호작용이 이루어지는<br>협력 집단으로, 관료제적 구조와 체계를 강조 |
| 체스터 바너드<br>(Chester Barnard) | 공동의 목적을 달성하기 위해 다수의 구성원이 헌신하고<br>상호 의사를 전달하는 집합체로, 가치체계 및 조직문화가 중요 |
| 필립 셀즈닉<br>(Philip Selznick) | 환경에 적응하면서 공동의 목표를 달성하기 위해<br>공식/비공식 상호작용을 유지하는 사회적 구조 |
| 카츠 & 칸<br>(Katz & Khan) | 내부 관리를 위한 규제와 외부 적응을 위한 구조 발달을 통해 공동의<br>목표를 추구하는 집단으로, 조직 내 역할과 위계 필요 |

그렇다면 '조직구조'란 무엇일까? '조직'이라는 말을 들으면 사람들은 흔히 다수의 네모상자와 선으로 연결된 조직도를 떠올리는 경우가 많다. 실제로 조직구조는 막스 베버,[8] 미셸 크로지어(Michel Crozier)[9] 등이 관료제라는 조직형태를 언급할 때 처음 등장한 조직도(organization chart)에서 시작된 개념이다. 즉, 조직도 안의 책임자인 '박스(box)'와 의사결정 경로인 '라인(line)'이 약속된 위계와 프로세스에 따라 상호작용하는 원리를 조직구조라고 정의할 수 있다.

조직구조의 기본 형태로는 기능형, 사업부형, 매트릭스형 조직을 들 수 있다. 먼저 '기능형' 조직은 유사한 업무 또는 기능 단위로 최상위 계층 조직을 분화하는 형태를 말한다. 이러한 '기능형' 조직은 기능 단위를 통한 전문화가 용이하다는 것이 장점이지만 부서 간 조정이 어렵다는 단점이 존재한다. 기능형 조직구조를 취한 대표적 예로 연구개발, 생산/제조, 사업/기

▼ 도표 1-3 : 조직구조의 기본 형태

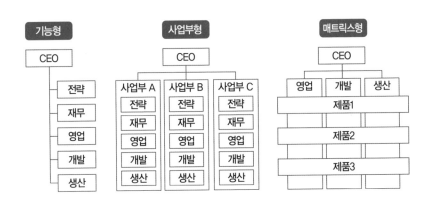

획, 경영지원, 디자인, IT 등으로 구조화된 현대자동차[10]가 있다.

다음으로, '사업부형' 조직은 최상위 조직을 사업 또는 제품 단위로 설계하고, 각 사업부별로 제품을 기획·개발·생산·판매하는 데 필요한 모든 기능을 내재화하는 조직이다. 이러한 조직형태를 취하면 각 조직별 책임경영이 가능하고 환경변화에 신속하게 대응할 수 있다. 하지만 사업부 간 자원 중복이 발생할 뿐 아니라 조정과 조율이 어려울 수 있다는 점을 고려해야 한다. LG전자가 H&A(Home Appliance & Air Solution), HE(Home Entertainment), VS(Vehicle Component Solutions), BS(Business Solutions) 등 네 개 사업본부로 구조화된 사업부형 조직구조를 적용하고 있다.[11]

마지막으로 '매트릭스형' 조직은 기능형과 사업부형 조직 간 장벽을 넘어 제품 중심으로 '횡적(horizontal, lateral)' 조직을 설치해 자원운영 효율을 극대화하는 형태이다. 그렇지만 기능 리더와 제품 리더라는 두 명의 의사결정권자가 함께 존재하기 때문에 리더 간 협력이 약할 경우 협의 과정이 많아지면서 의사결정 속도가 느려질 수 있다.

## 조직모델 정의와 설계 요소

조직모델을 설계한다는 것은 단순히 조직구조의 설계만을 의미하지 않는다. 앞서 언급한 《거시조직이론》의 저자 김인수는 조직모델을 설계하려면 4가지 요소를 결정해야 한다고 주장했다. 첫째, 업무 할당 및 조직 내에서 부서와 개인의 책임 분담, 둘째, 조직의 계층 수와 관리자들의 통제 범위 등을 포함하는 공식적 업무보고 체계의 결정, 셋째, 전체 조직 내에서 부서의 위치 및 부서 내에서의 개인 배치, 넷째, 조직 내에서의 효과적 의사소통, 조정, 통합을 위한 체계 설계 등이다. 즉 조직모델 설계에서는 비단 조직구조만이 아니라 인재와 제도 등 다양한 요소의 설계가 함께 이루어져야 한다는 것이고, 그래야만 조직구조가 비로소 작동할 수 있다는 것이다.

조직설계 분야에서 비교적 대중적으로 읽히는 저서인, 제이 갤브레이스(Jay R. Galbraith)의 《조직설계(*Organization Design*)》[12]에서도 조직구조에 더하여 기업의 전략방향, 업무를 수행할 수 있는 인재, 인재들의 동기부여 및 보상, 업무 절차 및 정보 흐름을 고려해 조직을 설계해야 한다고 밝히고 있다. 이러한 다섯 개 요인이 마치 별처럼 이어져 있다고 하여 갤브레이스의 모델은 스타 모델(Star Model)이라고도 불린다(도표 1-4).

이 2가지 내용을 종합해보면, 조직모델은 조직구조만이 아니라 전략, 인

▼ 도표 1-4 : 갤브레이스의 스타 모델

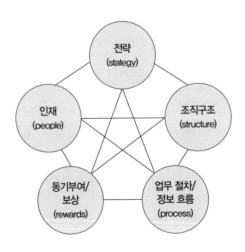

재, 프로세스, 인사제도 등을 포괄하는 광범위한 개념이다. 특히, 조직모델에는 권한 및 책임 범위를 기반으로 이루어진 업무 분장, 보고 체계, 인재배치 등이 포함되어야만 한다. 즉, 전체 조직과 단위조직의 목표를 어떻게 설정하고 배분할지, 손익관리 체계는 어떻게 운영할지, 사람들을 어떻게 선발·배치·동기부여할지 등 통합적 운영 모델을 갖추어야만 비로소 현실세계에서 작동하는 조직이 탄생할 수 있다.

이런 맥락에 따라, 이 책에서는 조직구조를 넘어 조직모델이라는 용어를 쓰고자 하며 단순히 조직구조를 다루기보다는 인재, 문화, 성과관리 등 다양한 조직모델 요인을 종합적으로 살펴보고자 한다.

## 미래 조직모델 설계란?

글로벌 컨설팅사들의 보고서에서 미래 조직모델에 대한 다양한 정의와 인사이트를 찾아볼 수 있다. 그중 2022년 5월에 보스턴컨설팅그룹(Boston Consulting Group, BCG)은 미래 조직은 과거의 규모 확장 중심(scale-driven) 조직에서 부분-전체 최적화(fractal) 조직으로 바뀌어갈 것이라고 언급했다.[13] 즉, 하나의 뿌리와 줄기에서 시작해 가지와 잎, 열매 등으로 조직이 확장되는 방식이 아닌, 다수의 가지와 잎에서 조직이 발전해 전체 조직과 조화를 이루는 방식이 될 것이라는 의미다. 이는 자체 완결형 소조직들이 전체 비즈니스로 성장해나가는 것인 맥킨지(McKinsey)의 애자일(agile) 조직과도 상통한다.[14] 한편 딜로이트(Deloitte)는 미래 조직의 키워드로 속도, 유연성, 적응성을 언급했고 이를 위해서는 조직 간 벽을 없애 끊

김 없이 네트워크로 연결되어야 한다고 주장했다.[15]

이 모든 미래 조직에 대한 다양한 정의를 종합해본다면 과거에 중시되던 '박스'의 위계와 위치보다는 '라인'의 유연한 연결과 확장이 미래 조직모델의 핵심인 듯하다. 사실 미래 조직모델을 설계한다는 것은 충격요법식의 대규모 조직개편을 의미하지 않는다. 조직을 바꾼다는 것은 새로운 경영진에는 물론 변화와 도전의 시작점일 수 있다. 하지만 기존의 조직구성원들에게는 엄청난 스트레스 요인일 수도 있다. 오랜 시간을 함께해온 리더와 동료가 갑자기 바뀔 수 있고 자신이 집중해온 프로젝트가 순식간에 사라질 수 있으며, 전혀 낯선 업무에 재배치될 수도 있다. 이런 문제들이 인력 유출의 또 하나의 원인이 될 수 있으며 동기 저하나 조직문화 훼손을 야기할 수도 있다.

글로벌 컨설팅사들도 새로운 조직을 설계할 때는 단계적 절차가 필요하고 기존 조직의 경쟁력을 약화시켜서는 안 된다고 당부한다. 그렇다면 미래 조직모델을 설계할 때는 전체를 단번에 바꾸는 '만능(one-size-fits-all)' 조직모델 같은 것은 없다는 인식에서 시작해야 한다. 바꾸어 말하자면, 기존 조직의 다양한 페인 포인트(pain point)를 해결하기 위해 성공한 기업들의 조직 DNA를 단계별로 접목하는 '선별(best-of-breed)' 방식으로 접근할 필요가 있다는 것이다.

그런데 여기서 성공한 기업들의 조직 DNA란 최근 각광받는 기업, 예를 들면 실리콘밸리의 혁신기업만을 의미하지 않는다. 전통기업은 혁신기업의 장점을, 그리고 혁신기업은 전통기업의 장점을 취하는 일이 보다 더 중요하다. 즉, 전통기업은 스타트업의 신사업 조직운영과 수평적 확장을 배워야 하고 스타트업은 전통기업의 체계적 경영관리와 자원운영 방법을 참고해야 한다.

　이런 맥락에서 미래 조직모델 설계라는 말을 다시 정의해보자면 그것은 바로 '기업의 지속 가능한 생존을 위한 조직구조 및 운영 방식의 혁신'이라 할 수 있다. 때로는 수직적 조직에 수평화를 요구하고 중앙집권적 운영에 자체 완결형 분권화를 주입하는 험난한 과정이기도 하다. 실제로 대기업은 스타트업의 혁신 DNA를 주입하고 싶고 스타트업은 대기업의 체계적 운영을 배우고 싶어한다. 결국 미래 조직모델 설계자들은 스타트업 조직의 성장부터 대기업의 운영까지 폭넓게 이해해야 하고, 성공한 기업들의 조직구조와 운영 DNA를 끊임없이 연구해야 한다. 더 나아가 한 시점의 조직도를 이해하는 것만으로는 부족하고 조직변화 전후의 원인과 결과까지 끊임없이 추적해야 한다. 그래야만 기업의 생존에 필요한 최적의 솔루션을 찾을 수 있다.[16]

# 02

**두 번째 질문**

## 전략이 먼저인가,
## 조직이 먼저인가?

구조는 전략에 따라 변화해야 한다
(Structure Follows Strategy).[17]

미국의 저명한 경영학자 앨프리드 챈들러(Alfred D. Chandler)가
1962년에 펴낸 《전략과 구조(*Strategy and Structure*)》에 담긴 말이다.
기업의 전략을 수립하고 조직구조를 설계하는 수많은 학자와 컨설턴트들이
이 짧고 강렬한 문장을 오래도록 절대명제처럼 여겨왔다.
챈들러가 누구인지는 몰라도 이 문장은 들어봤을 정도다.
하지만 조직모델을 재설계해야 하는 CEO와 인사팀장,
그리고 조직설계를 담당하는 실무자 입장에서는
이 명쾌하고 단언적인 주장이 과연 항상 '참'일까 의문이 드는 것도 사실이다.

미래 조직에 대해 구체적으로 고민해보기 전에, 먼저 챈들러의 명제에 관해 몇 가지 질문을 던져보자. 새로운 사업전략을 세웠다고 해서 그 즉시 전략에 맞는 조직구조를 설계하고 사람들을 재배치하는 것이 과연 가능할까? 하나의 사업전략이 전체 조직구조에 영향을 미칠 만큼 포괄적일까? 전략에 따라 조직구조를 설계했다 하더라도 전략방향이 중간에 바뀌거나 환경과 시장에 부합하지 않는 것으로 밝혀지면 또다시 조직구조를 바꾸어야 하지 않을까? 이런 의문에 답하기 위해 우선 챈들러가 생각한 전략 개념은 무엇인지부터 살펴본다.

## 전략 학파들 간 논쟁: 디자인 학파 vs. 학습 학파

저명한 경영사상가 헨리 민츠버그(Henry Mintzberg)는 《전략 사파리(Strategy Safari)》라는 책에서 전략을 연구하는 학파를 크게 10가지로 분류했다.[18] 이 분류에서 챈들러는 '디자인 학파'의 선구자 중 한 사람으로 꼽히며, 사업전략과 조직구조 개념을 정립했다. 디자인 학파는 '전략은 전략가

▼ 도표 1-5 : 디자인 학파와 학습 학파

전략이야말로 경영자의
사고 과정을 통해 만들어진 계획이지.
이 계획을 실행하는 것 중 일부가
조직설계인 셈이야.
즉, 구조는 전략에 따라
변화해야 해.

디자인 학파
챈들러 교수

그건 이상적인 이야기일 뿐
현실세계에서 전략은 10%도
실행이 되지 않아.
조직은 수시로 기민하게
변화해야 해.

학습 학파
민츠버그 교수

에 의해 의도적으로 만들어진 것이어야 하며, 만들어진 이후에야 실행될 수 있다.'라고 전제한다. 이는 앞서 제시한 챈들러의 명제, 즉 '구조는 전략에 따라 변화해야 한다.'와 일맥상통하는 것이다. 최고경영자가 '사고의 과정'을 통해 전략을 수립하고, 그 후 이를 실행하기 위한 '행동'의 하나가 조직구조 설계인 셈이다.

이는 분명 이해하기 쉽고 훌륭한 개념이다. 그렇지만 오늘날과 같이 급변하는 경영환경에서 기업이 기민하게 대응하는 데 필요한 유연성은 다소 떨어진다는 단점이 있다. 경영환경의 변화가 있을 때마다 경영자가 의도를 담아 전략을 세우기란 결코 쉽지 않은 일이기 때문이다. '디자인 학파'는 전략가인 CEO와 조직이 환경변화에 적응하기 위해 끊임없이 학습해야 한다는 점을 간과한 면이 있다고 할 수 있다. 그래서 나온 것이 민츠버그의 '학습 학파'이다.

'학습 학파'를 대표하는 민츠버그는 '디자인 학파'의 이론이 현실에서는 적용되기가 매우 어렵다고 주장한다. 즉 현실에서는 겨우 10%의 전략만이 실행으로 이어진다는 점을 지적[19]하는데, 민츠버그는 그 원인이 생각하고 계획한 대로 행동하고 구현될 수 없는, 이상과 현실세계 사이의 갭에서 비롯된다고 본다. 전략을 수립할 때 여러 가지 상황적 변수를 아무리 고려해둔다 하더라도 실행 과정에서는 미처 생각지 못한 변수가 등장할 수밖에 없으며 때로는 상황 자체가 변화할 수 있다는 지극히 현실적인 관점이 바로 학습 학파의 관점이다.

'학습 학파'는 전략이 계획과 실행으로 이원화되어 있는 것이 아니라, 계획과 실행이 반복되면서 점진적으로 진화하는 것이라고 가정한다.[20] 이들이 바라보는 '전략'은 정적인 것이 아니다. 전략이란 오히려 창발적으로(emergent) 새롭고 실험적인 시도를 하면서 수립되고, 또 외부 환경으로부터 이에 대한 피드백을 지속적으로 받으면서 변화해나가는 것이다. 이러한 '학습 학파'의 주장을 조직구조에 대입해보면, 조직 역시 수시로 변화할 수 있게 설계되어야만 가장 적응적 형태가 될 수 있다.

그렇다면 이제 두 학파가 각각 바라보는 시각의 차이를 가상의 사례를 가지고 조금 더 알아보자. 반도체 기판을 생산하는 기업인 A사는 반도체 회사인 B사에 제품을 납품하고 있다. 클라우드 사업의 성장과 AI의 대중화로 인해 클라우드와 AI 관련 서비스를 제공하는 기업들의 반도체 수요가 폭발적으로 증가하는 추세이고, 그래서 B사 역시 시장 분석을 바탕으로 반도체 생산을 늘리는 투자 전략을 수립했다. 그리고 이 전략과 연계하여 A사에도 기판 생산라인 증설을 요청하며 사업제휴를 제안했다. A사는 과거의 수요-공급 패턴, 경쟁사의 생산 능력 및 기술 수준, 고객사가 속한 반도체의 업황 등 다양한 데이터를 검토한 끝에 B사의 제휴 제안을 받아들였다.

만약 B사가 이러한 전략방향에 근거하여 이후 기판 생산 조직과 연구개발 조직을 더 확대한다면, 전략과 조직구조가 잘 연계되어 설계되었다고 할 수 있다. 하지만 현실에서는 클라우드와 AI 관련 기업들이 B사의 제품이 아닌 C사의 제품을 사용하는 상황이 생길 수 있다. 혹은 클라우드 기업들이 연산처리 기술을 향상시켜 A사가 분석한 수준만큼 반도체 수요가 증가하지 않을 수도 있다.

이 경우, A사와 B사의 시장 예측이나 분석이 틀렸다기보다 현실에서는 의도하고 계획한 방향대로 사업이 전개되지 않았을 뿐이다. 그렇다면 전략을 그대로 조직구조 설계에 반영하는 것은 자칫 위험한 접근이 될 수도 있다.

A사의 사례에 따르면, '디자인 학파'의 주장보다 '학습 학파'의 주장이 더 타당한 것처럼 보인다. 전략을 먼저 세우고 그것을 그대로 조직구조에 적용하기에는 전략이 틀렸을 경우의 리스크가 너무 클 수 있기 때문이다. 그렇다고 해도, 실상 조직구조를 설계할 때 '학습 학파'가 제시하는 전략의 동태적 속성을 반영하기란 말처럼 그리 쉽지 않다. 물론 환경은 지속적으로 변화하고 경영진 또는 기업이 끊임없이 학습하면서 전략을 고쳐나가야 할 것이다. 하지만 변화에 발맞추어 조직구조를 그때그때 바꾼다는 것이 과연 실제로 가능한가? 더욱이 '학습 학파'의 전략 개념은 동태적이기 때문에 변화하는 과정 중에는 불확실하고 다소 애매할 수밖에 없다는 특징을 갖는다. 다시 말해, 환경이 언제 또 변화할지 모르는 상황에서 그러한 계획을 조직구조에 매 순간 반영할 수는 없는 것 아닌가?

조직구조 설계란 그저 박스와 라인으로 구성된 조직도를 그린다고 완료되는 것이 아니다. 각각의 박스를 이끌 직책자를 임명하고 그 박스에 맡겨진 임무를 수행할 수 있는 사람들을 배치해야 비로소 끝이 나는 작업이다. 현업에서는 이 과정을 인사발령이라 부르는데, 인사발령을 실시하기 위해서는 적임자를 찾아 면담하고 직무를 이동시키는 등의 실무적 절차가 요구된다.

요컨대 계속해서 변화하는 상황이나 환경, 그리고 그에 따라 바뀌는 계획을 그때그때 즉시 반영한다는 것은 실제로는 불가능한 일에 가깝다. 그렇게 했다가는 조직을 이끄는 사람도, 실무를 수행하는 사람도 일관성 있게 업무를 수행해나가기 어려울 것이다.

바로 이런 이유에서 조직을 설계하는 컨설턴트나 실무자들이 챈들러의 그 한마디를 마치 진리라도 되는 듯 받아들였던 것인지도 모른다. 전략을 수립하고, 그 전략에 맞춰 조직구조를 설계하는 편이 아무래도 좀 더 용이한 일이니 말이다. 적어도 '보고서'를 쓰기 위해서는 '디자인 학파'의 견해를 따르는 것이 확실히 유리하다.

## 전략이 꼭 먼저일 필요는 없다

'디자인 학파'와 '학습 학파' 간 논쟁에서 배울 수 있는 것은 어떤 전략이든 결코 완벽할 수는 없다는 점이다. 조직구조도 그렇다. 때로는 통합하거나 폐지할 수 있고, 필요에 따라서는 신설할 수도 있다. 그래야만 조직이 제대로 기능한다.

그런데 만약 조직을 다시 설계한다면, 그때마다 전략을 새로 짜서 반영해야만 할까? 저자들의 경험으로는 이때 전략보다 조직이 먼저인 경우가 많았다. 즉, 전략이 먼저 있고 그에 따라 조직이 생긴다기보다는 오히려 조직이 새로운 전략방향을 제시하는 것이다. 예컨대, 구체적 전략을 반영하여 조직을 설계하지 않았음에도 고객접점에 있는 조직구성원들이 고객의 니즈를 듣고 그에 맞춰 내부적으로 새로운 상품 전략을 수립할 수도 있다는 이야기다. 이 상품 전략이 유효한 것으로 입증된다면, 고객접점 조직으로부터 수립된 전략을 반영하여 연구개발, 제조, 물류 등의 기능 조직을 재편할 수도 있다. 이 경우에는 조직이 전략을 이끌었다고 말할 수 있다. 현실 세계에도 이와 같은 사례가 존재하는데, 다름 아닌 마이크로소프트의 이야기[21]다.

　마이크로소프트의 세 번째 CEO 사티아 나델라는 사업과 조직문화 전반을 성공적으로 혁신한 인물로 평가받는다. 사티아 나델라 취임 이전의 마이크로소프트는 사업부끼리 서로 총부리를 겨누는 그림으로 묘사될 정도로 극심한 내부 경쟁과 갈등을 겪고 있는 상황이었다.

　이 시기, 마이크로소프트는 전형적인 사업형 조직구조를 채택하고 있었다. 즉 윈도우, 기업용 솔루션, 서버 등 각 사업부가 자기 부서의 목표 달성을 향해서 맹렬히 달려가는 식의 '협업 없는 경쟁' 체제였다. 이렇다 보니 고객 입장에서는 마이크로소프트의 기업용 솔루션과 서버를 동시에 사용할 경우, 한 사람의 고객 담당자(account manager)만 만나면 되는 것이 아니라 각 사업부의 담당자 모두와 만나야 하는 비효율이 발생했다. 한마디로 당시 마이크로소프트의 조직구조는 고객보다는 내부 조직 중심으로 운영되는 모델이었다.

2014년 2월, 사티아 나델라가 마이크로소프트의 CEO로 취임한 이후 가장 먼저 한 일은 사업부 단위로 분화되어 있던 조직구조를 고객접점 조직과 상품 단위의 개발 조직으로 개편한 것이다.

개인고객 영업은 크리스 카포셀라(Chris Capossela)에게, 기업고객 영업은 저드슨 알토프(Judson Althoff)에게 맡기면서 상품 단위가 아니라 고객 중심으로 사업이 운영되도록 했다. 또한 연구개발 조직은 클라우드와 AI를 스콧 거스리(Scott Guthrie), 소프트웨어와 하드웨어를 라제쉬 자(Rajesh Jha)에게 맡기고, 게임은 필 스펜서(Phil Spencer)를 수장으로 임명하며 클라우드와 AI를 기반으로 고객에게 더 나은 경험을 제공할 수 있는 형태로 조직 전반을 재설계했다. 그런 다음 2014년 3월, 개편된 조직의 수장들과 함께 '모바일 퍼스트, 클라우드 퍼스트(Mobile First, Cloud First)'라는 전략 방향을 제시한다.[22]

마이크로소프트는 큰 전략방향과 조직구조가 거의 동시에 재편되었기 때문에 무엇이 먼저라고 확언하기는 어렵지만, 적어도 조직구조가 전략을 따르는 형태의 혁신은 아니라고 말할 수 있다. 또한 전략방향도, 조직구조도 단번에 재설계를 한 것이 아니라 수년에 걸쳐 천천히 변화시켜나갔다. 사티아 나델라의 자서전적인 책 《히트 리프레시(*Hit Refresh*)》[23]에 따르면, 그는 조직이 살아 움직일 수 있다는 것을 이해하고 있었다. 그렇기에 전략과 조직구조를 하향식(top-down)으로 단번에 재편하지 않은 것이다.

사티아 나델라가 공을 들여 영입한 페기 존슨(Peggy Johnson)이 만든 사업개발 조직도 마이크로소프트의 전략, 대외평판, 문화 등을 바꾼 하나의 사례로 볼 수 있다. 나델라의 전임 CEO 스티브 발머(Steve Ballmer)는 컴퓨터 역사상 가장 많은 참여자가 관여하는 오픈소스 운영 체제의 대명사인 리눅스(Linux)를 암적 존재라고 말했다. 그 정도로 마이크로소프트는 폐쇄적인 회사였다. 하지만 페기 존슨이 2014년에 합류한 후 마이크로소프트는 개방적 형태를 지닌 게임의 대명사인 마인크래프트(Minecraft)를 인수했다. 이어서 2018년 6월에는 오픈소스 커뮤니티 중 가장 규모가 큰 깃허브(Git Hub)까지 인수하기에 이른다. 결과적으로 페기 존슨이 이끈 사업개발 조직은 마이크로소프트의 DNA를 개방적으로 바꾸는 데 일조했으며, 그녀가 떠난 이후에도 마이크로소프트는 오픈 AI(Open AI)와 협업하여 생성형 AI 시장을 주도하는 등 과거에는 상상조차 할 수 없었던 열린 행보를 보여주었다.

마이크로소프트의 새 전략이자 새 미션인 'Empower Every Person & Every Organization on the Planet to Achieve More(이 세상 모든 직원과 조직이 더 많은 성과를 달성할 수 있도록 지원하라).'는 나델라 취임 후 18개월 만인 2017년 말에 발표되었다. 새로운 조직구조가 새로운 전략을 수립하고, 새로운 전략이 다시 세부 조직구조를 완성시키는 선순환 형태로 조직의 재편이 이루어진 것이다.

마이크로소프트의 이러한 변화는 지금도 지속되고 있으며, 사티아 나델라는 적어도 한 달에 한 번은 마이크로소프트의 조직구조를 직접 검토하고 필요하면 재편까지 할 정도로 조직구조가 만들어내는 변화의 힘을 신뢰하고 있다.

# 전략도 조직도 수시로 바뀔 수 있다

전략에 기반하여 조직구조를 설계해야 한다는 명제는 조직구조를 설계가 매우 어려운 작업이고, 일단 한번 만들어진 조직은 오랫동안 그 구조와 기능을 유지해야 한다는 사고방식에서 기인했을 수 있다.

그러나 마이크로소프트의 사례에서 볼 수 있듯 조직구조의 수명은 생각보다 길지 않은 것도 사실이다. 물론 '학습 학파'가 주장하는 것처럼 매일같이 일상적으로 조직구조를 바꿀 수는 없을 것이다. 그러나 한번 설계한 조직을 5~10년간 계속해서 사용할 필요 또한 없다는 이야기다. 전략도, 조직구조도 큰 틀을 먼저 잡은 뒤에 세부적 전략방향과 조직구조는 수시로 재설계하는 것이 빠르게 변화하는 환경에서 적시에 대응할 수 있는 방법이라 할 수 있다.

이런 관점에서 보면 한국의 대기업들이 주로 적용해온 연말·연초의 정기 조직개편 및 임원 인사는 더 이상 유용한 접근 방식이 아닐지도 모른다. 가을부터 전략방향을 잡고 그 방향과 연계하여 1년에 한 번 조직개편을 실시하기보다는 중장기 전략방향에 기초한 조직구조의 큰 틀 아래 연중 수시 개편을 하는 것이 현 시점에서는 더 유효한 적응 기제일 수 있는 것이다. 반면에 스타트업들은 형편상 전략방향 변화와 조직개편이 지나치게 잦을 수 있는데, 이는 전략과 조직의 안정성을 모두 해치고 구성원들의 피로도도 높일 수 있으니 주의할 필요가 있다.

결국 전략과 조직의 관계는 기업의 성장 단계, 규모, 환경에 따라 늘 변화할 수 있음을 염두에 두어야 한다. 적어도 전략과 조직 중 어느 한쪽이 일방적으로 다른 한쪽을 이끄는 것도 아니고, 이끌 수도 없다. 그렇다면 하나

의 답을 찾으려 하기보다는 조금 더 유연하게 전략과 조직을 바라보아야

하지 않을까?

# 1부
# KEY TAKEAWAYS

1. 조직, 조직구조, 조직모델의 정의와 차이 이해하기

2. 우리 회사의 조직형태 이해하기(기능형, 사업부형, 매트릭스형)

3. 우리 회사가 직면한 문제점(pain point)이 무엇인지 점검하기

4. 미래 조직모델의 필요성과 설계 기본 요소 이해하기

5. 전략과 조직을 연구하는 다양한 학파의 특성 파악하기

6. 우리 회사의 전략과 조직모델 간 연계성 이해하기

2부

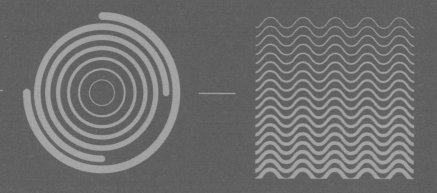

# 신생기업의
# 조직모델

# 03

초기 스타트업의
조직구조, 어디서 어떻게
출발해야 할까?

대학에서 생물학을 전공한 K박사는 대학원에서 함께 공부한 후배 두 명과
배양육 스타트업 'M푸드'를 설립했다. 멤버들은 지속 가능한 먹거리로서의
고기를 생산해보자는 신념으로 의기투합했다. M푸드는 식물성 대체육이
아닌, 연구실에서 배양육을 개발하는 방식을 택했다.
그들이 대학원에서 연구하던 전공 분야와도 일치했기 때문에
M푸드의 기술적 전문성은 다른 어느 기업보다 높은 수준이었다.
그 덕분에 창업한 지 얼마 되지 않아 투자 유치에도 성공했다.
주변에서는 그 투자금으로 인력을 충원해 조직을 확대하라고 조언했으나
K대표는 경영은 처음이라 어디서 어떻게 시작해야 할지 막막하다.
생물학은 잘 알지만 조직 문제는 생소하다.

　여덟 번이나 창업을 해보았을 정도로 사업 경험 또한 풍부한, 스탠퍼드 대학의 교수 스티브 블랭크(Steve Blank)는 스타트업을 대기업의 축소판으로 보는 것은 다소 무리가 있으며 스타트업을 제대로 이해하려면 그 고유 속성을 파악해야 한다고 주장했다.[1]

　국내에서 다섯 번의 성공적 창업을 경험하고, 2010년 스타트업 인큐베이터 '프라이머'를 설립한 국내 창업계의 이름난 멘토 권도균 대표 역시 대기업을 중심으로 정리된 이론이나 통념이 스타트업에는 맞지 않는 경우가 많다고 제언한다.[2]

## 스타트업의 발전 단계로 보는 조직구조의 변화

　스타트업의 경우 혁신적 기술이나 아이디어 못지않게 투자 문제가 중요하다. 그래서 시장에서는 스타트업의 발전 단계를 시드(Seed), 시리즈 A(Series A), 시리즈 B(Series B) 등 투자 단계로 구분하는 것이 일반적이다. 하지만 이러한 투자 단계가 조직의 변화와 반드시 일치하지는 않는다. 그러므로 스타트업의 조직구조 변화를 이해하기 위해서는 학자들의 개념 정리를 바탕으로 스타트업의 발전 단계를 다시 구분해볼 필요가 있다.

그러한 개념 정리에 기반해서 보자면, 스타트업은 ①아이디어 기획 (concept & development), ②사업화(commercialization), ③성장(growth), ④안정화(stability) 등 네 단계를 거쳐 발전한다.[3] 스타트업은 사업성장과 함께 직면하는 문제도 달라지며,[4] 문제를 해결하기 위한 조직의 구조, 구성원들의 숫자, 외부 투자자와의 관계 등도 달라질 수 있다. 만약 안정화에 이른 기업이라면 이미 사업과 인력의 규모가 커지고 조직의 구조도 관료화되어 스타트업이나 벤처라고 명명하는 것이 적절하지 않을 수도 있다.[5]

위와 같은 사업의 발전 단계와 조직의 변화를 연결지어보면 이렇게 정리할 수 있다. 우선, '아이디어 기획 단계'는 공식적 조직이 형성되기 이전을 의미한다. 이 단계에서는 창업가가 함께 창업할 인력들을 모집하고 투자를 유치하기 위한 준비를 한다. 또한 아이디어를 바탕으로 새로운 기술을 개발하거나 제품과 서비스를 기획하고 초기 모델(prototype)을 만들어낸다. 즉, 조직구조 측면에서 기능 분화나 역할 분담이 명확하지 않은 시기라 하겠다. 당연히 이 시기에는 뚜렷한 결과물이 아직 없다. 예비 창업가들이 새로운 제품이나 서비스에 대한 아이디어를 사업기회로 구체화하는 단계인 것이다. 하지만 이 과정을 거치지 않고 사업화 단계로 이행하는 스타트업은 없기 때문에 아이디어 기획 단계는 초기 기업가정신이 발현되는 중요한 디딤돌이다.

그다음으로, '사업화 단계'에서는 벤처투자자(venture capitalist)들로부터 유치한 자본금을 발판으로 제품과 서비스를 출시할 준비가 본격적으로 이루어진다. 이 시기, 스타트업 구성원들은 고객과 시장의 니즈에 부합하는 제품과 서비스가 무엇일지 고민하고 이를 개발하기 위한 지식과 기술을 학습하는 데 집중한다.[6] 이러한 학습을 통해 아이디어 기획 단계에서 만들어진 초기 모델보다 좀 더 발전된 형태의, 사업화 가능한 제품 또는 서비스를 출시하는 것이 사업화 단계의 가장 중요한 목표다. 이 단계에서는 기술적으로 중요한 기능, 즉 하드웨어 제조나 소프트웨어 개발 같은 기능만 분화되며, 마케팅이나 재무 같은 기능은 여전히 분화되지 않는 것이 일반적이다. 이 단계에서는 단기적 이익 창출보다 장기적 미래가치와 제품이나 서비스의 기술적 완성이 더 중요하고 제품이나 서비스를 대규모로 판매하거나 유통하지는 않기 때문이다.

 개발하는 제품이나 서비스의 기술적 완성도가 높아지고 시장에서도 실제로 수요가 발생하면, 스타트업은 '성장 단계'에 진입한다. 이 단계에서 스타트업은 매우 빠른 속도로 성장한다. 또한 당장의 수익보다 잠재력에 초점을 맞췄던 벤처투자자들보다는 실질적 수익을 목표로 하는 기관투자자들로부터 투자를 받게 되면서 이전 단계와는 질적으로 다른 문제에 직면하게 된다. 즉, 상품이나 서비스를 어떻게 판매해야 할지, 비용 관리는 어떻게 해야 효율적인지, 더 많은 이익을 내기 위한 방법은 무엇인지 등의 문제를 고민하고 그 해결책을 찾아내야 한다. 따라서 이 시기에 스타트업 경영진은 기능적 분화가 이루어지지 않은 조직이 비효율적이라는 판단에 따라 기능 단위 전문화를 꾀하게 된다. 또한 조직의 규모가 점차 커지면서 창업가가 모든 의사결정을 할 수는 없게 되어, 기능 단위 중간관리자를 배치하는 등 조직의 수평적·수직적 분화도 이루어지게 된다.

 이처럼 스타트업의 발전 단계를 구분하는 가장 핵심적인 기준은 사업의 발전이다. 하지만 조직구조의 분화 역시 간과할 수 없는 부분이다. 즉 기능

▼ 도표 2–1 : 스타트업 발전 단계에 따른 조직분화

스타트업 = 팀
스타트업 산하에 별도의 팀 없음

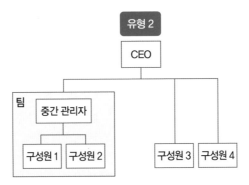

스타트업 = 기업
스타트업 산하에 팀이 존재하지만 팀에 소속되지 않은 구성원도 존재

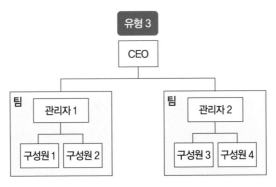

스타트업 = 기업
스타트업 산하에 2개 이상의 팀 존재

분화, 역할 분담, 중간관리자 등장 등은 인력을 채용, 배치, 육성하는 인력 개발 활동 전반에 영향을 미치기 때문에 초기 스타트업에서는 아주 중요한 사건이라 볼 수 있다.

정리하면, '아이디어 기획 단계'에 있는 스타트업은 역할 분담이나 기능 분화가 아직 이루어지지 않은 상태이기 때문에 스타트업 내부에 세분화된 조직 없이 통합적 성격을 갖는 형태로 구조화된다.[7]

그 후 상품이나 서비스가 출시되고 매출도 일부 발생하는 '사업화 단계'에 이르면 조직분화가 시작된다. 하지만 여전히 모든 구성원이 각 팀에 소속되어 일하는 조직이라기보다는 일부 기능 또는 상품만 분화시킨 형태로 운영된다. 한마디로 이 '사업화 단계'는 과도기적 특징을 갖는다고 볼 수 있다.

매출과 이익이 본격적으로 발생하는 '성장 단계'의 스타트업에서 비로소 효과적이고 효율적인 조직운영을 위한 조직의 수평적·수직적 분화가 이루어지게 된다. 이 단계의 스타트업 조직구조는 다수의 팀으로 세분화된 형태로 도식화하면 〈도표 2-1〉의 유형 3과 같다.


## 초기 스타트업은 '조직'이라기보다 '팀'


'아이디어 기획 단계'의 초기 스타트업은 설립된 지 얼마 되지 않고 규모가 작은 신생 소기업으로서, 대기업뿐 아니라 안정화 이후 단계의 스타트업과도 구분된다는 중요한 특징을 갖는다. 대기업과 안정화된 스타트업은 조직의 규모 자체가 크기 때문에, 팀-사업부-부문 등 조직을 다층으로 나누지만, 초기 스타트업에서는 이와 같은 구분이 명확하지 않을 수 있다.

조직의 위계를 최소 단위조직에서 상향적 관점으로 바라보면 두 명의 개인으로 구성된 집단이 팀이며, 다시 두 개 이상의 팀으로 구성된 보다 큰 집단을 조직이라 정의할 수 있다. 반대로 조직의 위계를 CEO부터 하향적 관점으로 보면 하나의 조직은 두 개 이상의 팀으로 구성되어 있으며, 하나의 팀은 두 명 이상의 구성원으로 구성되어 있다. 하지만 초기 스타트업은 세분화된 조직이 없기 때문에 두 명 이상의 개인으로 구성되었다면 팀이면서 동시에 그 자체로 조직이라 할 수 있다. 만약 10명 미만으로 구성되었다면 규모 면에서는 하나의 팀이지만, 이 팀이 상위 조직을 거치지 않고 곧바로 환경과 직면하여 상호작용해야 한다는 관점에서는 조직 수준의 특징을 갖는다고 볼 수 있다.

요컨대 초기 스타트업은 팀 수준과 조직 수준이 혼재되어 있는, 보기 드문 형태의 비정형화된 집단이다. 어쨌든 조직인가, 팀인가 하는 구분은 스타트업 조직을 어떻게 설계하고 발전시킬지 그 방법을 고민하는 데 아주 중요한 부분이다. 초기 스타트업을 팀으로 볼지, 아니면 조직으로 볼지는 딱 잘라 말하기 어렵다. 하지만 그것을 '팀'으로 간주할 만한 이유가 크게 2가지 있다.

첫째, 초기 스타트업은 체계화된 조직구조를 갖추지 않았다는 점에서 조직의 정의에 맞지 않는다. 이미 1장에서 제시한 바 있는 고전학자들의 조직에 대한 정의를 다시 한번 떠올려보자.[8] 조직은 ①공동의 목표를 가지고 있으며, ②이를 달성하기 위하여 의도적으로 정립한 체계화된 구조에 따라 구성원들이 상호작용하며, ③내부와 외부라는 경계를 가지고, ④외부에 적응하는, ⑤인간의 사회적 집단이라는 5가지 특징을 갖는다.

초기 단계의 스타트업은 조직의 통합적 정의 중 ②에 해당하는 체계화된 구조를 갖추지 못했다. 그런 의미에서 초기 스타트업은 비정형적이며, 반복과 확장이 가능한 사업모델을 탐색하는 '임시 조직'에 가깝다.[9] 스타트업은 아이디어 기획 단계, 그리고 사업화 단계에 이르러서도 조직의 목표를 달성하기 위한 구조적 분화, 과업에 대한 명확한 정의, 구성원 역할에 대한 규정과 절차 등이 잘 갖추어지지 않은 곳이 대부분이다. 따라서 초기 단계의 스타트업을 조직 수준으로 정의하는 것은 적절하지 않다.

둘째, 초기 단계의 스타트업에서는 팀과 팀 간의 상호작용은 없고 개인과 개인의 상호작용만이 존재한다. 그래서 초기 스타트업은 조직 수준이 아닌 팀 수준으로 간주될 수 있다. '팀'에 대한 학자들의 다양한 정의를 종합해보면,[10][11] 팀은 ①목표에 대한 공동의 책임을 공유하며 ②요구되는 과업을 수행하기 위해 상호작용하는 ③두 명 이상의 사람들로 구성된 ④상호 의존적 형태의 ⑤소수 집단이다. 이러한 '팀'의 정의를 조직에 적용해본다면, 조직은 두 개 이상의 팀으로 구성되어야 하며 여러 개의 팀이 상호작용을 하면서 상호 의존적 관계를 맺어야 한다. 팀을 개념화할 때 하위 수준에 속해 있는 개인과 개인의 상호작용이 중요한 것처럼, 조직을 개념화할 때도 팀과 팀의 상호작용이 중요하다. 팀이 여러 명의 개인으로 구성된 집단이라면 조직은 여러 개의 팀으로 구성된 집단이다. 하지만 초기 스타트업 내부에는 세분화된 조직, 즉 팀이 존재하지 않기 때문에 팀과 팀의 상호작용 또한 발생할 수 없으며 개인과 개인 간의 상호작용만 존재한다. 따라서 초기 스타트업은 조직 수준보다는 팀 수준으로 정의하는 것이 적절하다.

# 초기 스타트업 팀, 창업 팀, 대기업의 팀: 어떻게 다른가?

초기 스타트업을 팀 수준으로 가정할 때 혼란이 생길 수 있는 용어가 '창업 팀'과 '대기업의 팀'이다. 우선, 창업 팀은 'Founding Team',[12] 'Entrepreneurial Team',[13] 'Early Team',[14] 'New Venture Team'[15] 등 다양한 용어로 표현된다. '창업 팀'이란 재무적 지분을 소유하며 창업에 적극 참여하는 두 명 혹은 그 이상의 개인들[16] 또는 새롭게 창업한 스타트업의 전략적 의사결정과 지속적 운영을 책임지는 집단의 개인들[17]이라고 정의된다. 두 정의는 크게 다르지 않으나 지분 소유가 창업 팀의 멤버 여부를 결정하는 것은 아니라는 점에서 두 번째 정의가 조금 더 확장적이다. 지분을 갖고 있으면서도 의사결정이나 운영에는 적극 참여하지 않으며 책임 또한 갖지 않는 외부 투자자도 있으며, 지분을 갖고 있지 않아도 스타트업 창업과 성장에 깊게 개입하는 창업 팀 구성원도 있다는 것을 고려한 정의라고 볼 수 있다.[18]

실제로 스타트업 업계에서는 1인 창업보다는 2인 이상의 공동 창업이 일반적이다. 미국 실리콘밸리에서 창업한 기업 중 88.8%(161개 중 143개)[19]가 2인 이상의 팀으로 창업했다. 창업 팀의 규모에 대한 합의된 의견은 없지만, 미국 실리콘밸리에서 진행된 연구에서는 평균 2.84명[20]으로 보고된 바 있다. 독일에서 진행된 조사연구[21]에서도 2명(58.5%)과 3명(27.6%)으로 구성된 창업 팀이 대다수였다.

초기 스타트업은 창업 팀만으로 구성된 경우도 있을 수 있고, 팀 내부에 창업가와 창업가 아닌 구성원들이 공존하는 경우도 있을 수 있다. 창업 팀, 초기 단계 스타트업, 초기 이후 스타트업의 팀, 안정화 단계의 스타트업과 대기업의 팀을 구별해 정리해보면 〈도표 2-2〉와 같다. 여기에 제시된 모든 팀은 팀의 정의에 부합한다. 네 유형 모두 ①목표에 대한 공동의 책임을 공유하며 ②요구되는 과업을 수행하기 위해 상호작용하는 ③두 명 이상의 사람들로 구성된 ④상호 의존적 형태의 ⑤소수 집단이라 할 수 있기 때문이다. 하지만 각각의 팀 구성과 팀을 둘러싸고 있는 조직의 맥락은 서로 다르다.

창업 팀은 전술했듯 창업가들로만 구성된 팀이며, 통상 2~3명으로 구성된다. 초기 이후의 스타트업은 일부 기능 또는 상품만 팀으로 분화되고, 다른 구성원들은 분화된 팀 없이 스타트업에 소속되는 단계를 거친다. 이때 분화된 별도의 팀은 창업가가 아니라 중간관리자가 맡게 되고 어느 정도 자율적 권한과 독립적 목표를 갖게 되기 때문에 '팀'이라 볼 수 있다. 반면에 안정화 단계의 스타트업 팀과 대기업의 팀은 수평적으로 여러 팀이 존

▼ 도표 2-2 : 스타트업의 발전 단계별 팀 수준

| 구분 | 창업 팀 | 초기 단계 스타트업 (=팀 수준) | 초기 이후 (사업화/성장) 스타트업의 팀 | 성장/안정화 단계 스타트업 또는 대기업의 팀 |
|---|---|---|---|---|
| 팀 내 인원 | 2~3명이 다수 | 2~10명 | 2~15명 | 2~15명 |
| 구조 | | | | |

■ 팀(집단)  ○ 개인

재하며 수직적으로도 팀 위에 상위 위계가 존재한다는 점에서 초기 이후의 스타트업 팀과 구별된다. 즉, 팀을 맡고 있는 중간관리자 이외에도 중간관리자들의 보고 대상인 임원 등 상위 관리자가 존재한다는 것이 특히 다른 점이다.

## '초기 단계 스타트업 팀'의 팀 빌딩

지금까지 살펴본 것처럼 초기 스타트업은 이미 성숙한 기업과는 달리 '팀'의 성격이 강하다. 초기 스타트업 팀은 창업가와 구성원이 조직의 세분화 없이 하나의 팀으로 기능하며, 조직 내부에 중간관리자 또는 상위 위계도 존재하지 않는다. 즉, 팀 수준 이외의 조직 수준이 별도로 존재하지 않는 것이다. 따라서 초기 스타트업의 경우 당장에 CFO(Chief Finance Officer), CTO(Chief Technology Officer) 등의 최고경영진을 갖추거나 명확한 기능적 분화를 하려 하기보다는 이른바 '원 팀(One Team)'으로 조직을 구성하는 편이 더 적합한 선택일 수 있다. 무리한 위계적 단계와 관리체계 적용이 향후 성장 단계에서 오히려 발목을 잡는 요인으로 작용할 수 있기 때문이다.

또한 초기 스타트업은 팀이지만 상위 조직 없이 조직 외부의 투자자, 기술기관, 지원기관, 고객 등과 직접적으로 상호작용해야 한다는 특징을 갖는다. 따라서 내부에 굳이 조직을 갖출 필요는 없지만 외부와의 소통에는 지속적 관심을 갖고 집중해야만 생존 가능성을 높일 수 있을 것이다.

초기 스타트업의 '팀'은 벤처캐피탈 등 외부 투자자가 해당 스타트업에 대한 투자를 결정할 때 매우 중요하게 보는 부분이다. 아이디어나 사업 아이템은 피보팅(pivoting, 사업 방향 전환)을 통해 바꿀 수 있지만, 좋은 아이디어라도 그것을 발전시킬 역량을 가진 팀이 없다면 모든 일이 허사가 되기 때문이다.

당연한 이야기겠지만, 초기 단계의 스타트업 팀은 뚜렷한 성과가 없을 수밖에 없으며, 그렇기 때문에 창업자 또는 창업 팀의 비전만이 함께할 팀원을 모집할 수 있는 거의 유일한 소구 포인트이다. 그리고 이 단계의 스타트업 팀에는 그런 성격의 팀에 적합한 인재가 필요하다. 경력 초기 단계에 있는 인력이나 업무를 더 배워야 하는 사람이 아닌, 적극적으로 미래를 만들어나갈 역량을 갖춘 인재를 찾아야 하는 이유다. 이때 디자인, 개발, 서비스 기획 등 자신의 전문성을 발휘하는 것도 중요하지만 단순히 주어진 업무에 머무르지 않고 더 많은 다양한 기능까지 확장성 있게 수행할 수 있는 사람이 적합할 것이다. 초기 스타트업 팀은 대기업과 같이 수백 수천 개의 팀이 업무를 분장해 각기 맡은 업무만 수행하는 환경이 아니기 때문이다.

기업가정신은 창업자에게만 필요한 것이 아니다. 즉, 초기 스타트업 팀의 모든 구성원에게 요구되는 것이라 할 수 있다. 이를 일컬어 팀(team)과 앙트러프러너십(entrepreneurship)을 결합한 '팀프러너십(teampreneurship)'이라 부르기도 한다. 외부의 다양한 정보를 탐색하는 한편, 이를 스타트업 팀 내부에서 공유하고 발전시키는 이른바 '팀 학습'을 통해 초기 스타트업 팀을 지속적으로 성장시켜나가는 것이 바로 팀프러너십을 갖추는 과정이라 할 수 있겠다.[22]

물론 이 초기 단계는 이른바 '헝그리정신'이 강조된다는 특성 때문에 스타트업 팀으로서는 인재 확보가 가장 어려운 시기이기도 하다. 그래서 개인 네트워크, 대학 창업 동아리, 스타트업 행사를 통해 창업자가 직접 발로 뛰고 설득하며 인재를 확보하는 것이 초기 스타트업 팀의 일반적 접근법이다. 그런데 최근에는 액셀러레이터(accelerator, 창업 초기 스타트업을 돕는 프로그램이나 기관)들이 인재 확보를 지원해주면서 초기 스타트업 팀이 가장 어려워하는 문제가 조금은 해소되고 있는 듯 보인다.

그럼에도 여전히 인재 구하기란 어려운 과제이다. 따라서 내부 자원이 부족한 상황에서 다소 사치라고 생각될 수도 있지만 스타트업 팀 또한 초기 단계부터 조직모델을 고민하지 않을 수 없다. 실제로 에어비앤비(Airbnb), 드롭박스(Dropbox) 등의 스타트업이 성장하는 데 기여한 미국의 액셀러레이터 기업 와이콤비네이터의(Y-Combinator) 파트너인 팀 브래디(Tim Brady)는 초기 스타트업이 조직의 문화와 일하는 방식을 고민하는 것은 결코 사치가 아니며, 초기 단계부터 즉시 고민을 시작해야 하는 문제(not too early to start today)라고 주장한 바 있다.[23] 내부에 자원이 부족하다는 이유로 조직에 대한 고민을 뒤로 미룰 것이 아니라, 오히려 빨리 시작해야 한다는 것이다. 와이콤비네이터의 또 다른 파트너이자 트위터(현재 X)의 COO를 맡았던 알리 로우가니(Ali Rowghani)는 초기 스타트업 창업가가 진정한 CEO로 거듭나려면 실무자 중 수장(Doer-in-Chief)에서 벗어나, 기업을 만들어가는 리더(Company-Builder-in-Chief)로 성장해야 한다고 조언한다.[24]

지금은 세계적 대기업이 된 구글은 비교적 초기 단계부터 조직모델을 고민한 사례이다. 스타트업일 때 구글은 투자자 존 도어(John Doerr)와 마이클 모리츠(Michael Moritz) 등의 충고에 따라 2001년 에릭 슈미트(Eric Schmidt)를 영입하여 내부 운영을 맡겼다. 그리고 에릭 슈미트는 영업 기능 구축, 내부 업무 프로세스 및 인프라 정비 등을 통해 아이디어와 비전으로 출발한 스타트업을 실제로 이익을 내고 사업을 영위할 수 있는 기업으로 탈바꿈시킨다.[25] 구글의 사례로 알 수 있듯 스타트업 팀은 구조, 문화, 인재, 프로세스 등을 초기부터 고민하는 것이 좋은 결과로 이어질 수 있다.

## 04

# 신생기업의
# 조직모델 구축, 가장 먼저
# 고민해야 할 것은?

조직모델 운영원칙은 대기업에만 존재할까?

신생기업과 성장한 기업 중 조직개편의 횟수는 어느 쪽이 더 많을까?

가령 한 달 안에도 여러 번 조직개편을 하지 않을 수 없는 스타트업의

인사책임자가 있다고 해보자. 이 인사책임자 K팀장은

거의 매주 각 부문의 리더와 면담하며 조직 관련 요구사항을 접수하고 있다.

제각기 다른 부문의 리더들이라 각자의 경험에 따라 옳다고 믿는 방향이

다르고, 조직의 명칭이나 위계에 대해서도 생각이 일치하지 않는다.

지금도 이렇게 고려해야 할 사항이 많은데, 앞으로 조직이 더 커진다면

어떻게 관리해야 할지 고민이 깊다. 상황이 이렇다면 신생기업 또한

애초부터 조직의 방향성과 원칙을 합의해두는 것이 더 낫지 않을까?

만약 그렇다고 한다면 무엇부터 정해야 할까?

스타트업에 대한 투자를 고민하는 입장에서는 해당 회사의 사업성을 보다 면밀히 살피고 싶을 것이고, 이를 위해 사업 아이템과 더불어 회사가 어떤 구조, 어떤 구성원들로 이루어져 있는지도 궁금할 것이다. 이러한 정보를 한눈에 볼 수 있게 해주는 것이 바로 '조직도'이다. '조직도'라는 개념은 조직 내 주요 업무 단위와 포지션, 누가 누구에게 보고해야 하는지를 시각적으로 나타낸 것으로, 아주 오래전부터 존재해왔다.[26]

조직도는 구성원들의 임무와 수행 업무 등 사업실행의 구체적 내용을 나타내며, 잘 구조화된 조직은 목표 달성을 위해 필요한 정보가 수직적이면서 또한 수평적으로도 원활히 흐를 수 있도록 설계된다. 조직은 상황이나 환경변화에 적합하도록 계속 진화한다. 기업이 유무형의 자원과 능력을 환경에 따라 재구성해내는 능력을 연구하는 조직연구 분야의 동적 역량(dynamic capability) 이론가들은 조직구조를 적절히 변화시켜나가는 것이 성공적 경영을 위해 대단히 중요하다는 점을 강조한다.[27]

## 조직 배치 및 운영을 위한 대원칙부터 수립하라

회사의 초기 단계에서는 인적·물적 자원이 충분하지 않아 한 사람이 재무, 전략, 인사 등 여러 주요 기능을 동시에 수행하는 경우가 많다. 따라서 조직을 구성할 때 개별 기능의 전문성, 조직의 실행력, 회사 내 다른 기능과의 관계성까지 세밀하게 고려하기보다 현재 일을 담당하는 개인이 실제로 감당할 수 있는 범위, 급박한 필요성, 또는 충원이 되는 순서대로 당장의 역할과 책임을 맡기는 식이 되기 쉽다.

이러한 상황이다 보니 운 좋게도 핵심 기능 단위, 예를 들어 영업, 전략, 마케팅, 재무, 인사 등에 우수한 인재를 순차적으로 채용하여 초기부터 체계적 조직구조를 갖추는 경우가 있는가 하면, 사업이 성장해가고 있음에도 불구하고 단계별로 필요한 인재의 영입과 유지가 원활하지 않아 내부 안정화에 시간이 오래 걸리고, 적소에 필요한 인재의 부재로 조직 전체의 역량이 고르게 구축되지 못하거나, 실행 준비가 미흡하여 중요한 사업기회를 놓치는 경우도 발생할 수 있다.

조직연구 분야의 주요 학자 가운데 한 사람인 민츠버그는 조직을 전략(strategic) 부문, 중간라인(middle line) 부문, 핵심운영(operating core) 부문, 기술구조(techno structure) 부문, 지원스태프(support staff) 부문으로 나눈 다음 이 중 어느 부문이 권한을 갖느냐에 따라 조직구조 유형이 결정된다고 보았다.[28]

이를 스타트업에 적용해보면, 조직이 소규모이거나 창업 단계에 있을 때는 권한이 중앙에 집중되고 전략 부문이 주요 권한을 가지게 되는 단순 조직(simple structure) 형태가 구성된다. 이 단계에서는 기능상 분업이 거의

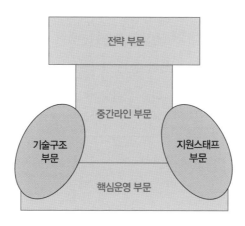

이루어지지 않으며, 의사결정은 최고경영자가 생각하는 핵심 주제나 당면 이슈 중심으로 진행되는 경우가 일반적이다. 이후 사업진행에 따라 조직의 복잡성이 증가하게 되고, 그러면 재무, 기술, 법무, 경영지원, 영업 등 각 기능영역별로 전문적 의사결정이 요구된다. 이에 따라 조직과 업무는 기획·운영·지원 등 유사 기능에 따라 통합과 분류가 반복되며 점차 다변화, 세분화된다. 이러한 과정을 거치면서 사업 특성에 적합한 조직형태로 변화를 거듭하게 되는 것이다.

　신생조직에서는 아무래도 최고경영자의 영향력이 클 수밖에 없다. 즉 최고경영자의 방향성, 선호도, 목표, 스타일 등이 조직의 특정 구조를 만들고, 조직구성과 변화에 결정적 영향을 미치게 된다.[29] 그렇지만 조직이 성장과 변화를 거듭할수록 업무의 양, 조직의 규모, 전문성의 깊이, 복잡성 등 여러 측면에서 경영자가 모든 의사결정을 할 수는 없는 상황을 맞게 된다. 따라서 신생조직 또한 이런 상황에 미리 대비할 필요는 있다. 즉 신생조 직이라 하더라도 각각의 부문이 유기적으로 움직일 수 있도록 조직구조나 조직설계 원칙, 협업의 룰, 소통 방식, 일하는 방식 등을 미리 정의해두는 것이 도움이 된다. 조직의 기틀을 잡는 이러한 활동은 사업모델 구상이나 투자 유치 등과 유사한 우선순위로 고려되어야 할 사항이다.

결국 미래에 대비한다는 것은 한정된 자원을 효과적으로 분할 배치하여, 전략적 핵심 활동에 집중할 수 있는 균형적 조직구조를 갖추고, 이후 지속 될 변화에 효과적으로 대응할 수 있는 조직 역량과 기반 체계를 앞서 수립 한다는 의미이다. 그리고 이러한 체계는 조직형태가 가장 단순한 초창기에 수립해 공유하는 것이 효과적이다. 발생하지 않은 미래에 대한 가장 합리 적인 전략은 다양한 가능성을 염두에 두고 명확한 대원칙에 따라 유연한 사고와 실행이 가능한 체계를 만들어두는 것이기 때문이다.

## 조직운영의 기본 원칙은 '가치체계' 정립

조직이 무엇을 지향해야 하는지 방향을 제시하는 것은 왜 중요할까? 기 업의 경영 프로세스가 성공하려면 조직구성원들이 공동의 목표에 몰입하 도록 해야 하는데 이를 위해 경영자가 가장 먼저 고민해야 하는 것은 조직 의 방향성, 즉 미션(mission)·비전(vision)·핵심가치(core values)를 포괄하 는 가치체계를 정의하고 전파하는 일이라 할 수 있다. 특히 구성원을 한 방 향으로 움직이려면 조직 고유의 미션·비전·핵심가치를 구조적으로 정의 하여 구성원 모두에게 전달하고 공감을 얻는 것이 필수다.[30]

기업의 가치체계는 조직이 유연하고 신속하게 움직이면서도 명확한 기준에 따라 중요한 의사결정이 내려지도록 하는 역할을 한다. 이런 맥락에서 우선 '미션'은 회사의 존재 이유와 지향점이 무엇인지를 구성원에게 알려준다. 예를 들어 공유 숙소 플랫폼 회사인 에어비앤비의 미션은 "전 세계 어디서든 내 집처럼", 즉 "Belong Everywhere"이며, 페이스북과 인스타그램 등 온라인 커뮤니티 플랫폼 기업인 메타의 미션은 "커뮤니티를 통해 모두가 더 가까워지는 세상을 만드는 것"이다. 그리고 '비전'은 회사가 달성하고자 하는 목표와 그 목표를 달성한 시점의 미래 모습에 대한 해당 회사만의 포부를 나타낸다. 마지막으로 '핵심가치'는 조직의 비전과 미션을 달성하

▼ 도표 2-4 : 미션, 비전, 핵심가치 체계

| 구분 | 미션 | 비전 | 핵심가치 |
|---|---|---|---|
| 정의 | 기업의 존재 이유와 정체성 | 기업이 미래에 되고자 하는 모습과 포부 | 기업이 추구하는 주요 가치로 고유의 사고와 행동 방식으로 표현됨 |
| 활용 | 기업의 사업 방향성을 설명하는 것이면서, 의사결정의 기준이 됨 | 기업이 분명한 공동 목표에 몰입하도록 무엇을, 왜 해야 하는 것인가를 명확히 함 | 다른 회사와 차별화된 정체성을 부여하고 구성원에게 업무상 판단 기준을 제공함 |
| 예시 (넷플릭스) | 세상을 즐겁게 한다 (To Entertain the World) | 인터넷 엔터테인먼트 시대의 선도 기업의 자리를 이어가는 것 (To Continue being One of the Leading Firms of the Internet Entertainment Era) | 판단력(judgement) 헌신(selflessness) 용기(courage) 소통(communication) 포용(inclusion) 진실성(integrity) 열정(passion) 혁신(innovation) 호기심(curiosity) |

자료: 〈https://jobs.netflix.com/culture〉.

는 데 필요한 조직 고유의 행동 지침이자 가이드로서[31] 구성원을 결속시키는 구심점이자 기업 성공의 주요 원천이다.

미션·비전·핵심가치로 이어지는 가치체계는 대부분의 회사 홈페이지에서 기업 정체성을 설명하는 주요 내용으로 빠지지 않고 들어가 있기 때문에 누구나 그것을 쉽게 찾아볼 수 있다. 물론 이러한 가치체계도 회사의 전략 변화에 따라 적절한 내용으로 지속적으로 업데이트된다.

어느 기업, 어느 조직이든 그 초창기에는 브랜드, 연봉 수준, 복지 다양성 등 인재를 유인할 구체적 장치가 충분하지 않은 경우가 많다. 하지만 회사의 현재보다도 미래 가능성을 더 중요하게 생각하는 지원자들에게는 회사의 비전과 경영철학이 채용 전략으로 충분히 활용될 수 있다. 모든 회사가 장점만 있을 수는 없고, 또 모든 지원자가 똑같은 장점 하나만을 선호하지는 않기 때문이다. 예를 들어 분위기가 가족적이고 일과 생활의 균형이 잘 맞는 안정적 회사를 선호하는 지원자도 있을 것이고, 구성원 간 관계가 프로페셔널하고 업무량이 많더라도 그만큼 보상과 경력개발 기회가 다양한 회사를 선호하는 지원자도 있을 것이다.

회사가 직원들에게 매력적으로 보이기 위해 어떤 장점을 차별적으로 어필할지 보여주는 것을 구성원가치제안(Employee Value Proposition, EVP)이라고 한다. EVP는 2000년 맥킨지가 세계경제포럼에서 '인재전쟁'을 주제로 한 연구결과를 발표하면서 구체화된 것으로, 기업에서 채용 전략을 수립할 때 지원자에게 회사의 장점을 소구하는 포인트로 활용된다.

실제로, 저명한 HR(Human Resources) 연구자 중 한 사람인 조시 버신(Josh Bersin)은 2021년에 950개 이상의 기업을 대상으로 실시한 조사결과를 담은 〈직원 경험 보고서(The Definitive Guide: Employee Experience)〉에

서 구성원들이 공감할 수 있는 미션과 비전을 강조하는 기업들이 전반적으로 3배 더 높은 직원몰입도(engagement), 직원유지(retention) 비율을 보인다고 밝혔다.[32]

또한 회사와 리더십에 대한 평판 정보를 제공하는 글래스도어(Glassdoor)에서 2019년 실시한 '미션과 문화 조사(Glassdoors's Mission & Culture Survey)'에서는 조사 대상인 미국, 영국, 프랑스, 독일 직장인 5,000명 중 77%가 회사에 지원하기 전 회사의 조직문화를, 79%가 회사의 미션과 비전을 살펴보는 한편 이를 중요한 요소로 고려한다고 보고했다. 그리고 조사 대상자 중 64%는 회사에 계속 다니게 하는 가장 중요한 이유 중 하나가 '회사의 미션'이라고 응답했다.[33]

요컨대 최근의 기업 지원자들은 금전적 보상이나 복리후생 등을 중시하는 만큼이나 일에 의미를 더해주는 '미션'과 회사의 '성장 가능성', 회사 내에서 자신이 획득하게 될 '커리어 기회' 등을 매우 중요한 요소로 생각한다는 뜻이다. 따라서 미션과 경영철학을 포함한 조직의 정체성을 잘 정리하고 커뮤니케이션하는 것은 조직의 인재 확보 및 유지에 큰 도움이 된다고 할 수 있다.

사업적 관점에서도 변화하는 환경에 신속하게 대응하기 위해서는 사업전략과 함께 전략을 지지해주는 문화가 필요한데,[34] 이런 맥락에서 사업전략, 조직모델, 조직문화 간 연계성은 중요한 성공 요인이라 할 수 있다. 물론 회사마다 고유한 특성이 있기 때문에 성공적인 조직문화를 단 하나로 정의할 수는 없다. 더구나 문화는 어느 날 갑자기 만들어질 수 있는 것이 아니며, 지속적 자기성찰을 통한 개선과 반복적 전달로 구성원에게 체화되는 과정을 거쳐야 한다. 구성원들이 다양한 업무 상황에서 스스로 생각하고 판단하여 회사가 원하는 방향으로 유연하게 대처할 수 있도록 하려면 조직의 명확한 방향성과 문화적 토대가 잘 뒷받침되어야 한다. 미션, 비전, 핵심가치를 정의하고 전파하는 일이 그래서 중요하다.

일단 조직에 미션과 비전 체계가 잘 수립되었다면 그 후에는 경영자가 일일이 설명하지 않아도 이에 기반한 제도와 프로그램을 통해 자연스럽게 체화될 수 있도록 프로세스를 만들어 정착시켜야 한다. 이렇게 정의된 가치체계는 일상 업무와 관련한 협업이나 의사결정을 할 때, 구성원 간 대화를 통해 반복적으로 강조될 수 있다. 그리고 미션, 비전, 핵심가치, 조직문화 방향성 등 합의된 기준에 따라 직원을 채용하고 임원, 중간관리자, 구성원과 인사팀은 열광적 지지자로서 자사의 가치와 조직문화를 상호 반복해 전달하며, 그 기준에 비추어 자정 작용이 이뤄질 수 있는 체계를 형성하는 것이 이상적이다. 물론 이를 위해서는 반복적이며 지속적인 커뮤니케이션과 논의가 필요하다는 점은 아무리 강조해도 지나치지 않다.

구글, 아마존, 테슬라 등 글로벌 기업뿐 아니라 국내의 대기업과 스타트업들도 조직에 적합한 인재(right people) 채용이란 조직문화 및 핵심가치와의 정합성(fitness)을 갖는 것으로 본다. 일반적으로는 인사팀에서 핵심가치를 기반으로 HR 면접을 진행하는 경우가 많지만, 별도의 평가단을 운영하는 조직도 있다. 예컨대 아마존은 자사의 핵심가치인 리더십 원칙(leadership principles)에 적합한 인재를 채용하기 위해 '바 레이저(Bar Raiser, 기준을 올리는 사람)' 제도를 운영하고 있다. 바 레이저는 아마존의 핵심가치 전달자일 뿐 아니라 이 기준을 통해 입사한 인재가 미래에 또 다른 바 레이저가 되어 아마존 리더십 원칙의 전달자가 되는 순환 구조를 만든 것이다.

# 조직의 시작과 끝, 그것은 '사람'

조직은 성장 과정에서 초기에는 생각지 못했던 다양한 상황과 마주하게 된다. 예측이 어려운 비즈니스 상황은 창업 시에는 옳다고 생각했던 원칙과 가설을 모순적 상황에 직면하게 하고, 그로 인해 때로는 사업운영 방향이나 경영철학 등에 대대적 수정이 필요할 수도 있게 된다. 이러한 예기치 못한 상황에 잘 대응하지 못하면 그 조직은 주요 경영진 교체, 창업 멤버 혹은 핵심 인재 이탈 등의 갈등을 겪는다. 물론 조직이란 변화를 통해 성장한다지만, 조직 내 갈등을 최소화하여 목표에 집중하게 하는 것이 조직운영에서는 더 바람직하며, 그러한 갈등의 조정이 조직의 중요한 역량이라고 할 수 있다.

결국 조직을 구성하고 움직이는 것은 두말할 나위 없이 '사람'이다. 그렇다면 경영자는 구성원을 어떻게 생각하고 어떻게 대해야 할까? 경영자는 직원들을 단순 업무 수행자가 아니라 전략의 실행자이자, 조직을 한 방향으로 움직이기 위한 문화의 전달자로 생각해야 하며, 이런 견지에서 그들을 이해해야 한다. 예를 들어 오늘날의 조직에서는 이른바 MZ세대가 각 조직부문에서 중추적 역할을 담당하며 조직운영에 가장 많은 의견을 내는 것과 함께 성과에도 큰 영향을 미치고 있다. 그렇다면 이들의 특성을 이해하는 것이, 경영진이 구성원과 관계를 형성하는 데 도움이 될 것이다.

MZ세대에 대해서는 다양한 해석이 존재하지만, 최근의 한 연구[35]에 따르면, MZ세대는 기성세대에 비해 자기애가 강하고 자유, 투명성, 유연성, 자립성의 가치를 선호하는 것으로 요약된다. 특히 주목할 만한 특징은 이들은 성장 과정에서 학업이나 취업을 위해 강도 높은 경쟁을 경험했고, 그런 이유로 공정성을 중요한 업무 가치로 여긴다는 것이다. 또 여러 경영학 연구에 따르면 이들 MZ세대는 회사의 공정성 수준과 채용, 평가, 승진, 보상 등의 제도, 경영진의 언행일치 등 공정성에 쏟는 노력에 민감하게 반응하며,[36] 이에 대한 인식이 회사에 대한 충성도, 소속감, 신뢰, 이직 등 조직에 대한 다양한 긍정적·부정적 반응으로 이어진다고 한다.[37]

그러므로 공정성과 조직에 대한 신뢰 확보라는 측면에서 내부적으로는 회사와 구성원 간 믿음을 유지하고, 대외적으로는 파트너와 고객에게 신뢰를 형성하기 위해 선언과 실제 행동 간의 일치, 즉 이 회사가 옳은 방향으로 결정하고 움직일 것이라는 확신을 주어야 한다. 결국 고객과 투자자에게 비즈니스 모델에 대한 신뢰를 주는 것에 못지않게, 현재와 미래의 구성원에게 일관된 원칙으로 조직을 운영할 것이라는 점을 보여주는 것도 중요한 일이라 할 수 있다.

## 조직운영 원칙 정립의 목표

조직운영 원칙은 궁극적으로 조직이 스스로 작동하고 기능할 수 있는 효과적 상태가 되도록 만드는 것을 목표로 한다. 효과적 조직운영과 조직문화의 영역에 대한 정의가 그간 다양한 각도에서 연구되어왔는데, 조직운영 원칙은 조직의 물리적 구성부터 조직문화나 리더십, 커뮤니케이션 등을 포함한 소프트 요인까지 고려하는 것을 포함한다.* 조직구조의 설계와 이를 운영하는 방법은 장기적으로 조직의 성향과 체질을 결정하기 때문에, 2가지 측면 모두 조직의 궁극적 목표 달성을 위해 반드시 점검할 필요가 있다.

조직구조는 초기에 매우 단순하게 시작한다. 구성원의 수가 많지 않고 기능 구분이 크게 없는 시기에는 다단계의 조직구조가 커뮤니케이션상의 비효율을 초래하거나 의사결정 속도를 느리게 하기 때문이다. 외부와의 원활한 소통을 명목으로 운영원칙에 대한 고려 없이 조직과 역할을 확장하면, 간혹 수십 명 규모의 조직에서 대기업 못지않은 4~5단계(예컨대 파트장, 팀장, 실장, 본부장, 부문장 등으로 구성되는 것)의 위계구조를 가지게 되는 경우도 관찰된다. 불필요하게 세분화된 직책 구조는 직책 레벨에 따른 역량이나 역할 차이도 크지 않을 뿐 아니라, 직책자 요건 정의나 승진에 대한 기준도 역량이 아닌 연공서열에 따라 운영되는 경우가 많다. 그러므로 다단계 조직구조를 운영할 때는 조직장의 역할을 상하 간 명확하게 차별화되도록 구체적으로 정의할 필요가 있다. 파트장, 팀장, 실장 등 리더의 역할 크기에 따른 단계를 구분할 때 각 포지션의 성과책임, 의사결정 범위의 중복 여부를 정비하고 차별성이 없다면 포지션을 통합하여 의사결정 속도를 높이는 것이 효과적이다.

조직구조와 운영 프로세스는 한번 정해놓고 계속 이어가는 것이 아니라 조직전략과의 연계성, 조직모델의 트렌드, 경쟁사 동향, 내부 인재 상황 등을 반영하여 유연하게 변화시켜야 한다. 대부분의 운영 사례에서 발견되듯, 초기 단계에 설정된 단순한 구조를 성장 단계나 목적에 맞게 세분화하

---

\* 일반적으로 조직의 목표 달성 정도를 나타내는 개념을 조직유효성이라 하며, 조직유효성(Organization Effectiveness)은 조직의 효율성(생산성, 경제성, 수익성), 조직의 유연성(적응성, 혁신성) 및 조직구성원의 만족도로 측정할 수 있다. 조직유효성에 영향을 미치는 요인으로는 세계적인 전략 컨설팅사 맥킨지에서 개발한 7S 모델이 광범위하게 사용되고 있는데 곧 공유가치(shared values), 전략(strategy), 구조(structure), 시스템(system), 구성원(staff), 스타일(style) 그리고 스킬(skill) 등이다.

는 것보다, 초기에 명확한 규칙 없이 위계화되고 세분화된 구조를 이후에 다시 통합하고 단순화하는 것에 훨씬 더 복잡한 내부 소통 과정이 필요하게 된다.

## 조직운영 원칙 정립을 통한 실제 조직운영 사례

K-pop 영역에서 단기간에 놀라운 성장을 보여준 하이브는 소규모 조직 단계일 때부터 조직운영 원칙을 정의했고, 이에 대해 전 직원에게 단계별로 커뮤니케이션해왔다. 회사의 성장 단계에 맞추어 해당 원칙을 체계적으로 개편해가며 2018년부터 2021년까지 비유기적 성장을 포함한 사업다각화와 급격한 성장 가도에서 조직체계와 안정성을 유지해왔다.

**1. 수평적 조직문화를 유지하기 위해: 직급 위계가 아닌 직무 책임의 복잡도와 난이도, 그리고 부여된 미션을 기준으로 조직을 수평적, 수직적으로 확대**

1) 가장 작은 단위의 조직구성은 '파트'로, 단일 미션의 실무를 추진할 수 있는 단위이다. 구성원은 4~5명을 넘지 않도록 한다.

2) '파트'의 상위 단계인 '팀'은 새로운 미션이 추가되었을 때 신설할 수 있다. 3개 이하의 개별 미션을 부여하며, 단일 혹은 유관 기능을 포함한다.

3) 새로운 미션이나 기능이 추가되었을 경우 '팀'의 상위 단계인 실, 본부를 신설할 수 있다.

**2. 무분별한 조직 확대를 방지하기 위해: 조직개편은 사전에 합의된 원칙과 프로세스에 따름**

1) 조직 신설이나 변경을 위해서는 해당 조직의 미션, 주요 업무 및 목표, 인원의 구

성, 역할과 책임을 포함한 조직운영 계획서를 작성하여 제출한다.

2) 필요한 경우, 해당 조직의 직책 후보자는 조직운영 계획서를 발표하고 인사위원회의 승인을 받는다. 해당 직책 후보자가 조직을 이끌 만한 충분한 경험과 역량을 갖추었는지, 조직개편이 회사에 필요한 방향으로 설계되었는지가 승인 여부에서 관건이 된다.

3) 조직의 명칭은 각 조직의 역할을 직관적으로 알 수 있도록 정한다.

**3. 조직문화의 유지와 확산을 위해: 핵심가치로 설명되는 조직문화와 조직의 운영 방침을 일관성 있게 연계**

1) 자유로운 의견 교환을 방해하는, 위계 있는 직급을 운영하지 않으며 모든 구성원의 호칭을 '님'으로 통일하고, 상호 존대한다.

2) 구성원 간 커뮤니케이션은 1:1 미팅으로 누구나 자유로운 논의가 가능하고, 타 부서 구성원의 협업 요청은 조건 없이 수락한다.

3) 각 기능의 리더를 역할과 책임, 필요 역량에 따라 유형화하고, 리더의 의사결정 권한과 책임 범위를 명확히 정한다.

4) 주제에 따른 회의체를 운영하여 의사결정의 속도를 높인다.

자료: 하이브 홈페이지, 조직문화 소개 자료, 전직자 인터뷰를 종합하여 정리.

# 조직모델 구축, 구성원들과 소통하며 공정하게

경영자는 조직모델을 누구와 함께 그려야 할까? 조직의 세부 구조는 현장의 리더와 인사 담당자가 함께 구성하는 경우가 대부분이다. 하지만 사업부 신설, 전체 사업부 재구조화와 같은 대규모 조직개편은 경영자와 전략 리더, 그리고 인사 책임자가 전략방향, 실행 효율성, 보유 역량 등 다양한 요소를 검토하여 진행해야 한다.

조직의 규모가 작을 때는 조직의 신설·폐지·변경, 리더 선임의 목적이나 배경 등에 대해 구성원에게 설명하기가 비교적 용이하다. 조직이 아직 불완전하기 때문에 리더 후보자가 많지 않고, 또 잦은 조직 변경이 오히려 생존을 위한 빠른 실행 전략 중 하나로, 다시 말해 신속한 의사결정과 빠른 성장의 결과로 인식되기 때문이다. 그러나 조직의 복잡성이 증가하고 내부의 이해관계가 다양해지면, 조직과 인사발령은 구성원들 사이에서 경영진의 특정 의도를 담은 메시지로 인식되기도 한다.

MZ세대 구성원들이 중요하게 생각하는 업무 가치인 공정성 관련 연구에 따르면, 절차 공정성은 사회교환이론(Social Exchange Theory)*에 따라 조직과 구성원의 상호 관계를 발전시키며 구성원의 태도나 정서적 반응, 조직 내에서 생산적·반생산적 행동을 유발하는 원인이 되기도 한다.[38] 따라서 주요 의사결정 내용의 잘못된 전달이나 해석은 구성원이 조직에 대해 갖는 태도와 조직에 대한 몰입 행동, 나아가 우수 인재의 유지에도 영향을 미칠 수 있다.

특히 비공식적 외부 채널을 통한 왜곡된 정보 전달이 혼란을 가중시킬 수 있으므로 주의가 필요하다. 조직 내에서 이러한 혼란을 최소화하기 위해 조직구조 변화의 의미와 배경을 구성원에게 명확히 설명해야 하며, 이

---

* 심리학, 사회학, 경제학에 근간을 둔 이론으로, 개인이 사회적 관계를 맺거나 끊을 때 손실과 이익을 판단하고 그 결과에 따라 태도와 행동을 결정하는 것으로 본다. 쉽게 말해, 기브 앤 테이크(give and take)처럼 구성원들이 조직에 기대하는 대가와 혜택이 있다면 조직에 바람직한 태도와 행동을 보이는 등 손실과 이익을 판단하여 조직에 남거나 떠나는 것을 결정한다는 이론이다.

는 조직에 대한 신뢰 측면에서도 중요한 문제다. 그러므로 초기 단계라도 조직의 신설·변경·폐지에 대한 운영원칙, 직책자 보임 요건, 절차, 커뮤니케이션 방법을 정리하여 공유하는 것이 바람직하다. 다른 무엇보다도 인사 기능 담당자를 조직구성 초기부터 빠르게 영입하여 구성원 커뮤니케이션 방향을 포함한 조직운영 원칙을 수립하도록 한다. 인사 담당자는 조직 변경 히스토리를 기록하고, 조직변경 후의 특이사항이나 성공 여부에 대한 모니터링과 분석을 진행하도록 한다. 다만, 기업 초기 단계의 인사는 급여 (payroll) 등 주요 운영 기능 중심으로 구축되고 채용, 평가, 보상에 관한 의사결정을 경영자가 직접 하는 경우가 많으니, 해당 역할을 수행하는 팀의 직책자가 그 역할을 대신할 수 있다.

조직구성 초기 단계에서는 다른 어떤 채용 채널보다 내부 인맥이 추천하는 방식의 채용이 늘어나게 된다. 물론 내부 추천은 역량이나 조직문화 적합도가 검증된 인재를 선발할 수 있다는 점에서 이점이 많지만, 혹시라도 잘못된 채용 의사결정이 발생한다면 이것이 성과에 큰 영향을 미칠 뿐 아니라 조직 신뢰나 이로 인한 구성원 동기부여에도 부정적 영향을 끼친다. 특히 경영진이 애초 투명성과 공정성을 중요한 원칙으로 내세웠으면서 정작 본인들이 추천한 인재에 대해 절차 공정성을 준수하지 않는다거나 정해진 기준을 어기며 예외적 채용을 반복한다면 경영자의 철학이나 회사의 핵심가치, 의사결정의 원칙과 일관성을 손상시켜 구성원을 실망시키고 조직이나 경영자에 대한 신뢰를 흔들 수 있다.

또한 주요 포지션에 대해서는 구성원에게 후보자의 어떤 역량이 어떤 포지션 요건에 매칭되어 채용되었는지를 잘 설명하는 일도 중요하다. 그래야만 일관된 기준으로 인재를 영입할 수 있다. 이를 위해 직무와 포지션 정의를 초기부터 잘 갖추어야 하는데, 그것이 내부 커뮤니케이션만이 아니라 인재를 찾기 위한 공고, 서치펌(search firm) 의뢰 등 외부와의 협업에서도 명확성을 높여줄 수 있기 때문이다.

## 조직운영 원칙 정립은 조직구성 초기부터

많은 회사가 초기의 체계 수립이 갖는 중요성을 간과하고, 조직이 어느 정도 성장한 이후에야 조직, 직무, 포지션을 구분하고 세부 내용들을 정의 하려 한다. 물론 직무 정보를 일일이 관리하는 것은 무척이나 번거로운 작 업이다. 그렇지만 초기부터 개념을 수립하고 신설이나 변경 등의 프로세 스를 정착시켜 개인과 직무 정보를 관리하는 것이, 조직이 성장한 이후 조 직 전체를 대상으로 재교육을 실시하는 것에 비해 훨씬 더 효과적이다. 그 만큼 시간과 에너지를 절약할 수 있고, 인재에 대한 체계적 소통 및 관리가 가능하다는 점에서도 이점이 크기 때문이다.

나아가 중장기 관점에서는 조직의 어느 단계에서 어떤 기능을 권한위임 할지, 효율성을 위해서는 어떤 기능을 아웃소싱할지 등을 고려할 수 있다. 사업진행 단계에서 조직과 인력 관련 내용은 해당 사업진행과 병렬적으로 논의되어야 하며, 이를 별도로 정기적으로 논의할 수 있는 내부의 담당자 나 회의체, 기능을 미리 갖추어두는 것 또한 도움이 된다. 인사팀은 채용이 나 인력 변동 현황에 대해 경영진 회의 등에서 브리핑하고, 현재 시급히 충 원이 필요한 영역을 조직과 역량 관점에서 정기적으로 논의해야 한다. 이미 관리체계를 갖춘 대기업에서는 이것이 필수적으로 진행되는 프로세스로 정착되어 있는데, 작은 규모의 회사라도 이러한 체계를 초기 단계부터 진행하여 프로세스로 정착시킬 수 있으면 좋다.

의사결정을 복수의 경영진이 함께 내리는 형태라면, 이 단계부터 인사위원회와 유사한 의사결정위원회를 만들어 운영하는 것이 공정한 조직운영에 도움이 된다. 또 투명한 커뮤니케이션을 위해 구성원들과 관련 이슈들을 소통하는 채널을 운영하도록 한다. 이러한 과정은 비단 절차적 공정성뿐 아니라 위기·긴급 상황에서 조직의 주요 의사결정자들이 신속하게 공동대응을 할 수 있는 의사결정 프로세스와 방법을 학습할 수 있다는 측면에서 중요하다.

구글의 TGIF 미팅이 아마도 이러한 예가 될 수 있을 것이다. TGIF는 'Thank God, It's Friday'의 약자로, 구글이 매주 목요일* 오후 진행하는 전체 회의를 말한다. 구글의 TGIF 미팅은 창업 초기부터 현재까지 이어져 온 것으로, 구글은 이를 통해 사업진행 방향, 조직운영 관련 이슈, 구성원들이 경영진과 회사에 대해 궁금한 내용을 공개적으로 커뮤니케이션하는 문화를 만들었다. 그 덕분에 구성원들 사이에서 정보공유 수준이 높아졌고, 이는 보다 성숙한 조직문화 형성에 기여했다.

이런 방식의 프로그램은 곧 페이스북(현 메타)에 전파되는 등 전 세계 기업들로 퍼져나갔다. 국내에서도 스타트업으로 시작한 우아한형제들이나 토스 등에서 유사한 형태의 '경영자와의 대화' 시간 또는 '타운홀 미팅' 등

---

* 초기에는 금요일에 진행했는데, 그러다 보니 글로벌 직원 중 시차로 인해 토요일에 참여하게 되는 경우가 생겨 목요일로 변경되었다. 최고경영진뿐 아니라 직접 제품과 서비스를 개발하는 직원까지 참여하여 1시간 30분가량 진행된다. 회사가 공유해야 하는 내용뿐 아니라 누구나 개인의 생각을 자유롭게 표현할 수 있다.

| 분배 공정성(distributive justice): 결과의 적절성 |
| --- |
| • 형평성(equity): 구성원의 기여도에 따른 보상 |
| • 평등(equality): 각 구성원에게 대체적으로 동일한 보상 제공 |
| • 필요(need): 개인적 필요나 요구사항에 기반한 혜택 제공 |

| 절차 공정성(procedural justice): 과정의 적절성 |
| --- |
| • 일관성(consistency): 모든 구성원이 동일하게 대우받음 |
| • 편향 배제(lack of bais): 어떤 집단이나 개인도 차별이나 부당한 대우를 받지 않음 |
| • 정확성(accuracy): 정확한 정보에 기반한 의사결정 |
| • 적절한 대표자(representation of all concerned): 적절한 이해관계자가 의사결정에 참여 |
| • 수정(correction): 실수를 수정할 수 있는 이의신청 절차나 메커니즘이 있음 |
| • 윤리(ethics): 직업적 행동규범의 위반이 없을 것 |

| 상호작용 공정성(interactional justice): 권위자로부터의 받는 대우의 적절성 |
| --- |
| • 대인관계 공정성(interpersonal justice): 존중과 예의로 구성원을 대우 |
| • 정보 공정성(informational justice): 구성원과 관련 정보를 공유 |

자료: Cropanzano, R., Bowen, D. E., & Gilliland, S. W. (2007). "The management of organizational justice". *Academy of Management Perspectives*, 21(1), 34–48.

을 진행한다.

　회사의 미션으로부터 이어지는 투명한 정보공유는 구성원들이 주인의식을 가지고 각자의 직무에 더 몰입할 수 있게 만들어줄 뿐 아니라 새로운 아이디어를 사업화하고 조직의 이슈를 함께 해결하는 등 수평적 조직문화를 정착시킨다. 또한 회사의 업무 프로세스를 지속적으로 개선시키는 피드백 체계, 개방적 목표관리인 OKR(Objective and Key Results) 시스템, 동료평가 등 성과에 대한 열린 논의가 가능한 조직문화를 구축한다.

구글이 회의를 진행하는 목적과 진행 방법을 보면 그것이 '조직 공정성의 구성요소'(도표 2-5 참조)[39] 중 절차 공정성과 상호작용 공정성의 요소가 잘 녹아 있는 사례임을 확인할 수 있다. 회사 내에서 경영진이 구성원에게 정보를 전달하는 일련의 행위는 구글의 미션 "전 세계의 정보를 정리하고 접근 가능하게 한다."라는 선언과 일치함은 물론, 창업부터 현재까지 미션과 비전, 조직운영 원칙, 그리고 조직문화를 모두 연계시키려는 노력을 오랜 기간 지속한 좋은 사례라 하겠다.

정리하면, 기업은 조직운영의 원칙을 사업전략과 함께 조직구성 초기 단계부터 잘 정립해야 하고, 이 원칙에 기반하여 일관성 있게 운영, 발전시켜야 한다. 이를 위해 명문화된 가치체계를 만들고 적극적으로 그리고 반복적으로 커뮤니케이션해야 하며, 공식적 프로세스와 프로그램을 통해 구성원에게 체화되는 구조를 수립해나가야 한다.

05

성장기에 접어든 조직은
이후 어떻게
설계되어야 하는가?

조직은 어떤 과정을 거치며 성장하는가?

구성원 수와 규모의 확장만을 조직의 성장으로 정의할 수는 없다.

또한 최고 의사결정자의 승인을 받아 발령문을 게시하는 것만으로

조직개편이 완료되었다고 볼 수도 없다. 의사결정자와 실무 담당자가

인사발령 전후에 반드시 고려해야 할 사항은 무엇일까?

또한 조직개편과 동시에 그다음 조직구조에 대한 고민을 곧바로 이어서

시작해야 하는 이유는 무엇인지 생각해보자.

초기 조직은 전체적 구조나 기능을 고려하는 접근보다 창업자 스타일[40]에 따라 그 조직모델이 결정되는 경우가 많다. 이후 조직분화는 조직의 가용 자원, 즉 주요 리더나 핵심적 인재역량을 중심으로 한 조직구성 단계를 거쳐 각 기능별 분화와 완결성을 점차 갖추게 된다. 외부로부터 다양한 인재를 영입해 기능별 전문가 비율이 늘어나면, 전문성 기반의 조직구조 설계가 가능해진다. 이후 사업화 단계로 접어들어 시장성이 높아진 단계에서는 조직을 안정적으로 운영할 수 있게 되어 경영성과 지원을 위한 조직의 구조 및 관리체계 정비가 이루어진다. 또한 최종 의사결정자의 권한도 공식화된 프로세스, 의사결정을 위한 별도 조직, 시스템에 의한 결정으로 이동하여 조직별로 완결적 운영이 가능해진다. 이어 사업성숙의 단계에 이르면 관리체계는 더욱더 고도화하고, 이에 따라 사업부별로 독립적 경영활동이 가능한 형태로 발전할 수 있다.

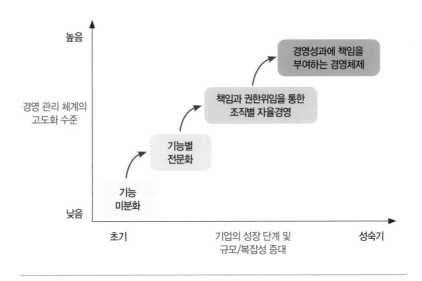

## 성장기 기업의 조직설계, 무엇을 고려해야 할까?

사업진행 단계에 따라 조직은 수없이 많은 변화를 맞게 된다. 성숙기에 접어든 대규모 기업들도 지속적인 혁신을 이어가야 하듯 어떤 경우든 조직은 멈춰 있을 수 없다. 그래서 조직구조를 연구하는 학자들은 조직구조 변화를 재구조화(restructuring)와 조직재구성(reconfiguration)으로 분류한다.[41]

우선, '재구조화'는 조직을 기능별 구조에서 사업별 구조나 지역별 구조 등으로 근본적으로 변화시키면서 예산, 보상, 직무체계 등을 포함한 조직의 기본적 설계 원칙을 변형하는 것을 말한다. 그리고 '조직재구성'이란 조직의 기본적 설계 원칙은 유지하면서 조직의 신설, 분화, 이동, 합병, 폐지 등 하부 단위조직을 변화시키는 것을 가리킨다.[42] 현실에서는 조직개편의 취지나 범위 등에 따라 두 개념이 혼용되는데, 비교적 작은 단위의 일상적 조직변화는 조직재구성으로, 대규모의 조직개편은 재구조화로 이해하여 사용한다. 이 중 조직 재구조화는 빈번하게 일어나는 일은 아니며, 사업전략이나 운영전략의 근본적 변화에 맞추어 진행되는 경우가 대부분이다.

다만 어떤 유형이든 조직이 재배열된 뒤 보고체계와 역할, 새로운 협업 구조가 자리 잡기까지는 일정한 시간이 필요하기 때문에 목적과 방향성이 불분명한 조직변화를 단행했을 경우에는 운영상 혼란을 야기할 수 있다. 조직구조는 사업목표 달성과 전략 실행을 지원하는 역할을 하는 것이기에 사업전략, 장단기 목표, 이를 위한 적절한 자원배분을 종합적으로 고려하고 개편의 취지도 구성원들에게 설명하도록 해야 한다.

조직개편의 필요성이나 이후 실행 방안에 대한 고려 없이 조직도 변경과 인사이동에 집중하면 조직개편을 통해 얻고자 했던 실질적 목적을 이룰 수 없다. 조직이 수년 동안 바뀌지 않고 고정되어 있는 것도 문제이지만 조직을 지나치게 빈번하게 바꾸고, 그러면서도 각 구성원이 하는 일은 그대로 두거나 직원 개인의 의사를 사전에 확인하지 않고 급작스럽게 인사발령을 진행한다든지 하면, 이 또한 조직개편을 실패로 이끄는 요인이 된다.

조직구조 설계는 사업 밸류체인과 주요 기능 분석에 기반하여 진행한다. 조직구성의 가장 큰 단위가 되는 상위 조직은 밸류체인을 통해 분석된 기능 중 크게 전략/기획 조직, 사업부 조직, 그리고 사업부를 지원하는 경영지원 조직으로 나눌 수 있다. 조직분화를 위해서는 조직의 의사결정 체계, 효과적인 사업관리 체계, 역량 강화, 커뮤니케이션 효율성, 개별 조직의 역

▼ 도표 2-7 : 조직구조 설계 시의 고려 요소

| 밸류체인과 기능 분석 | 본원적 활동 | | | | | |
|---|---|---|---|---|---|---|
| | 전략/기획 | 마케팅 | 영업 | 생산 | 물류 | 서비스… |
| | 지원 활동 | | | | | |
| | 재무 | 인사 | 구매 | IT… | | |

거버넌스, 사업전략 실행 효과성을 고려한 상위 조직 구성(예: 부문, 본부 단위)

| 상위 조직 | 전략/기획 조직 (corporate center) | 사업부 조직 (business unit) | 경영지원 조직 (business support) |
|---|---|---|---|
| | 미션, 기능 기준 | 프로덕트(제품, 상품)/서비스/지역 등 기준 | |

상위 조직의 실행력과 조직운영 효율성을 고려한 하위 조직들의 통합, 신설, 세분화(예: 실, 팀, 파트)

| 하위 조직 | 전문성/업무 유사성 조직 운영과 커뮤니케이션 효율성 고려 | 프로덕트/서비스/프로세스 유사성 보고체계, 관리범위, 협업 등 운영상 효율성 고려 |
|---|---|---|

할과 책임(Roles & Responsibilities, R&R)을 고려한 뒤, 이에 따라 조직의 통합, 신설, 세분화 등의 결정을 내려야 한다. 현재의 기업 상황에 맞는 최상위 조직기능이 어느 정도 파악된 상태라면 그 최상위 조직에 반영된 전략, 조직통합 수준과 운영 방향성을 하위로 분화시켜 최적화된 하위 조직단위를 결정한다.

조직을 구조화하는 방향은 수직적 분화와 수평적 확장으로 나눌 수 있다. 수직적 분화란 계층의 수와 관리자의 감독 범위와 같은 조직구성의 구조적 틀을 설계하는 것이다.

조직의 수직적 분화 시 고려할 것은 조직단계와 역할단계 간의 정합성이

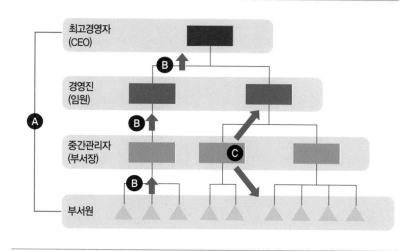

다(도표 2-8 **A** 참조). 최고경영자(CEO), 경영진(임원), 중간관리자(부서장), 부서원 간의 역할단계가 분명하게 구분되어 있는지 확인하여 몇 개의 단계로 구성할 것인지 판단한다. 수직적 단계를 정할 때는 조직의 규모도 중요한 고려 요소인데, 소규모 조직에서 지나치게 여러 단계로 세분화하면 의사결정에 불필요한 프로세스가 생겨날 수 있으니 지양하는 것이 바람직하다. 조직과 역할 단계 설계가 마무리되면, 실무자부터 최종 의사결정자까지 위계에 따라 의사결정 권한의 체계가 적절하게 설정되어 있는지 확인한다(**B**). 마지막으로, 조직 단계의 위와 아래로 커뮤니케이션이 효과적으로 이루어질 수 있는 구조인지, 이를 뒷받침할 제도나 시스템적 장치들은 잘 마련되어 있는지 확인하고 보완하도록 한다(**C**).

다음으로, 조직을 수평적으로 확장할 때는 조직 내 기능별 그룹화와 업무 프로세스, 부서 간 협업과 커뮤니케이션 관점에 대한 검토가 필요하다. 먼저 각 조직의 목표와 미션이 명확히 정의되어 있어 기능/업무의 중복이나 유사성이 없는지 검토한다(도표 2-9 Ⓐ 참조). 각각의 목표와 직무가 명확하지 않으면 협업 과정에서 혼선이 생기고, 같은 업무를 동시에 진행하거나 주요 업무가 여러 조직으로 쪼개져 진행되는 경우가 발생하게 된다. 두 번째로, 기능 간 업무 협업이 잘 이루어질 수 있는지 확인해야 한다(Ⓑ). 즉, 업무 프로세스상 단절이 없고 목표 달성을 위한 유기적 연계가 가능한 설계인지 검토한다. 세 번째로는 부서장이 업무와 성과를 효과적으로 관리할 수 있도록 관리의 폭(span of control)이 적절하게 구성되어 있는지 검토한다(Ⓒ). 예컨대 소수 인원의 팀을 별도 조직으로 둘 필요가 있는지, 팀원들의 숫자가 너무 많아 구성원의 업무 파악이나 인사평가가 불가능하지는 않은지 등을 다각적으로 고려해야 한다.

한편, 조직설계 원칙이 지나치게 상세할 필요는 없다. 가령 아마존은 피자 두 판으로 식사를 끝낼 수 있을 정도의 팀 규모를 유지한다는 '피자 두 판 법칙(Two-Pizza Team Rule)'을 팀 운영의 원칙으로 삼았으나 조직의 규모가 커지면서 현재는 이 운영원칙을 개선하여 팀원의 숫자보다는 책임 범위와 오너십을 보다 명확히 하는 '싱글 스레드 리더십(Single Thread Leadership)'을 강조하고 있다. 작은 조직이 지니는 장점인 목표 집중, 실행력, 커뮤니케이션 효율성 등을 강조한 원칙을 지켜내면서도, 실제 운영에서는 목표하는 바를 추구하되 조직의 상황에 맞는 유연한 운영 방식을 적용하고 있는 것이다.

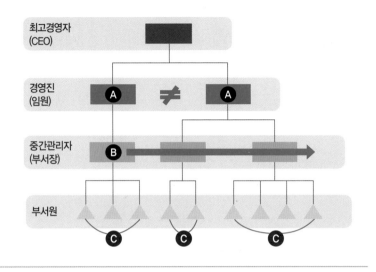

## 조직설계①: 밸류체인에 기반한 핵심 기능 정의

저명한 경영학자 마이클 포터(Michael Porter)는 저서 《경쟁우위(*Competitive Advantage*)》에서 기업을 세분화된 개별 활동들의 집합으로 정의한 바 있다. 기업을 구성하는 각각의 활동은 경쟁력을 확보하고 자신을 차별화하는 원천이라 할 수 있다.[43] 기업 내 개별 기능들을 가치를 창출하는 순서에 따라 구성한 것을 밸류체인이라 하는데, 이 밸류체인에 대한 연구는 개별 회사뿐 아니라 산업 단위의 밸류체인으로까지 확장되었다.[44] 최근에는 기업의 성과와 가치를 창출하는 개별 구성요소들이 산업 안에서 융합되고 혁신되어 새로운 시장을 형성하거나 기존 시장의 재편으로 이어질 수 있다는 개

넘으로 발전하고 있다.

밸류체인에서 정의된 개별 기능을 혁신하거나 기능 간 융합 등으로 경쟁력을 강화할 수 있다고 한다면, 이는 조직의 설계나 운영에도 적용할 수 있을 것이다. 즉, 조직을 구성할 때는 전략, 경영관리, 사업지원, 물류 등 업무 기능의 유사성과 프로세스 단위에 따른 그룹화가 가능한데, 체계적 조직화를 위해 조직의 일반적 핵심 기능 정의를 적용해볼 수 있다.

마이클 포터는 기업의 활동을 크게 두 그룹으로 나누었다. 즉 기업이 직접 이익을 내는 과정을 정의한 본원적 활동(primary activities)과 그 이외의 활동인 지원활동(support activities)으로 구분했다. 이 2가지의 대분류에 착안하여 기업의 조직 또한 사업조직과 지원조직으로 나누어볼 수 있다. 이렇게 크게 2가지 상위 조직을 구성한 뒤 이를 더 세분화하여 필요한 기능들로 구분할 수 있다. 〈도표 2-10〉과 같이 포터의 분류에 맞추어 9가지의 일반적 카테고리를 둔 다음 제조, 서비스, 플랫폼 등 각 회사가 영위하고 있는 사업형태에 따라 실행 중인 핵심 활동들을 체계화할 수 있다.

그러면 각 조직은 두 개의 주요 기능에서 세분화된 전략과 미션에 따라 생산, 영업, 제품개발 등의 활동을 통한 이익 창출이라는 목표에 매진하면서 이후 제품·서비스·지역 단위별로 조직을 세분화한다. 가치 창출이나 품질 향상, 혁신 등의 미션을 부여받은 그룹들은 R&D, 마케팅, 고객서비스 부서 등으로 구성된다. 기획, 지원, 사업관리를 위한 미션을 부여받은 조직들은 인사, 재무, 회계, 법무 등으로 구성할 수 있다.

이렇게 기본적인 조직구성을 마치면 각 미션별로 조직구성 최적화를 위해 각 조직이 창출하는 부가가치와 비용 측면에서 갖는 기능별 경쟁력과 강약점을 분석하고, 해당 산업의 밸류체인을 분석한 자료를 벤치마킹할 수

▼ 도표 2-10 : 마이클 포터의 밸류체인 모델에 기초한 9가지 기업활동

| 구분 | 요인 | 설명 | 예시 |
|---|---|---|---|
| 본원적 활동 | 내부 물류 (inbound logistics) | 생산을 위한 원재료 수령, 저장 및 배분 | 투입 물류, 창고 관리, 배송 |
| | 생산/운영 (operation) | 원재료를 최종 생산품 형태로 변환 | 제조 |
| | 외부 물류 (outbound logistics) | 생산물 수집, 보관 및 관리, 구매자 전달 | 산출 물류, 재고 관리, 주문 실행, 배송 |
| | 마케팅과 판매 (marketing & sales) | 구매자가 상품을 구매할 수 있도록 돕는 모든 활동 | 마케팅, 영업 |
| | 서비스 (service) | 상품 가치를 유지, 증대시키기 위해 서비스를 제공하는 과정 | 고객지원, 수리 |
| 지원 활동 | 조달 (procurement) | 기업의 밸류체인 내에서 사용될 투입물을 구매 | 구매/조달 |
| | 기술개발 (tech development) | 생산성 향상을 위한 각종 노하우 개발 및 전수 | 연구/기술개발 |
| | 인적자원관리 (HR) | 채용, 고용, 훈련, 개발 및 보상 관련 모든 활동 | 인사 |
| | 인프라 (infrastructure) | 일반관리, 기획, 재정, 회계, 법률, 대관, 품질 등 | 경영관리, 재무, 법무, 전략 |

자료: 마이클 포터 (1985), 《경쟁우위》.

있다. 즉 동일한 산업 내 경쟁자에 비하여 우리 회사에 현재 없거나 더 강화해야 하는 기능은 무엇인지 비교해볼 수 있다.

예를 들어 경쟁자들이 브랜딩 강화를 위해 관련 조직을 구성했다면 우리 회사도 그와 유사한 기능을 수행하는 조직이나 담당자를 기반으로 조직을 강화하거나 아예 신규 구성을 고민해볼 수 있다. 또한 경쟁사들이 물

류 관련 조직을 외부에 두는 방식으로 효율성과 비용절감에 집중하고 있으며 그러한 변화가 트렌드로 감지된다면 그 이유를 분석하고 우리 조직의 상황이나 역량을 그것과 비교해본 뒤 물류 관련 조직의 내부 유지나 아웃소싱 여부를 판단해볼 수 있을 것이다. 또한 일반적인 핵심 기능 이외에 전략 실행에 필요한 마켓 리서치, 혁신, 데이터 분석, 위기관리 관련 조직은 사업성장에 따른 장기적 관점에서 필요성을 논의한 후 사전에 적임자를 물색하는 등 기능 신설을 준비할 수 있다.

## 조직설계 ②: 주요 기능별 강약점 분석

조직설계를 위해 외부기관을 통해 각 기능의 주요 활동 등 상세 정보를 벤치마킹할 수 있는데 산업별로 사업모델을 핵심 기능과 프로세스 단위로 구분한 산업별 비즈니스 모델(Business Component Model 또는 Business Capability Map)을 레퍼런스로 활용할 수 있다. 사업모델을 기능 단위별로 나누어보는 것은 각 기능에 대한 세부 분석을 통해 조직설계, 전략적 강화 영역 선정, 프로세스 효율화 등에 활용이 가능하다는 점에서 이점이 있다.

〈도표 2-11〉을 보면, 가로축인 사업역량(Business competencies)에서 고객, 제품/서비스, 채널, 물류, 사업지원 등 산업별로 경쟁력 확보를 위해 차별화하고 강화해야 할 핵심역량들을 정의하고 있다. 그리고 세로축에서는 책임 수준(Accountability level)에 따라 기능들을 기획, 관리, 실행 등으로 구분한다.

이 예시에서, 각각의 상자(box)로 표현된 요소(component)들은 상호연계된 활동으로 이해되어야 하며 기능별로 통합, 분리, 아웃소싱 등에 대한 의사결정을 통해 조직 및 그와 연계된 업무 프로세스들을 정리해나갈 수 있다. 이를 위해 각 기능을 세부적으로 정리하고, 현재 당장 갖추어야 하는 기능, 미래에 전략적으로 강화해야 하는 기능들을 분석하여 색깔을 넣어 표기한 히트맵(heat map)을 그린 후, 조직 신설 및 통합 아웃소싱 등의 향

▼ 도표 2-11 : 사업기능 프레임워크 히트맵 예시[45]

| | | Business Competencies | | | | |
| --- | --- | --- | --- | --- | --- | --- |
| | | Customer | Products/Services | Channels | Logistics | Business Management |
| Accountability Level | Direct | 시장 분석 및 전략<br>고객서비스 전략<br>마케팅 전략 | 상품기획<br>채널기획<br>공간기획<br>프로모션기획<br>제품개발<br>소싱 계획 | 채널 전략<br>매장 디자인<br>부동산 전략<br>온라인 채널 계획<br>콜센터 디자인 | 네트워크 디자인<br>창고 디자인<br>수요/플로우 기획 | 기업전략<br>경영계획<br>재무기획<br>기업지배구조 |
| | Control | 캠페인 관리<br>서비스 관리 | 제품 플로우<br>프로그래밍<br>배분<br>수요 예측<br>가격 관리<br>콘텐츠 관리<br>공급업체 관리 | 채널 관리<br>인원 관리<br>주문 관리<br>온라인 디자인<br>손실 방지 | 인바운드 라우팅<br>수령 일정 관리<br>배송 일정 관리<br>운송 업체 관리 | 경영성과 관리<br>재무 및 위험 관리<br>법 규제 준수<br>재고 관리<br>자금 관리 |
| | Execute | 고객서비스<br>고객 커뮤니케이션<br>마케팅<br>광고<br>홍보 | 품목 관리<br>제품 관리<br>구매발주 관리<br>재고 보충<br>수익/매출 정리 | 주문 실행<br>재고 관리 실행<br>상품 관리<br>가격 관리 | 창고 관리<br>운송 관리<br>차량 관리<br>역방향 물류 | 재무 및 회계관리<br>인적자원관리<br>환경/에너지 관리<br>IT 시스템 운영 |

☐ Hot Component(비즈니스 성공을 위해 특히 중요하게 고려해야 하는 영역)

자료: 〈https://www.ibm.com/thought-leadership/institute-business-value/en-us/report/component-business-models〉 참고.

후 운영방향을 정하기 위한 우선순위를 논의할 수 있다. 히트맵은 현재 조직역량과 갭이 큰 기능, 경쟁사가 집중하고 있는 기능, 전략 실행을 위해 강화해야 하는 기능 등으로 리서치와 내부 논의를 통해 평가해볼 수 있게 해주는 한편, 회사의 기능을 한눈에 정리해보고 조직설계에 대한 인사이트를 얻는 데 유용한 방법이다.

기능에 따른 조직 세분화 방안 외에, 동일 기능 내에서도 상품이나 서비스 등의 라인업을 추가하며 제품/시장, 지역, 고객, 영업/채널 등을 기준으로 조직을 구성하거나 확장해갈 수 있다. 즉, 기능적 세분화에서 한발 더 나아가 시장경쟁력 확보를 위해 국가별 또는 지역별로 조직을 세분화할 수 있고, 제품별로 별도의 연구조직을 운영하면서 전문성을 강화할 수 있다. 또한 제품조직 내 생산부터 서비스 조직들을 별도로 구성하여 단일 리더의 관리하에 기능 간의 긴밀한 협업에 적합한 조직형태를 논의해볼 수도 있을 것이다. 또 다른 예로, 기업이 가진 역량을 고려했을 때 공격적 영업력보다 제품의 품질 경쟁력과 마케팅 역량으로 경쟁우위를 점할 수 있다고 판단한다면 제품 중심으로 사업부를 구성할 수 있다. 고객의 특성에 따라 상품이나 서비스가 완전히 차별화되는 사업의 경우에는 아동, 여성, 실버 등 타깃 고객군별로 조직을 구성할 수 있을 것이다.

초창기 조직에서는 단일한 원칙에 따른 조직구성의 직관적 구성이 성장에 따른 유연성을 높일 수 있었다. 하지만 조직의 사업과 규모가 성장할수록 기능, 지역, 제품, 고객 등 2가지 이상의 복합적 조직구성도 준비해야 할 것이다.

**제품/시장 중심 조직**

CEO
- 제품그룹 A
- 제품그룹 B
- 제품그룹 C

- 제품군별 독립사업부
- 사업부 하위에 마케팅, 구매, 생산, 판매 등 주요 기능을 별도로 구성 가능

**지역 중심 조직**

CEO
- 지역 A
- 지역 B
- 지역 C

- 지역별 전략 차별화 가능
- 지역 특징(가용자원, 비용 등)에 따라 하위 조직 기능을 선택적으로 구성 가능

**고객 중심 조직**

CEO
- 고객유형 A
- 고객유형 B
- 고객유형 C

- 고객군별 차별화된 제품/서비스 제공
- 고객 중심으로 상품/서비스가 완전히 차별화되는 경우 적합

**영업/채널 중심 조직**

CEO
- 채널 A
- 채널 B
- 채널 C

- 영업을 중심으로 전략 수립이 가능
- 제품/상품/서비스의 다양한 유통 채널별로 경쟁력 강화 가능
- 채널별 제품과 마케팅이 차별화되어야 하는 기업에 적합

## 성장기 조직에 필요한 또 하나의 조직, SSC

사업의 빠른 성장과 공격적 확장이 예상된다면, 공통지원 기능을 분화하여 별도 조직으로 운영하는 방법을 고려할 수 있다. 사업부별 중복 기능을 최소화하고, 지원조직 기능을 고도화하여 공유하는 것은 조직의 성장을 지원하는 요건 중 하나인데, 이 개념은 공유서비스센터(Shared Service

Center, SSC)로 설명할 수 있다. SSC는 다양한 조직에서 개별 수행하던 공통 업무와 서비스를 하나로 통합하여 업무의 효율성을 높이고 비용도 절감하는 별도의 운영조직을 의미한다. SSC는 인사, 회계, 재무, IT 업무 등 주로 운영과 관련된 업무를 기능별로 모아 서비스하며, 따라서 조직 내 다른 부문과는 내부고객 관계를 형성한다.

미국은 2000년대 초반부터 민간기업들을 중심으로 SSC 개념이 본격적으로 확대 적용되었다. SSC 운영은 임대료, 인건비, 세금 등을 아끼는 지리적 절감 효과(geographic saving)와 시스템 플랫폼, 관리구조, 인력 활용 최적화와 이에 따른 생산성 향상으로 규모의 이익(scale benefit) 효과, 프로세스 단순화 및 자동화, 불필요한 프로세스 및 병목구간 제거 등으로 프로세스 리엔지니어링(process reengineering) 효과를 가져다준다고 보고된 바 있다.[46] 특히 IBM, 머크(Merck), BP, 네슬레 등 다국적기업들은 국가별로 인적자원 특성, 즉 영어와 같은 공용 언어 사용, 낮은 인건비 등 지리적 이점을 충분히 활용하면서 단순지원 기능을 효율화했으며, 이러한 변화는 글로벌 통합 IT 시스템 활용으로 가속화되었다.

비단 글로벌 기업이 아니라도 SSC 콘셉트가 지닌 이점을 충분히 활용할 수 있는데, SSC 최적화에 대한 연구에 따르면 SSC는 단순 비용절감이 목적이었던 1세대 모형에서 통제나 과정 효율성을 목적으로 하는 2세대 모형을 거쳐 전문가 집단이자 전략적 파트너 모형으로 진화하며[47] 그 활용도가 점차 확대되고 있다.

성장기에 있는 조직도 공통 기능을 전략, 백오피스(back-office) 지원, 전문 서비스로 구분하여 각 기능별 특성에 맞는 조직을 구성함으로써 보다 빠른 의사결정, 서비스 품질 향상, 운영비용 절감을 기대할 수 있다. 예

| 전문화 | 표준화 | 규모의 경제 |
|---|---|---|
| • 자원과 노하우의 집약적 활용과 집중 업무에 따른 전문성 심화 | • 업무 프로세스 표준화<br>• 데이터/정보의 통합 관리 | • 단순 업무 실행 비용 최소화, 중복 업무 제거, 프로세스 통합으로 규모의 경제 |
| 속도 | 유연성 | 협상력 |
| • 전문화된 지원 조직으로 사업 조직 요구를 신속히 해결 | • 인수/합병/분사 등 조직 변화 시 지원 기능의 유연한 자원 배분 가능 | • 외부 통합 거래, 구매 등에 따른 협상력 제고 |

를 들어 지원 기능의 의사결정 권한이 분산되어 있다면, 정보 전달의 명확성이 떨어지고 중복 의사소통이 발생하여 커뮤니케이션에 과도한 에너지가 소모될 수 있다. 특히 전사 공통으로 필요한 운영지원 성격의 업무라면 SSC 형식으로 통합 운영함으로써 서비스 품질 향상, 프로세스 최적화와 함께 비용절감이 가능할 것이다. 이를 통해 조직 내 사업부 지원뿐 아니라 이후 계열 법인 등 공통지원 형태로 확대가 가능하다.

특히 SSC를 적용할 만한 영역은 지속적 프로세스 혁신과 개선 또는 장기적으로는 아웃소싱이 필요한 곳으로, 즉 재무 운영, 채용, 급여 등의 인사 운영, IT 시스템 운영, 물류 등이다.

예를 들어 네이버는 2009년 경영지원 서비스를 별도 자회사인 네이버 I&S로 분리하여 전사 공통지원 업무의 효율화를 꾀했다. 확대된 SSC 모형에 따라 지원 기능 외에 전문성이 필요한 기능들도 공통 운영이 가능하다. 높은 수준의 기능 전문성이 필요한 디자인, 커뮤니케이션, CRM(Customer

Relationship Management, 고객관계관리)과 전사 관점의 전략·조정·관리를 수행하는 조직은 전사 단위 정책 수립 및 대외 소통의 통합 창구로 기능하여 중장기 목표 수립, 사업 포트폴리오 관리, M&A 등의 의사결정, 전사 자원의 최적화 활동 등을 수행할 수 있다.

글로벌 엔터테인먼트 회사 하이브도 2019년부터 공통 기능의 전문화와 효율화를 위해 별도 조직을 운영하여 멀티레이블 체계를 지원하고 있다. 운영지원 업무 외에도 기획과 조정 기능을 하는 코퍼레이트 센터(Corporate Center)들과 함께 커뮤니케이션, 법무, 디자인, 레코딩 스튜디오 등의 전문 기능을 공통으로 지원한다.

조직이 성장하면서 규모가 확대되고 복잡성이 증가함에 따라 최종 의사결정자인 CEO가 주요 의사결정에 투입하는 시간을 더 많이 확보할 필요가 있다는 점 또한 중요하게 고려해야 할 사항이다. 이는 곧 제한된 시간을 효과적으로 활용하기 위해 CEO의 업무에서도 선택과 집중이 필요하다는 이야기다. 이를 위해 국내 기업들에서도 CEO가 시간과 에너지를 효율적으로 쓰도록 Chief of Staff(CoS) 활용이 증가하고 있다. Chief of Staff는 회사에 따라 역할 차이는 있지만, 주로 최고경영자나 주요 기능 리더를 밀착 지원하는 브레인 집단으로서 전사 주요 프로젝트를 관리하고 전략 우선순위에 실행 조직의 R&R을 매칭하고 조정하는 한편, 고도의 리서치를 수행하여 이를 바탕으로 복잡한 문제의 해결 및 주요 의사결정을 지원하는 전문가 혹은 전문가집단을 의미한다. 성장기 조직이 사업 확장 시기에 핵심적 전략 기능을 단기간에 강화하고 프로젝트 간 연계성을 높이며 CEO 업무 효율화와 집중적 성과 창출을 위해 이 포지션을 운영할 수 있다.

## CoS 직무 소개

**직무 개요**

– CEO와 비즈니스 이슈를 논의할 수 있는 파트너로서 주요 전략과제나 프로젝트가 우선순위에 따라 실행되도록 관리

– CEO 아젠다에 필요한 리서치를 진행하고 실행 전략을 수립

– 주요 리더와 협의 및 조율을 진행하여 실행계획을 구체화하고 목표 달성을 지원

**주요 업무책임**

1) CEO를 대행하여 조직 내외의 커뮤니케이션 진행

2) 비즈니스 전략 수립과 업무 프로세스 고도화 관련 활동 실행

3) 전략 수립을 위한 데이터와 정보를 수집하고 분석

4) 리서치와 외부 네트워크 등을 통해 CEO에게 비즈니스 인사이트 제공

5) 전사의 주요 프로젝트 모니터링 및 이슈 해결

**자격 요건과 필요 스킬**

1) 전략, 프로세스 컨설팅 혹은 전략기획, 사업전략 등의 전사 업무 경험

2) 다양한 비즈니스 사례에 대한 전략 수립 경험

3) 멀티 프로젝트 수행 및 관리 경험

4) 마켓 인사이트, 데이터 분석 및 데이터 기반의 의사결정

5) 사업전략, 비즈니스모델, 핵심 재무지표에 대한 높은 수준의 이해

자료: Microsoft, Nestle, CiTI Bank 등 CoS 공고를 종합하여 재구성.

# 미션 간 연계성을 고려하는 성과관리가 중요하다

조직설계 그리고 운영의 과정과 결과는 성과관리를 빼놓고 이야기할 수 없다. 사업 성장기에는 연초에 정한 성과지표나 목표가 그대로 유지되는 경우가 거의 없다. 즉 중간에 새로운 미션이 추가되거나 기존 미션이 바뀌는 경우가 더 많다. 따라서 성과관리 역시 상황의 변동에 따라 달라져야 할 것이다. 성과관리는 조직과 개인에 이르기까지 전략방향과 정렬된 경영활동을 수행하도록 하는 관리체계를 가리키는 것으로, 조직평가와 개인평가 체계로 나뉜다.

우선, 개인에 대한 성과관리는 개별 목표 달성에 초점을 맞추기보다는 폭넓은 관점에서 조직성과 기여도에 초점을 맞추는 것이 합리적이다. 개인에게 주어지는 미션 역시 변동 폭이 클 수 있기 때문이다. 조직의 성과에 대한 평가 역시 수행 결과에 기초하지만, 이 경우에도 개별 지표 평가보다는 전략 달성 기여도와 미션 달성에 중점을 두게 되는 것이 성장기 조직의 성과관리 특성이라 할 수 있다. 따라서 성장성을 판단할 수 있는 직관적 지표인 매출, 영업이익, 시장점유율 등 소수의 합의된 핵심 재무지표에 집중하고, 전사 전략이 각 조직의 기능과 활동에 잘 연계되도록 성과지표를 정의한다.

조직미션 간 연계성은 결국 조직 전체의 성과와 협업에 영향을 주는데, 전략 간 연계를 체계화하기 위한 도구로 VDT(Value Driver Tree)를 활용할 수 있다. VDT는 조직의 성과달성 동인을 도출하고 이 요소 간 논리적 연관관계를 작성하는 것으로, 이를 통해 미션과 전략의 연계성을 파악하는 것은 물론, 각 조직이 목표를 달성하면 최상위 조직인 전사 또한 성과나 전

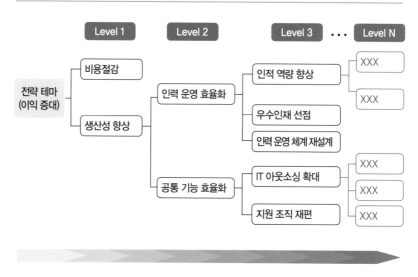

논리 전개 방향

략을 달성할 수 있는지 여부를 판단하도록 돕는다. 아울러 전체 조직의 전략목표들을 조망하는 동시에 이를 평가할 수 있는 핵심성공요인(Critical Success Factor, CSF)과 핵심성과지표(Key Performance Index, KPI)를 도출하는 데도 활용할 수 있다.

쉽게 말해 VDT는 조직이 원하는 목표를 달성하기 위해 무엇을 해야 하는가에 대한 리스트를 작성하는 것으로, 필요한 활동을 더 구체적인 하위레벨의 활동들로 계속 추가해나가면서 완성한다. VDT의 작성 종료 시점은 '이런 조건들을 만족하면 해당 전략 테마가 달성된다.'는 가정하에 필요한 활동들이 더 이상 의미 있는 활동으로 세분화되지 않는 수준인데, 끝까지 구체화되면 각 영역의 최하위 지표들이 CSF로 선정되고, 이를 바탕으로 각 조직의 전략목표 후보들이 구성된다. 전략목표 후보들 중 중요도와 전략적 우선순위에 따라 당해연도 KPI를 확정하고 각 조직과 개인에게 할당한다.

조직의 성과관리는 사업이 성장하면서 평가 프로세스와 평가지표, 성과평가에 객관성을 더하기 위해 참고가 되는 경쟁사 등 비교 그룹(peer group)들이 추가되며 복잡해질 수 있다. 그러나 조직의 성과를 판단할 수 있는 주요 요인들을 초기에 명확히 정의하고, 목표 간 연계성을 파악하는 구조를 그려둔다면, 미션 실행에 적합한 조직구조가 무엇인지 판단할 수 있고 이후 조직분화 등 복잡성이 증가해도 성과관리 구조를 체계적으로 확장해갈 수 있다.

미션 간 연계성은 성과관리뿐 아니라 조직구조 변경에서도 반드시 고려해야 하는데, 조직이나 인사발령 시 원 조직에 부여한 미션의 조정을 반드시 함께 진행하도록 한다. 조직변동이 빈번한 시기에 인사발령으로 인해 조직 간 목표 충돌은 없는지, 업무 프로세스의 단절이나 비효율이 발생하지 않는지, 조직과 구성원의 업무가 효과적으로 재배열되었는지 체크하고, 미션 간 연계성 측면에서 더 나은 조직구조가 무엇인지 고민하며 향후의 조직형태도 미리 준비하도록 한다.

# 06

**여섯 번째 질문**

빠른 실행이 가능한
조직모델 구축 방법은?

변화는 자신을 아는 것에서 출발한다.

조직은 언제나 개선이 필요하며 초기 조직은 물론이고

안정화된 조직도 개선이 필요한 영역을 파악하여 지속적으로

더 나은 운영 방법을 찾아야 한다. 문제가 무엇인지 정확히 정의해야

그에 맞는 솔루션도 도출할 수 있기 때문이다.

많은 컨설팅 회사가 조직이 가진 문제를 해결해줄 수 있다고 말하지만,

외부인이 회사를 이해하는 데 소요되는 시간은 결코 짧지 않고

기간과 예산은 한정되어 있기 마련이다. 그래서 조직혁신을 위한

외부 컨설팅을 진행한다 해도 원하는 방향으로

정확한 진단이 가능할지 고민이 된다.

우리 조직의 특성에 적합한 진단 방법은 무엇일까?

그리고 진단이 끝난 후 빠르게 실행할 방안은 구체적으로 어떤 것이 있을까?

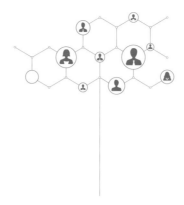

## 지속적인 조직진단이 필요한 이유

조직의 운영체계가 구조화되는 속도보다 사업이 더 빠르게 성장한다면 경영자는 조직을 안정적으로 운영할 수 있을까? 또 조직의 규모가 커지면, 초기의 속도감은 결국 사라지고 실행력이나 혁신 활동 또한 느려질 수밖에 없는 것일까?

성장기에 들어선 기업이라면 누구라도 자유로울 수 없는 고민들이다. 이러한 문제에 대응하려면 사전에 조직진단을 실시하여 신속하게 변화할 수 있는 조직을 구축하는 것 외에는 답을 찾기 어렵다. 속도를 잃고 난 후에는 이미 늦기 때문이다.

기업은 정기 또는 비정기(예컨대 리더십 교체, 신규사업 론칭, M&A 등 전사적 이슈 발생 시)로 조직이 잘 운영되고 있는지 조직진단을 실시한다. 경영학자 마빈 웨이스보드(Marvin Weisbord)는 "조직의 현재 상태와 추구하는 바람직한 상태 간의 차이를 확인하는 것"이 조직진단(Organizational Diagnosis)이라 정의했다. 그러면서 그는 조직진단을 통해 격차를 해소하고 조직에 긍정적 변화를 가져오기 위한 다양한 계획을 세울 수 있다고 했다.[48]

그렇다면 조직진단 시에는 구체적으로 어떤 방법을 사용하는 것이 좋을까? 이를 알아보기 위해서는, 조직운영의 필수 요소가 무엇인지를 먼저 정리해볼 필요가 있을 것이다. 조직운영 현황 진단 프레임워크는 학자별로 다양한 모델을 제안하여 여러 형태로 발전해왔으나 그중 기업에서 광범위하게 사용하여 잘 알려진 모델은 맥킨지의 7S 모델이다. 7S 모델은 1970년대 후반, 기업의 성공 요인을 연구하던 맥킨지의 컨설턴트 로버트 워터맨(Robert Waterman)과 톰 피터스(Tom Peters)가 처음 소개한 것으로 초우량 기업을 만드는 요소를 정의한다.

맥킨지 7S 모델은 전략(strategy)과 구조(structure), 시스템(system), 구성

▼ 도표 2-15 : 맥킨지 7S 모델

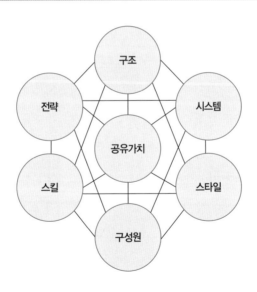

자료: Waterman Jr, R. H., Peters, T. J., & Phillips, J. R. (1980). "Structure is not organization". *Business horizons*, 23(3), 14-26.

원(staff), 스킬(skill), 스타일(style), 공유가치(shared value)*로 구성되며 개별 요소들이 서로 연계되어 있음을 설명한다.[49] 예를 들어 사업전략의 변화로 인해 조직의 구조나 협업 방식이 달라질 수 있는 것처럼 한 요소의 변화가 다른 요소에 영향을 줄 수 있다는 것이다.

7S 모델은 7개의 요소를 규명하거나 정의하기가 상대적으로 쉬운 하드(hard) 요소인 전략, 구조, 시스템과 이에 비해 명확하게 잘 보이지 않는 소프트(soft) 요소인 구성원, 스킬, 스타일, 공유가치로 구분하여 본다. 피터스는 "Hard is soft, soft is hard."라는 말로 때로는 기업문화나 핵심역량 등 소프트 요소들이 조직의 강한 기반 체계가 될 수 있고, 또 재무적 목표나 시스템 등은 변동성이 높은 편이기 때문에 조직의 성공을 위해서는 어떤 한 부분에 치우치기보다는 요소 간의 연계성을 면밀히 살피고, 모든 측면에서 균형 있는 관리를 해야 함을 강조한다.[50]

맥킨지의 7S 모델 이후 발전된 여러 가지 진단 모델이 나왔고, 조직을 바라보는 학자들의 관점 차이나 요소에 대한 정의나 명칭 등에서 변화도 나타났다. 하지만 7S 모델에서 제시한 요소 대부분을 최근의 모델들 또한 여전히 공유한다. 따라서 맥킨지 7S 모델의 요소들을 기반으로 조직진단 모델을 설계한다면 조직에 필요한 사항을 대부분 포함할 수 있을 것이다.

---

* 초기 모델에서는 superordinates goals(구성원 목표)로 명명.

| 구분 | 요소 | 설명 |
|---|---|---|
| Hard<br>S | 전략 | – 달성 목표와 미션을 구체화한 조직의 기본 방향<br>– 경쟁우위 달성을 위해 변화에 대응하는 장기적 계획과 계획의<br>  달성을 위한 자원배분 등의 방식 |
| | 구조 | – 조직목표 달성을 위해 구성원 간 관계를 체계화<br>– 조직 내 업무 분장, 권한 배분, 활동 및 보고 관계 등 조직 내 활동<br>  의 조정 및 협업 메커니즘 |
| | 시스템 | – 의사결정과 운영의 기준이 되는 관리 시스템<br>– 정보 시스템, 보상 시스템, 성과관리 등 조직을 관리하기 위한<br>  공식적·비공식적 제도와 절차 |
| Soft<br>S | 구성원 | – 조직의 인력 구성과 구성원의 능력, 가치관과 신념, 전문성, 행동<br>  유형 등 |
| | 스킬 | – 시스템, 기술, 고객관리, 관리 관행, 프로세스 등 조직이 보유한<br>  고유 역량 |
| | 스타일 | – 구성원들을 통솔하는 조직관리 스타일<br>– 관리자 리더십, 시간관리, 의사결정 방법 등 |
| | 공유가치 | – 구성원들의 사고나 행동을 특정 방향으로 향하게 하는 원칙<br>  이나 기준<br>– 구성원들이 공통적으로 가지고 있는, 조직문화를 형성하는<br>  핵심가치 |

자료: Waterman Jr, R. H., Peters, T. J., & Phillips, J. R. (1980). "Structure is not organization". *Business horizons*, 23(3), 14-26.


# 정확한 조직진단을 위한 4가지 방법

조직진단은 다양한 방법으로 수행할 수 있는데 여기서는 기본적으로 활용되는 4가지를 소개한다.

①**조직진단 설문**: 전체 구성원을 대상으로 조직의 운영 모델 현황과 개선점에 대한 영역별 질문을 구체화하여 진행하는 설문 기법

②**구성원 인터뷰**: 특정 대상이나 주제를 정해 문제나 개선점을 좀 더 심층적으로 파악하기 위해 집단이나 개인을 대상으로 진행하는 구조화 인터뷰

③**전문가 진단**: 내부 조사 방법의 주관성이 지닌 제한을 극복하기 위해 주요 주제에 대한 사례 벤치마킹을 통해 이루어지는 비교 분석

④**데이터 분석**: 구성원 인식 수준에 대한 비교 분석과 객관성 확보를 위해 실제 데이터로 시행하는 검증과 분석

이 4가지 방식 중 조직의 현재 이슈에 적합한 방법 몇 가지를 병행하여 실행하면 각 방법의 한계점을 보완하면서 조직운영의 현 상황을 좀 더 입체적으로 바라볼 수 있다.

### ①조직진단 설문

설문조사는 설문 문항 구성과 해석, 타사와의 데이터 비교, 비밀보장 등의 이슈로 인해 외부 컨설팅 회사를 통해 진행하는 경우가 일반적이었다. 하지만 최근에는 학술지와 온라인에서 풍부한 문항을 확보할 수 있어 이를 회사 상황에 적합하게 재구성하여 내부에서 자체적으로 진행하는 경우가 늘고 있다.

또한 데이터 분석 기법의 발전 덕분에 업무 협업 시 웹상에서 구성원이 주고받는 대화나 행동 패턴 등에 대한 분석도 가능하고, 주기적으로 진행하는 설문 이외에 짧은 설문을 비정기적으로 진행하여 특정 이슈들에 대해 의견을 들어보기도 한다. 그러나 조직마다 상황과 이슈가 다르기 때문

에 잘 설계된 프레임워크에 기초해 특정 기간을 정하여 조직의 상태를 진단하고 분석하는 방법이 정확한 데이터를 얻는 데 현재까지는 가장 효과적이다. 그리고 이렇게 적절한 방식을 사용하여 조직 내부에서 자체 진행했을 경우 설문 목적, 진행 과정, 결과 공유의 과정이 그 자체로 조직문화로 정착될 수 있어 바람직하다. 나아가 회사와 구성원이 공식 채널을 통해 양방향으로 의견을 주고받는 소통 방법 중 하나로 활용할 수 있다.

다만, 조직진단 설문조사를 내부에서 진행할 때는 익명성 여부에 대한 담당자의 고민이 있을 수 있다. 실제로 조직구성원의 의견은 부서나 개인을 둘러싼 여러 상황을 고려하여 해석해야 설문 결과를 잘못 해석할 가능성을 줄일 수 있다. 맥락이 고려되지 않은 불분명한 의견은 익명 게시판의 글과 크게 다를 게 없으며, 특정 부서에서만 일어나고 있는 상황이 회사 전체의 이슈로 확대 해석될 소지가 있거나 소수의 불만 의견이 과대 해석될 우려도 있으므로 주의가 요구된다.

결국 설문조사 방식이 효과를 발휘하려면 구성원과 회사 간 신뢰 관계가 초기부터 잘 형성되어 있어야 한다. 설문에 솔직히 응답해도 본인에게 돌아가는 불이익이 없다는 것을 경험하게 되면 꼭 익명이 아니라도 응답의 정확성과 함께 참여율도 높아질 수 있다. 그러므로 설문조사 운영 부서에서는 데이터에 권한이 없는 리더들에게는 개별 데이터를 공유하지 않는 것을 원칙으로 해야 하고, 이를 반드시 지키도록 한다.

설문 문항은 측정하려는 요인의 조작적 정의(operational definition)*를 명

---

* 어떤 개념에 대한 조직 내에서 합의된 용어와 이에 대한 명확한 설명을 말한다. 해석 시 혼란을 없앤다는 관점에서 문항 설계 초기 단계에 반드시 고려해야 한다.

| 구분 | 진단 요인의 의미 | 문항 예시 |
|---|---|---|
| 전략 | • 전략의 이해<br>• 전략에 대한 공감 | – 우리 회사의 사업전략과 목표는 구성원들에게 명확히 전달된다.<br>– 우리 회사의 전략은 현실적으로 달성 가능하다. |
| 구조 | • 업무 프로세스 효율성<br>• 의사결정 체계 | – 업무 진행에 필요한 주요 프로세스가 잘 정의되어 있다.<br>– 우리 회사의 의사결정 프로세스는 효율적으로 운영된다. |
| 시스템 | • 정보 공유<br>• 성과관리 | – 업무에 필요한 정보가 원활하게 공유된다.<br>– 우리 회사의 평가 시스템은 성과 기여도를 반영하여 공정하게 운영된다. |
| 리더십 | • 리더십 역량<br>• 리더십 스타일 | – 나는 우리 회사의 경영진과 리더를 신뢰한다.<br>– 우리 회사 리더들은 구성원의 아이디어와 의견을 중요시한다. |

자료: 맥킨지 7S 모델을 측정하는 문항을 기반으로 재구성함

확히 하고, 각 요인 간 중첩 내용이 없도록 구성해야 의미 있는 분석 결과를 얻을 수 있다. 설문 문항이 잘 구성되었는지는 첫째, '요인의 의미나 정의를 설명할 수 있는 문항들이 빠짐없이 들어가 있는가?', 둘째, '개별 문항 간 유사한 내용을 묻고 있지 않은가?', 셋째, '한 문장 안에 여러 내용이 들어가 있어 응답 결과의 해석이 모호해질 소지는 없는가?' 등을 통해 검토가 가능하다. 설문에 응답하는 구성원들의 몰입도를 고려하여, 설문 문항의 개수를 너무 많지 않게 구성하고 조직 내 중요한 이벤트 등과 겹치지 않도록 실행 시기와 기간을 조율하며 설문 전 조사의 목적과 응답 방법, 조사 후 결과를 반드시 공유한다.

구글의 구성원 의견 조사인 구글 가이스트(Googlegeist)[51]처럼 정기적 조사를 위한 전문가 조직을 운영하고 그 결과를 공유하고, 조직의 개선 노력과 성과까지 구성원과 공유하는 것이 참여율을 높이고 정확한 데이터를 얻어 그것을 다시 조직개선에 활용하는 가장 좋은 방법이다.

### ②구성원 인터뷰

인터뷰의 목적과 질문 내용을 사전에 설계하여 계획대로 진행하는 인터뷰 기법을 구조화 인터뷰 혹은 반구조화 인터뷰*[52]라고 한다. 인터뷰를 할 때는 정보 수집 자체보다 다양한 계층의 구성원으로부터 취합된 의견을 특정 집단에 치우침 없이 균형적으로 반영하여 해석하는 것이 중요하다. 인터뷰 내용을 통한 문제점 파악, 설문조사 결과와의 비교 해석, 조직 간 상이한 의견의 원인 분석, 인터뷰에서 인식한 내용과 실제 사실 간 차이 비교를 통한 진위 파악이 중요한 후속 작업이라 할 수 있다.

인터뷰는 대상자 선정도 중요하므로 특정 인물에 편중되지 않게 구성하도록 한다. 그러나 아무리 대상자를 신중하게 선택한다 해도 개인이 조직 전체와 제도 정책을 모두 이해하고 응답하는 경우는 드물다. 또한 설문이나 인터뷰를 통해 나타난 구성원의 의견은 제도에 대한 이해도 부족, 정보의 제한, 조직 간 이해관계 개입, 대상자의 방어적 태도 등으로 다소간 왜곡될 수 있음은 고려해야 한다. 따라서 구성원이 인식하고 있는 현상은 그

---

* 질문 내용과 방식을 정확히 제한하여 인터뷰어와 인터뷰이의 재량권을 최소화하는 것이 구조화 인터뷰 (structured interview)이다. 반면 미리 정해진 질문을 순서대로 진행하되 그 전개 과정에서 기본 질문을 바탕으로 질문을 추가할 수 있는 유연한 면담 기법을 반구조화 인터뷰(semi-structured interview)라 한다.

러한 현상 자체에 의미를 두고 이를 제도, 시스템, 데이터와 교차 검증하는 과정을 거치도록 하는 것이 중요하다.

인터뷰의 목적과 질문은 미리 정해두더라도 현업 구성원, 비교하려는 회사에서 경력으로 입사한 신규 입사자, 직책자, 임원, 사내 전문가(정책, 제도 및 프로세스) 등 대상에 따라 문항을 차별화하여 구성하면 더 많은 정보와 의견을 취합할 수 있다.

### ③전문가 진단

소프트 요소 중 일부는 전문가의 상세 진단이 필요할 수 있다. 특히 리더십 진단은 전문 컨설팅 회사의 검증된 방법론을 활용하는 것이 좋다. 왜냐하면 리더십 유형, 리더가 조성하는 담당 조직의 분위기 등 리더십 효과성, 조직이 지향하는 문화와 현재 조직문화와의 차이 분석을 통한 해당 조직의 문화적 강점 및 개선점 파악, 그리고 타사와의 비교가 가능하기 때문이다. 전문 도구들은 결과에 대한 전문가의 해석이 중요하다. 도구의 토대가 되는 이론과 수십 년 경험에 기반한 전문적 방법론으로 진단하고, 진단의 기준과 결과의 의미를 정확하게 해석해야 구성원 육성, 조직문화 개선, 커뮤니케이션 구조 개선 등 구체적인 액션 플랜과 연계할 수 있다.

### ④데이터 분석

조직운영 현황을 세밀하게 진단하려면 제도, 프로세스, 시스템과 함께 내부 데이터 분석이 필요하다. 분석 요인에 대한 세부 정의에 따라 함께 분석할 필요가 있는 정보와 데이터를 매칭한다. 예를 들어 경쟁사 혹은 벤치마킹 타깃 회사와 비교하여 주요 제도는 어느 수준으로 갖추고 있는지, 의사결정 속도 이슈를 분석하기 위해서는 최종 결정까지 걸리는 시간이나 결재 단계, 연간 조직개편 횟수, 이직률, 채용까지 걸리는 리드타임, 조직구성원들의 인구통계학적 구조, 평가 데이터 분석, 조직별 부여되는 미션 수, 교육 및 커뮤니케이션 진행 현황, 직급별 보상 차이 등 검증의 근거가 되는 데이터를 미리 정의한 뒤 가용 데이터를 확보하여 가설에 따라 분석한다. 지속적으로 관리가 필요한 주요 지표나 데이터는 조직에서 자체적으로 별도 시스템을 구축하여 대시보드로 공유하고 모니터링할 수 있다.

이상의 방법들을 통해 조직의 현재 상황과 빠르게 해결해야 하는 이슈의 우선순위를 도출할 수 있다. 중요한 것은 이와 같은 분석이 일회성으로 끝나지 않고, 주요 요인이 정기적으로 진단되어 개선으로 이어질 수 있도록 체계화해야 한다는 것이다. 또한 인사팀은 해당 내용이 잘 실행되는지 지속적으로 모니터링할 수 있도록 각 리더에게 별도 과제로 부여한다.

맥킨지 7S 모델에서 강조한 대로 요소 간 균형과 연계성을 파악하는 것이 중요하다. 즉, 정책이나 제도를 잘 마련해두어도 주체인 사람이 변화하지 않으면 실행은 어렵다. 담당 부서의 적극적 커뮤니케이션과 변화 관리, 무엇보다 경영진을 포함한 각 리더의 실천 의지와 함께 롤모델이 될 수 있는 실제 행동이 중요하게 작용한다.

## 사업진행의 스피드 유지를 위한 퀵 솔루션

조직진단을 통해 문제나 개선점으로 파악된 내용은 즉시 조직 전체에 공유하여 빠르게 조치한다. 사실 대부분의 조직진단은 경영진 보고 이후 리더의 성찰로만 이어지고 실행으로 연결되지 못하는 경우가 많다. 이미 성공을 거둔 거대기업들이 안주하지 않기 위해 애자일 방식 등 끊임없이 스타트업 DNA를 차용하려고 노력하는 것은, 규모가 있는 기업은 그만큼 전체 조직을 단번에 바꾸기가 어렵고, 따라서 규모가 작은 조직의 과감한 운영에서 인사이트를 얻어 적용함으로써 스피드를 높일 수 있기 때문이다. 이는 곧 규모가 작은 조직은 비교적 더 빠르고 유연한 실행이 가능하다는 이야기이다. 조직에 적용할 수 있는 퀵 솔루션을 하나하나 살펴보자.

### ①한 방향 정렬: 회사 고유의 일하는 방식을 정립하고 공유

목표가 명확하면 소위 일사불란한 움직임을 기대할 수 있다. 이와 마찬가지로, 성장속도를 유지하기 위해서는 일하는 방식도 한 방향 정렬로 명확하게 제시하면 도움이 된다. 스피드는 구성원의 마인드와 행동방식을 일치시킬수록 더 높아진다. 이러한 이유로 글로벌 테크 기업들(테슬라, 넷플릭스, 아마존 등)은 실행력을 높인 조직구조와 업무관리 방법을 통해 빠르게 변화하는 환경에서 남보다 빠른 시도와 전략적 선점을 위해 노력하고 있다.

고성과자들의 행동에서 공통점을 뽑아내 우수 인재의 특성으로 정의하는 것을 '역량 모델링'이라 하는데, 이와 유사한 방식으로 고성과 조직들의 공통 특징을 분석해보면 비효율을 최소화하고 명확한 목적성을 가진 빠르고 과감한 실행을 강조함을 알 수 있다.

예를 들어 넷플릭스는 자율의 조직문화를 강조한다. 이 자율이란, 무엇을 할지가 정해지고 나면 그다음에 어떻게 실행할지는 각자에게 맡기는 방식의 자율이다. 즉, 실무자에게 업무 방식의 자율권이 주어지기 때문에 매니저는 업무의 목표와 맥락을 설명하는 사람으로 정의된다. 넷플릭스는 일상 업무의 의사결정에서도 규칙을 많이 만들기보다는 회사에 이익이 되는 방향으로 행동하라는 큰 방향성만을 제시한다. 이러한 방식은 불필요한 규정이나 절차를 만드는 것을 지양하고 과도한 미세 관리, 즉 마이크로매니징으로 업무의 진행속도를 늦추지 않으려는 방편으로 이해할 수 있다.

또 아마존은 잘 알려진 '피자 두 판 법칙'을 통한 팀 구성으로 민첩성을 잃지 않으면서 의사소통 라인을 짧게 하고, 빠른 실행으로 혁신을 전파하기 위한 업무 방식을 강조한다. 테슬라는 신규 입사자에게 안티-핸드북 핸드북(Anti-Handbook Handbook)[53] 문서를 공유하는데, 이 문서는 테슬라의 일하는 방식에 대한 명제들로 그 자체로 리더십과 조직문화를 설명하고 있으며, 어떤 방식으로 일하고 소통해야 하는지 명확히 공유하여 신규 입사자들의 빠른 온보딩을 돕는다.

하지만 한 번쯤은 들어봤을 법한 보편적이고 좋은 내용의 전달만으로 구성원의 행동을 유도하기에는 설득력이 부족할 수 있다. 즉, 일하는 방식에도 자기 회사만의 개성과 스토리 등 마케팅 요소가 필요하다. 회사가 추구하는 방향과 경영철학에 근거하여 그것을 고유의 방식과 언어로 재구성하여 전파하는 등 조직문화의 특별함과 소속감을 느낄 수 있는 방식으로 활용하면 효과성이 배가된다. 가령, 배달 플랫폼 업체 우아한형제들은 일하는 방식을 상황에 맞게 업데이트하며 조직문화를 수평적이고 유머러스하게 표현한다.

최근 대기업에서도 공채나 기수 문화가 점차 사라지고 한 직장에서 근무하는 기간 또한 짧아지면서, 각기 다른 조직문화를 경험해본 다양한 구성원이 조직에 공존하게 되었다. 경력 입사자의 적응이 쉽지만은 않은 이런 상황에서[54] 이들을 빠르게 전력화하려면 그 각각의 특성을 개인 성향으로만 치부하지 말고 알기 쉽고 명료한 용어를 사용하여 조직의 일하는 방식을 알려주는 것이 효과적일 것이다. 저자가 인터뷰를 진행해본 많은 경력 입사자들이 초기에 가장 어려워하는 것이, "이 회사에서는 무엇이 바람직한 행동이고, 어떤 방식으로 커뮤니케이션하는 것이 좋은가"였다. 기존 구성원에게도 회사가 생각하는 일하는 방식을 강화하기 위해 선발 기준, 리더십 원칙, 성과관리에 일하는 방식과 문화적 강조점들을 일관성 있게 반영해야 한다. 또한 채용 프로세스, 동료평가 등으로 공유가치가 반복 체화되고 강화되어야 한다.

일하는 방식을 초기에 정의하지 못했다고 해서 이후에 정의와 적용이 불가능한 것은 아니다. 하지만 이미 규모를 갖추고 나면 이전에 고착화된 사고방식과 행동을 바꾸는 데 너무 많은 시간과 에너지가 투입된다. 따라서 일하는 방식은 초기에 정리하는 것이 가장 효과적이다. 핵심가치나 일하는 방식의 변경 사례를 보면, 그 자체로 회사의 역사 기록이 되어 장기적으로 구성원 교육 자료로 활용될 수 있다. 그리고 사업이나 회사 경영에서 주요 변화 시기를 잘 활용하여(예컨대 주요 리더십 교체, 사업전략 변화, 신규사업 시작 등), 즉 변화의 명확한 이유와 함께 현 세대에 맞는 표현방식으로 사고 및 일하는 방식을 재정의하는 것으로 보완이 이루어질 수 있다.

간편송금 서비스인 토스로 유명해진 비바리퍼블리카 사는 창업 시부터 창업자의 경영철학, 비전과 미션, 핵심가치를 잘 정리하여 직원들과 공유하고, 이를 기반으로 조직문화를 구축하고 유지하는 데 정성을 쏟았다. 이 회사는 간편송금 앱에서 금융 서비스 전반으로 사업영역을 확장했고, 그 과정에서 로고를 포함해 리브랜딩을 꾸준히 진행해왔는데, 핵심가치 또한 초기 버전에서 지속적으로 업그레이드했다. 즉, 구성원의 숫자가 늘고 일하는 방식을 분명하게 전달해야 하는 필요성에 맞추어 구성원의 의견과 경영진의 의견을 양방향으로 반영하여 자사의 핵심가치를 버전 3.1까지 정리하고 이 모든 과정과 결과를 구성원들과 공유했다.[55]

### ②문제해결에 집중: 소규모 프로젝트팀의 효과적 운영

조직이 확대되고 위계가 생기면 필연적으로 관료화가 진행된다. 이전에는 실패나 실수에 대해 유연한 마인드를 갖고 있었으나 이젠 조직의 규모 성장에 비례해 그 파급력 또한 커지기 때문에 아무래도 점차 조심스러운 방향으로 변하게 된다. 또한 많은 조직에서 주요 업무 실행을 위해 프로젝트팀을 구성하지만 사전 준비가 부족하거나, 해당 미션에 온전히 집중하지 못하는 환경으로 인해 목적한 결과를 이룰 수 없는 경우가 많다.

프로젝트팀은 특정 목표 달성을 위해 다양한 부서의 구성원이 모여 기한이 정해진 임시 조직으로 운영되는 팀 유형 중 하나로,[56] 대부분의 조직에서 흔히 찾아볼 수 있다. 짧게는 3개월에서, 미션의 성격과 중요성에 따라 길게는 몇 년 동안 운영될 수 있다. 대규모 기업에서는 해당 팀을 정규 조직에 준하는 중요도를 가진 팀으로 구성하고, 팀 구성원들의 업무를 조정하여 100% 집중하도록 설계한다. 그만큼 예비 인력이 충분하다고 볼 수 있는데, 소규모 기업에서는 본연의 업무를 하면서 함께 진행해야 하는 경우가 많아 프로젝트팀이 끝까지 유지되기가 어렵거나 미션 등의 중도 변화로 인해 성공으로 완결되기가 어려운 경우도 적지 않다. 어쨌든 프로젝트팀의 장점을 잘 활용하면 중요한 문제들을 풀어내면서 사업진행 속도를 높일 수 있으므로 적임자들로 팀을 구성하여 미션에 집중할 수 있는 환경을 만들어주면 좋다.

아이디어의 빠른 실행을 위한 또 다른 방법으로는 목적이 분명한 업무 그룹을 단기로 쉽게 구성하여 운영할 수 있는 제도를 활용하는 것이다. 예를 들어 구글에서는 업무 시간의 20%를 새로운 아이디어를 개발하는 데 활용할 수 있도록 해주는 '20% 룰'이나, 같은 목표를 공유하는 2~3인이 즉각 팀을 꾸려 업무를 추진하도록 하는 제도를 유연하게 운영하고 있다. 이렇게 상향식(bottom-up)으로 생성된 아이디어나 문제해결 활동이 소규모 팀이나 단기 프로젝트를 통해 새로운 사업영역, 제품화, 서비스 등으로 연계될 수 있는 환경을 만들어주는 것이다.

그런데 프로젝트팀은 그 효과가 크기도 하지만 실패 사례도 많아, 이를 성공적으로 운영하기 위한 요인으로 프로젝트 매니저 리더십, 프로젝트 관리 기법, 정보의 공유 및 협력적 작업환경 조성 방법, 프로젝트팀 내 창의성을 촉진하는 방법 등이 많은 학자에 의해 연구되어왔다.[57] 그러나 무엇보다 프로젝트팀은 본질적으로 임시 조직 형태이기 때문에 앞서도 언급했듯 단기간 집중이 가능하도록 그 조건을 잘 만들어주어야 한다. 프로젝트의 명확한 목적, 경영자의 관심과 스폰서십으로 팀이 중요한 일을 하고 있음을 구성원에게 상기시키고 알리는 한편, 팀 내에 적용되는 일하는 방식과 조직문화 관리, 성과에 대한 정량·정성적 평가지표, 분명한 보상 등으로 몰입도를 높이고, 프로젝트 결과물과 성과를 명확히 평가할 수 있는 절차를 적용해야 소기의 목적을 이룰 수 있다.

### ③빠른 시도: 실행과 개선을 동시에 진행하기

스타트업은 초기 단계에서 많은 가설을 검증해가면서 업무를 진행하는 데 이해관계자들이 너무 많아지면 실행 전 단계에서 시간과 에너지가 낭비

## 프로젝트팀의 운영원칙을 제도화하기

1. 프로젝트팀의 미션, 결과물을 명확히 정의하고, 최종 결과물과 중간 결과물에 대한 핵심성과지표(KPI)를 도출한다.
2. 프로젝트팀은 정해진 기간 내 명확한 성과가 기대될 때, 내부의 공식 승인을 받아 구성한다. 팀의 구성과 미션, KPI, 목표 일정까지를 승인 프로세스에 포함한다.
3. 프로젝트 아이디어가 승인되면 기간, 장소, 예산 등 필요 자원을 지원받는다.
4. 프로젝트팀은 별도 팀으로 발령이 우선이다. 겸직이 허용될 수 있으나 이때는 투입 시간을 명확하게 지정하여 참여 시간을 보장해야 한다. 각 부서의 원 소속 리더가 무조건 협조하도록 환경을 만들어준다.
5. 프로젝트팀의 업무가 종료되면 경영진이 포함된 평가위원회에서 결과물을 발표하고 평가하여 프로젝트팀의 성과와 보상을 결정한다.

자료: 프로젝트팀을 운영 중인 인사 담당자 인터뷰 종합.

될 소지가 크다. 이를 최소화하기 위해 기획 기간은 짧게 하면서, 병렬적으로 실행을 준비하고 시도해보도록 한다. 기획 기간을 짧게 하라는 것은 단순히 시간을 적게 쓰라는 의미가 아닌, 평소 수평적 커뮤니케이션과 빠른 논의 경험을 축적해야만 구체적 아이디어가 나올 수 있음을 의미한다.

업무기획 단계에서는 완벽하게 작성된 보고서보다는 핵심 내용을 압축 정리한 한 장의 보고서나 짧은 공유 세션으로 대체한다. 아마존에서는 PPT를 폐지하고 PR/FAQ 문서로 형식보다는 내용에 집중하도록 했는데,

이는 문서를 만드는 데 쏟는 에너지를 미션이 갖는 의미와 임팩트에 집중하도록 하려 함이다.[58]

신속한 실행 방법론 중 하나로 M.V.P.(Minimum Viable Product)를 활용할 수 있다. M.V.P는《린 스타트업》의 저자 에릭 리스(Eric Ries)가 2009년에 정의한 용어로 최소한의 노력으로 최대한의 고객검증을 할 수 있는 핵심 기능만 탑재한 새로운 버전의 제품 혹은 서비스의 테스트 모델을 의미한다. 드롭박스, 에어비앤비, 스포티파이, 인스타그램 등이 이러한 테스트 모델을 활용한 바 있다. 즉, 최소 기능의 모델로 시장과 고객을 테스트해본 뒤 사업 가능성을 타진하여 사업화한 사례들이다.

에릭 리스는 M.V.P를 효과적으로 활용하기 위한 4가지 원칙을 다음과 같이 제시한다. ①M.V.P*의 목적이 무엇인지 생각할 것, ②리더들이 나서서 탁월함을 추구하는 문화를 만들 것, ③고객에게 M.V.P.의 가치를 제대로 전달하기 위해 다양한 기능의 전문가들이 모여 크로스 펑션 팀을 구성할 것, ④결과가 나쁘더라도 학습이라 생각할 것.[59] M.V.P.는 전문가들이 모여 명확한 목적성을 가지고 정해진 기간 동안 미션에 집중하는 방식이기 때문에 어찌 보면 프로젝트팀 운영 방식과 크게 다르지 않다. 요컨대 빠른 실행을 위해서는 정교한 정책이나 세부 절차보다 여러 방법론을 시도할 수 있는 프로세스와 환경을 공식화하는 것이 무엇보다 중요하다.

---

* M.V.P.는 build-measure-learn의 프로세스이며 이 반복 과정은 일회성으로 끝나는 것이 아니라 고객으로부터 중요한 인사이트를 얻는 과정이 되어야 한다.

## ④스피드에 필요한 구조와 문화 구축: 적정 의사결정 단계

의사결정 속도가 느려지면 필연적으로 실행속도도 떨어질 수밖에 없다. 의사결정을 받지 못하고 표류하는 기획안이나 실행안이 많아지면 사업속도가 지체되면서 경쟁자들에게 아이디어 실행을 추월당할 수 있다. 빠른 의사결정을 위해서는 의사결정 단계를 가급적 짧게 구성하고 각 사업부나 기능을 담당하는 리더에게 적절한 권한을 부여해야 한다. 또한 어떤 팀 또는 리더와 부서 단위의 협업이 필요한 경우에는 그에 대한 가이드를 명확히 정의해두도록 한다.

조직의 변화가 빈번한 상황에서 특정 포지션을 결재자로 지정하는 경우, 포지션 변경에 따라 전결 규정을 계속 수정해야 하기 때문에 경영관리 부서 등 유관 부서는 이 내용까지 고려하여 의사결정 체계를 설계할 필요가 있다. 의사결정 체계를 세팅할 때는 권한위임 및 책임 범위를 어떻게 할 것인가에 대해 조직 전체의 거버넌스와 공유나 협업 방식 등을 아는 조직문화 이해에 기초해야 하며, 이때 가장 중요한 일은 주요 업무별 의사결정 리더를 정하는 것이다. 일반적으로 대표이사 이하 CFO를 중심으로 주요 기능리더를 먼저 정한다.

집단 의사결정이 필요한 경우, 회사 내 의사결정 협의체를 구성하고 결재·합의·공유 라인을 지정할 수 있다. 의사결정의 속도는 결정 권한 정의와 결정 내용을 빠르게 공유할 수 있는 시스템과 관련되기 때문에 의사결정 진행 과정을 체계적으로 구성하면 조직의 실행속도를 올리는 데 도움이 된다.

마이크로소프트나 세일즈포스 등 거대 글로벌 기업도 애자일 조직으로 변모하기 위한 노력을 몇 년에 걸쳐 끈기 있게 지속했다.《애자일, 민첩하고

1)가장 중요한 의사결정의 상위 영역을 정한다.

　– 경영계획, 투자, 비용, 계약, 자금, 회계, 인사 등

2)상위 영역에 따른 하위 범주들을 세부적으로 정한다.

　– 연간 경영계획 수립, KPI 설정, 예산 수립, 조직개편 등

3)의사결정의 범위에 따라 단계를 구분한다.

　– 조직 위계/직책 수준별, 금액 규모에 따른 구분 등

4)누가(포지션/조직) 어디까지 권한을 갖고 결정할지 정한다.

　– 최종 결정권자와 하위 조직, 중요도에 따른 책임 범위

5)견제, 협조/협업, 정보공유를 위한 합의, 참조 결재 라인을 정한다.

6)누락이나 불필요한 단계 등을 확인하고, 조직 변경 등을 반영하여 최적의 단계로 구성한다.

▼ 도표 2-18 : 위임 전결규정 작성 및 검토 예시

○ 결재·합의　● 최종결재·합의　△ 참조

| 업무 구분 | 업무 내용 | | 결재 | | | | 합의 | | 참조 |
|---|---|---|---|---|---|---|---|---|---|
| | | | 팀장 | 실장 | 임원 | CEO | 직책자 | 임원 | 직책자 |
| 경영 관리 | 경영 계획 | 중장기 계획 수립 | | | ○ (사업부) | ● | | ● (CFO/COO) | |
| | | 조직별 연간 KPI 목표 수립/변경 | | | ○ (사업부) | ● | | ● (CFO) | △ (경영관리) |
| | | 예산 수립 | | ○ | ○ (사업부) | ● | | ● (CFO) | △ |
| 인사 | 발령 | 직책자 발령 및 해임(임원) | | | | ● (인사위원회) | | | △ (HR) |
| | | 직책자 발령 및 해임(실장 이하) | ○ | ○ | ● (사업부) | | | ● (CHO) | △ (HR) |

※ 인사위원회: 대표이사와 경영진으로 구성

유연한 조직의 비밀》의 저자 스티븐 데닝(Stephen Denning)은 애자일 조직으로의 변모는 결국 구성원들의 마인드셋 변화가 핵심이라 강조한다. 조직 문화를 바꾸는 일은 수많은 선수가 참가하는 장기전이라서 리더십, 경영 방식, 때로는 권력까지 가능한 도구를 모두 사용해야 이뤄낼 수 있다는 것이다.[60] 조직운영의 주요 요소를 정의하고 우리 조직의 현 상황을 진단하는 것, 실험적 정책이라도 빠르게 도입하고 지속적으로 개선할 수 있는 문화적 토대를 만드는 것이 무엇보다 중요하다. 그리고 이 활동들의 반복은 운영체계를 안정화하면서도 실행은 빠른 조직을 만드는 튼튼한 기반이 될 것이다.

# 2부
## KEY TAKEAWAYS

1. 초기 스타트업 조직이 대기업과 다름을 이해하기

2. 조직의 가치체계와 운영원칙을 초기부터 명문화하고 공유하기

3. 조직모델이란 조직구조뿐 아니라 조직문화까지 포함하는 것임을 이해하기

4. 경영철학에 기반한 프로그램을 꾸준히 실행하기

5. 조직의 건강 상태를 지속적으로 체크하기

6. 구성원들에게 명확한 방향성을 제시하여 실행속도 높이기

7. 규칙과 절차가 현실에 잘 맞는지 항상 검토하고 문제사항 줄여나가기

3부

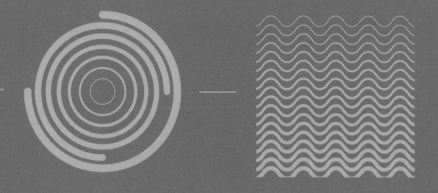

# 성장한 기업의
# 조직모델

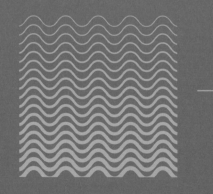

# 07

**일곱 번째 질문**

# 언제, 어디에
# 누구를 배치할 것인가?

조직을 설계할 때 조직과 사람 중 무엇이 중심이 되어야 할까?

빠르게 변화하는 조직에서는

상황에 따른 최선의 결정이 존재할 뿐 정답은 없다.

그러나 주요 인재가 떠나거나 필요 역량을 갖춘 인재가 부족하면

조직과 사업이 부정적 영향을 받을 수밖에 없다.

이 같은 상황에 대비하려면 조직은 어떤 준비를 해야 할까?

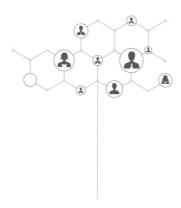

최고경영자나 고위 리더의 교체가 아니라도 주요 인재 유출로 사업진행 속도가 느려지는 일, 이로 인해 조직 자체의 경쟁력이 하락한 사례를 주변에서 쉽게 찾아볼 수 있다. M&A 이후에도 지속 관리해야 하는 주요 과제는 인수 대상 회사의 핵심인재 유지 방안이다.

조직은 구성원들의 집합체이므로 사람과 조직은 분리해서 생각할 수 없다. 주요 미션을 수행할 적임자의 부재나 예상치 못한 인재의 이동으로 인한 리스크를 줄이며 조직을 안정적으로 운영하려면 특정 인물에게 지나치게 의존적인 구조에서 벗어나야 한다. 즉, 그가 가진 역량 자체를 구조화하고 조직의 핵심역량으로 통합해내는 체계를 갖추어야 하는 것이다.

부재 시 가장 임팩트가 큰 최고경영자의 승계 계획부터 내부 육성 혹은 외부 영입 등 주요 포지션을 준비하는 방법 등은 경영학이나 심리학 관련 연구에서 중요 주제로 다루어진다. 승계를 포함한 조직구성은 중장기적으로 업무와 의사결정 구조의 체계화이기도 하지만, 어떤 역량을 가진 사람을 어떤 규모로 준비시켜 언제 어디에 배치할 것인가 하는 문제부터 조직 내 구성원들 간 시너지, 조직 간 협업에 영향을 주는 관계의 역동성을 고려한 구조설계까지 포함하는 꽤나 복합적인 계획이다. 따라서 중장기 관점에서 조직 내 주요 리더 포지션에 대한 후임 인재들의 수급 계획은 조직설계와 더불어 반드시 고려해두어야 한다.

## 인재의 관리 기준이 재정의되고 있다

조직개편과 인사발령은 조직의 미션, 역할과 책임 정의, 각 포지션의 중요도나 가치 평가, 적절한 보고체계 설정, 해당 미션 수행에 필요한 역량 정의 등이 정리된 후 이에 적합한 역량을 보유한 사람을 배치하는 프로세스로 진행된다.

인사 업무 수행 시 주요하게 거론되는 것이 직무 중심 인사인데, 이는 사람이나 연공 중심의 인사 관리와 달리 담당 직무의 내용과 그 직무의 상대적 가치를 기준으로 인사 의사결정을 내리는 것이다. 직무를 중심으로 이동 배치를 한다는 것은 채용은 물론 석세션 과정에서도 마치 외부에서 인재를 채용하는 것처럼 수요와 공급의 원칙에 따라 대상 포지션의 적임자를 찾아 배치하는 프로세스를 따라야 한다는 의미이다. 글로벌 기업에서는 적임자 배치의 체계적 프로세스가 포지션의 필요 요건과 인재의 보유 역량에 대한 과학적 측정 방법과 함께 정착되어 활용되고 있다.

그러나 직무와 기능이 비교적 명확했던 과거와 다르게 현재는 조직의 핵심 기능이나 기본 기능 수행 이외에 완전히 새로운 미션을 부여받는 조직이 빠르게 생겨나고 있으며, 한 사람에게 부여되는 직무 또한 다각적으로 변화하고 있다. 그래서 '직무'는 여전히 중요한 개념이지만, 직무 이외에 어떤 정보들을 인사와 관련한 의사결정의 기준으로 삼아야 할지에 대한 고민 또한 중요해졌다.

예를 들어 최근의 채용기준 변화를 살펴보면, 지원자의 과거 경험보다는 향후 무엇을 할 수 있는지가 강조되고 있다. 이전에는 '과거의 경험'이 '미래의 성과'에 대한 가장 정확한 예측치라는 믿음으로 지원자가 수행하게 될 직무와 가장 유사한 상황에서 어떻게 행동하며 성과를 냈었는지를 중요하게 고려하는 것이 일반적 원칙이었다. 하지만 현재는 AI의 확산으로 사라지거나 변경되는 직무가 증가하면서 직무 자체가 고정되지 않아 이전에 경험한 것이 무엇이든 완전히 새로운 상황에서의 대응능력이 필수적 성공 요인이 되었다.

실제로 세계경제포럼(WEF)의 보고서 "일자리의 미래 2023(Future of Jobs Report 2023)"[1]에 따르면, 미래에는 새로운 것을 얼마나 빠르게 습득하고 활용할 수 있는가를 나타내는 학습능력, 이전에 경험해보지 않은 상황에서 어떻게 행동할 것인가와 관련한 유연성과 호기심 등이 어느 기업을 막론하고 좀 더 중요한 공통 인재상으로 강조되고 있다.

구글의 전 CEO 라즐로복은 저서《구글의 아침은 자유가 시작된다》에서 예측이 어려운 상황에서 복잡한 문제를 주도적으로 해결하며 협업이 가능한 인재를 선발하기 위해 역할 관련 지식(스킬), 리더십(주도성), 사고력(학습력을 포함한 문제해결 능력), 구글다움(조직문화 적합성)의 4가지 특성을 기본으로 삼았다. 또한 애플은 CEO 인터뷰를 통해 가장 중요하게 생각하는 인재의 조건은 동료들과 협업하고 다른 사람들의 능력을 더 잘 끌어낼 수 있는 것이라 언급했으며,[2] 마이크로소프트는 성장 마인드셋과 다양성에 대한 열린 사고, 여타 구성원들과의 협업 능력을 선발 기준으로 삼는 것으로 알려졌다.[3] 요컨대 이들 기업은 새로운 문제를 해결할 수 있는 학습력을 포함한 유연한 사고력과 다양한 사람들과 협업할 수 있는 능력을 공통적으로 강조한다.

## ①스킬 중심의 인재정보 관리

일할 사람이 넘쳐난다고는 하지만 여전히 조직에서는 적합한 인재를 찾는 데 애를 먹는다. 한동안 대규모 신입사원 공채가 일반적이었던 우리나라에서, '적합 인재(right people)'라고 하면 조직의 핵심가치에 부합하는 인재를 가장 먼저 떠올리게 된다. 그런데 최근 수시 채용이 확산되고 조직문화가 개인의 다양한 특성을 포용하는 방향으로 유연해지면서 '적합 인재'의 개념이 좀 달라졌다. 이제는 각 기업문화에 잘 적응하는 것만이 아니라 영입 대상 직무에 필요한 지식, 기술, 특정 업무 경험을 보유하여 즉시 활용할 수 있는 인재여야 한다는 점이 더 강조되고 있다.

요컨대 최근 채용 시장의 주요 리크루팅 대상은 소위 '핫 스킬(hot skill; 회사 전략 실행에 필요한 희소한 전문성과 기술)' 보유자로, 기업에서 전문성을 보유한 구성원에게 스킬 자체를 기반으로 보상하는 제도를 고려할 정도로 그 중요성이 매우 커졌다. 이전에도 물론 필요한 자격증을 가진 사람들에게 수당을 준다거나 역량 중심 보상체계를 설계했으니, 그것이 큰 틀에서 스킬에 대한 보상과 개념적으로 유사하다고 볼 수 있다. 하지만 전반적으로 고용형태가 다양해지고 조직 내 핵심이 되는 인재 리텐션이 중요해지면서 인재관리 기준이 좀 더 개인화되고 세밀하게 타깃팅되고 있다.

그렇다면 인재를 판단하고 관리하는 기준은 지금까지 어떻게 달라져왔을까? 1970년대에 맥클랜드[4]에 의해 소개된 '역량 모델'은 기존의 작업분석에서 정의하던 K.S.A(Knowledge, Skill, Ability)와 비교하여 고성과자들에게 공통적으로 발견되지만, 쉽게 배워 체득하기 어려운 행동특성을 밝혀내 더 중요한 요인으로 고려했다. 그렇게 탄생한 '역량'은 인재를 판단하는 기준으로 정착되었는데, 구조화된 면접이나 기타 정교한 심리학 기법을 활용하여 진단함으로써 그 결과를 채용과 평가에 활용해왔다. 소위 V.U.C.A(Volatility, Uncertainty, Complexity, Ambiguity) 시대라 정의된 2010년대 초반부터는 시대적 흐름에 잘 적응하는 데 필요한 문제해결력(problem solving), 학습 민첩성(learning agility), 회복탄력성(resilience) 등이 고성과 요인으로서 중요성이 커졌다.

물론 인재를 판단하는 기준은 완전히 새로운 것일 수는 없고 이전부터 중요하게 고려한 열정, 성취 지향성, 팀워크 등의 특성들이 여전히 기본이 된다. 하지만 일의 정의와 일하는 방식 자체가 빠르게 변화하는 현재 비즈니스 환경에서 어떤 것들이 더 강조되느냐에 따라 채용, 육성, 배치, 보상 등의 인사결정 기준이 지속적으로 업그레이드되어야 할 것이다. 현재는 신기술에 대한 빠른 이해와 다양한 사람들과 협업하고 그 속에서 타인의 강점을 조합하여 시너지를 낼 수 있는가 하는 점이 강조되고 있다. 이러한 성격적인 특징은 쉽게 배울 수 없는 요소로 채용 당시 더 높은 기준이 적용되는 한편, 일반 업무 스킬은 입사 이후에도 충분히 배워 보완할 수 있는 요소로 여겨진다.

즉, 기술(skill)은 할 수 있느냐 없느냐에 대한 판단이 보다 용이하며 실제로 노력 여하에 따라 얼마든지 습득이 가능하다. 이처럼 기술에 대한 판단기준은 비교적 명확하기에 그 수준도 정량화가 가능하여 각 기업별, 혹은 더 나아가 산업이나 국가별로도 필요한 기술을 가진 인재를 얼마나 보유했는지를 가시화해볼 수 있다.

그래서인지 인사 컨설팅 회사들의 데이터베이스도 역량 중심에서 스킬 중심으로 재편되고 있다.* 105개국의 기업 및 인사 조직 관련자 1만 명을 대상으로 조사가 이루어진 2023년 딜로이트의 보고서에서는 전체 응답자의 93%가 직무 중심 구조에서 탈피하는 것이 조직 성공에 가장 중요하다고 응답했는데, 일과 구성원을 매칭할 때의 기준이 이제는 직무가 아닌 스킬 중심, 즉 무엇을 해야 하는가가 아닌 무엇을 할 수 있는가로 바뀌어야 한다는 것이다.[5] 예를 들어 코로나 팬데믹과 AI와 자동화로 인해 상당 부분 일자리를 잃었던 레스토랑 서버나 관련 직무 종사자들은 고객대응 스킬을 보유하고 있어 통신이나 금융 또는 소비재 등 다양한 고객서비스 직군으로 이동할 수가 있다. 이전처럼 직무 경험만을 중심으로 채용한다면 아마도 고려 대상이 되지 않았을 인재들이 스킬을 기반으로 채용할 경우 새로운 인재풀로 형성될 수 있는 것이다.

따라서 기업의 인사 담당자는 조직에 구성원을 배치할 때 단기적으로는 구성원이 가진 현재 스킬 적합도에 초점을 맞추지만 중장기적으로는 조직의 스킬 업그레이드를 통해 HR 경쟁력을 강화하는 것으로 관점을 전환할 필요가 있다.[6] 기존의 역량 모델이나 직무 요구 기술인 스킬셋(skill set)은 내부 구성원의 인터뷰나 조사를 통해 자체 모델로 구축했는데, 취합 등에 소요되는 기간이 길고 내부 교육에만 주로 활용되어 경쟁사와의 기술격차를 비교하기가 어렵다는 단점이 있었다. 이후 HR 애널리틱스를 활용한 데

---

* 글로벌 인사 컨설팅 회사인 머서(Mercer)의 Skill Library(https://shop.mercer.com/mercer-skills-library.html), 콘페리(Korn Ferry) 사의 Skills and Development(https://www.kfadvance.com/skills-development) 등이 있다.

이터 분석 모델들은 외부의 데이터를 활용하여 경쟁사의 채용공고 분석이나 인력 이동 정보 트래킹을 통해 '어떤 스킬을 가진 인재들을 모집하고 있는가', '핫 스킬을 보유한 유명 인재가 어떤 기업으로 이동하는가' 등의 정보로 사업 방향 등을 간접적으로 파악하는 방식을 시도한 바 있다. 물론 이전에도 다양한 직무와 이에 필요한 스킬들을 데이터베이스화하려는 시도가 있었지만, 최근에는 생성형 AI(Generative AI)와 챗봇 등의 기술 발전에 힘입어 스킬과 인사제도를 연계, 활용하는 크고 작은 프로젝트가 기업별로 활발히 진행되고 있다.

그리하여 현재는 산업별 핵심 스킬에 대한 정보를 확보하기가 이전보다 용이해졌으며, 이를 기반으로 중장기 관점의 사업전략을 반영한 내부의 스킬체계를 정교화하고, 조직별로 개인의 보유 스킬, 업무 경험, 교육 이력을 분석하여 특정 포지션에 배치 대상을 추천하거나, 이직률 높은 조직을 분석하여 유실이 예상되는 인원과 이에 따른 대체 인원 채용, 리텐션 전략, 리소스 재배치를 통해 조직구성에 대한 사전 준비와 빠른 대응이 가능해졌다.

### ② '리스킬링'과 '업스킬링'을 통한 인재풀 확대

과거 우리나라에서도 소프트웨어 인력 양성이 국가적 화두가 되어, 그러한 목적하에 비전문가에 대한 스킬 교육을 진행하여 초급 전문가들을 대량으로 양산하는 사례가 있었으며, 이는 최근까지도 지속되고 있다. 물론 이렇게 양성된 초급 개발자들이 모두 기대만큼의 성과를 내고 있다고는 볼 수 없지만 그 방식을 기업에도 적용해볼 수는 있다. 즉 필요한 스킬을 가진 인력이 언제나 부족한 현실에서 모든 사람을 신규로 채용할 수 없으니 현

구성원을 집중 재교육하는 방식으로 조직 자체의 전문성을 강화하는 접근이 가능하다는 것이다. 특히 데이터, AI 관련 업무의 수행뿐 아니라, 시장의 이해를 위해서도 기본적으로 갖추어야 하는 지식이 되어버린 기술(tech) 영역의 경우에는 스킬 기반 교육을 통한 상향평준화가 반드시 필요하다.

글로벌 기업 아마존은 직원들의 업스킬링 교육을 위해 7억 달러 이상을 투자하고 있으며, 다국적 회계법인 PwC는 향후 3~4년 동안 27만 명 직원을 모두 업스킬링하기 위해 30억 달러를 지출하기로 했다. 이렇듯 직원 스킬업은 이제 기업경쟁력 확보를 위해 반드시 필요한 HR 전략이 되었다.[7] 인력을 배치하고 미션을 부여하는 일도 기존 직무 혹은 업무 매칭보다는 그 사람이 보유한 스킬을 활용하여 수행 가능한 업무 범위 내에서 다소 광범위한 역할을 부여하는 것에 더 가까워졌다고 할 수 있다. 따라서 HR 정책 또한 인재의 활용 범위를 넓히기 위해 구성원 업무의 유형과 범위를 재구성해주어야 한다. 그러려면 현재 조직에서 필요한 새로운 기술을 기존 인력에게 교육하거나(reskilling), 더 중요한 스킬을 업그레이드하는 일(upskilling)에 자원과 노력을 집중해야 한다.

월마트, 뱅크 오브 아메리카 등은 온·오프라인 교육 프로그램을 통해 직원들에 대한 기술교육 기회를 제공하는 데 많은 투자를 하고 있다. 이러한 준비는 미래에 필요한 스킬을 확보하고 기존 인재에게서 새로운 잠재력을 발견하며, 이를 통해 경력 이동의 범위를 넓혀 가용한 인재풀을 확대한다는 차원에서 중요하며[8] MZ세대들의 성장 욕구와 다양한 경력개발 기회라는 니즈와도 부합한다고 할 수 있다.

### ③달라지는 업무 부여 방식

일반적으로 거대 글로벌 기업은 다양한 국가에서 넓은 인재풀을 가지고 있기 때문에 조직 내에서 충분한 인재시장(talent marketplace)을 형성할 수 있다. 예컨대 유니레버는 AI를 활용한 내부 인재 이동에 활용되는 플랫폼인 플렉스 익스피리언스(Flex Experiences)를 통해 자체 인재시장을 구축하고, 지속적 학습과 함께 인재의 프로파일, 경력 목표 등을 포함한 스킬 기반의 내부 인력 이동/배치를 활발히 진행하고 있다.[9]

회사에 새로운 조직이 신설되거나 중요한 프로젝트 실행을 위해 다기능 팀을 구성해야 할 때 이전 업무 경험 이외에 스킬이라는 새로운 기준 정보를 활용하면 다양한 역량을 가진 인재들로 팀을 좀 더 풍부하게 구성할 수 있다. 여기에 HR 애널리틱스나 시스템을 활용하여 HR에서 관리하는 개인 정보를 스킬 관점으로 매칭한다면 구성원 배치를 보다 효율적으로 진행하는 한편, 스킬 기반으로 조직의 강약점을 정량화하여 숨어 있던 적임자를 발굴하거나 필요한 조치(채용, 이동 배치, 교육 등)를 취할 수 있게 된다.

조직 배치 후 업무를 부여하는 방식에서도 직급이나 경력 연차 등에 따른 제한된 역할을 수행하는 데 그치는 것이 아닌, 역할 확장 가능성 측면의 제안이 가능하다. 즉, 개인의 기술력이나 능력치를 기반으로 역할과 책임을 확대할 수 있고, 업무 경험 기반의 배치가 아닌 새롭고 다양한 업무 기회를 부여할 수 있게 된다. 또한 배치 의사결정이 어떤 의미를 갖는지 설명함으로써 구성원들의 업무에 대한 이해도를 높이고 동기부여를 할 수 있다. 결과적으로 스스로 중장기 경력개발 계획을 세워 우수 인재의 중장기적 리텐션을 강화하게 된다. 이러한 준비를 통해 회사 내 인재 밀도를 높임으로써 다양한 상황에 대비할 수 있을 것이다.

# 리더 보임 시 무엇이 준비되어야 하는가?

인재 배치와 관련된 인사 의사결정 중 가장 신중해야 하는 것 중 하나가 리더의 보임이다. 조직의 리더가 누구냐에 따라 조직운영 스타일이나 미션 수행 방향이 결정된다고 봐도 과언이 아니기 때문이다. 대다수 조직이, 인재풀이 다양하게 준비되지 못하는 상황에서 우선 리더부터 내정하고 그런 다음에 미션과 역할의 범위를 정교화하는 편이다. 이는 곧 리더 개인의 특성이나 능력치를 기준으로 조직을 구성한다는 의미인데, 따라서 초기 단계 스타트업이 CEO에게 의존적 조직이 되는 것처럼 신설 조직의 경우에는 아무래도 리더 1인에 의해 성과가 좌우되는 조직이 될 수밖에 없다.

그렇게 리더를 중심으로 조직 배치가 끝나면 이후의 조직운영은 온전히 리더의 몫이 되는 경우가 많다. 성과나 조직관리 모두에서 우수한 리더가 조직을 맡는다면야 리더의 경험과 실력을 바탕으로 체계적 조직운영이 가능하겠지만, 실상 리더는 담당 조직의 당면한 성과를 최우선적으로 고려하기 마련이기에 조직운영 자체를 동시에 체계화하기는 현실적으로 어렵다. 특히 신임 리더를 영입하여 완전히 새로운 미션을 맡길 때는 새 리더의 조직 적응 기간까지 고려해야 하니 조직이 안정화되는 데 좀 더 많은 시간이 소요될 수 있다.

글로벌 기업은 신규 리더를 영입할 때 해당 포지션의 주요 성과 책임을 측정할 수 있는 지표인 KPI, 당해연도 및 중장기 목표 수준 등을 정의하여 해당 인물이 어떤 기여를 할 수 있을지에 대한 심층 논의를 진행한다. 국내 회사에서는 해당 포지션의 성과 책임은 변동 가능성을 고려하거나 일반적인 수준에서 대략적으로 정의하고 직급, 보고 라인, 산하 조직의 규모 등을 더 먼저 생각하는 경향이 있다.[10] 신규 조직을 구성할 때 조직의 미션, 직무, 필요 자원 등 대략 80% 정도는 정의를 내린 뒤 시작하도록 하면 신임 리더가 자신의 미션을 정확하게 이해하고 성과를 내는 데 도움이 될 것이다. 많은 조직이 이 프로세스를 생략하기 때문에 조직운영에서 리더 간, 혹은 조직 간 업무의 중복 또는 누락이 발생하거나, 미션과 KPI 등을 새롭게 조율하고 정리하느라 꽤 긴 기간 동안 업무에 집중하기 어려운 경우가 생긴다.

모든 리더는 사업계획을 세우듯 조직운영 청사진을 세워두어야 한다. 리더는 보임 후 업무목표에 즉시 집중할 수 있도록 리더 보임 시 조직운영 계획서를 가지고 꼼꼼히 논의하도록 한다. 조직운영 계획서에는 조직의 역할과 성과책임, 전사의 성과에 기여하는 영역, 하위 조직 및 구성원별 명확한 R&R, 이후의 인력 계획과 중장기 관점의 스킬 확보 방안이 포함되는 것이 좋다. 사람과 조직은 분리하기 어렵지만, 조직별 운영체계가 구조화된다면 사람 의존적 조직운영을 점차 줄여나갈 수 있다. HR은 조직의 미션, 포지션, 구성원 요건, 스킬 등의 요소를 구체적으로 정의하여 관리하도록 한다.

## 석세션 플랜은 상시 작동해야 한다

사람 의존적이지 않은 조직을 구성하려면 소수의 우수인재에게 집중되어 있는 구조를 근본적으로 재구조화할 필요가 있다. 애플의 CEO 팀 쿡은 2023년 11월의 한 인터뷰에서 애플은 매우 상세한 CEO 승계 계획을 가지고 있음을 밝혔다. 애플의 CEO는 이사회를 통해 결정되지만, CEO 승계가 가능할 것이라 예상되는 마케팅, 서비스, 운영리더 등 핵심 포지션에서는 복수의 후보자들에 대한 예측이 나올 정도로 미리 준비가 되어 있다는 이야기였다.[11] 이처럼 조직의 주요 리더의 부재를 대비하거나 중장기적 관점에서 포지션을 수행할 후보들을 미리 선발하고 육성하며 관리하는, 의도적이고 체계적인 시스템을 가리켜 석세션 플랜(succession plan, 승계 계획)이라 한다.

그런데 석세션은 비단 고위 리더만을 대상으로 한 것이 아니라, 회사 내 전문가를 포함한 주요 포지션으로 확대할 수 있는 계획이다. 로스웰(Rothwell)[12]은 세대별 승계 계획을 CEO 1인뿐 아니라 다른 포지션에도 체계적으로 확대해나가는 방식과 원칙을 소개했는데, 이에 따르면 단순 계층별 리더들의 승계보다도 직무평가 등을 통해 회사에 핵심이 되는 포지션을 정의하고 인재 판단 기준이 되는 정보를 경험과 스킬을 포함해 체계적으로 준비하는 일이 중요하다. 예를 들어, 사티아 나델라가 마이크로소프트의 CEO로 내정되었던 것은 최고임원 경험은 없지만 마이크로소프트가 CEO의 요건으로 정의해두었던, 주요 비즈니스 영역에서 축적한 스킬과 경험을 그가 고루 갖추고 있었기 때문이다.[13]

이처럼 석세션 플랜을 조직 내에서 체계적으로 운영하기 위해서는 석세션 대상이 되는 핵심 직무와 포지션이 무엇인지 합의하고, 해당 포지션 요건을 상세히 정의하는 프로세스가 선행되어야 한다. 포지션의 요건이 명확하다면, 왜 해당 대상자를 선정했는지에 대해서도 대내외적으로 잘 설명할 수 있으며 공정한 프로세스 운영도 가능하다.

이렇듯 조직 내의 전체 직무와 포지션에 대한 정보를 상시 관리하면, 개

▼ 도표 3-1 : 직무평가 요소와 하위항목

| 구분 | 평가내용 | 항목의 예시 |
|---|---|---|
| 기술<br>(skill) | 직무를 수행하는 데 필요한 지식과 기술, 경험의 수준 | 지식, 경험, 전문지식, 문제해결, 분석기술, 고객관계관리, 외국어 등 |
| 노력<br>(effort) | 직무를 수행하기 위해 담당자가 기울여야 하는 정신적·육체적 노력 | 사고환경, 사고의 도전도, 의사결정, 대인관계, 감정적 노력 등 |
| 책임<br>(responsibility) | 조직이 기대하는 성과목표달성과 관련된 영향력의 정도 | 영향력, 행동의 자유도, 영향력의 범위, 사람관리책임 등 |
| 작업환경<br>(working condition) | 작업환경으로 직무 수행자가 불평하거나 불쾌하게 느끼는 상황의 발생 정도 | 직무환경, 작업환경, 위험도, 노동투입시간, 물리적 환경 등 |

자료: 우규창·이혜정(2018). "산업별 직무평가 도구의 개발에 대한 방법론과 산업 적용 연구". 《인적자원관리연구》, 25(2), 87-108.

별 포지션의 성격과 난이도, 중요도, 필요 역량 등의 관점에서 핵심 포지션과 그 요건들을 구체적으로 정의할 수 있게 된다. 이를 위해 전사의 직무정의 및 직무평가를 진행하여 기반을 마련할 수 있는데, 일반적으로는 이미 검증된 인사 컨설팅 회사의 도구를 활용하여 조직 내 직무나 포지션의 가치를 평가하고, 이후 경쟁사나 시장 내 유사 직무와 비교하면서 주요 포지션을 타깃팅하는 과정을 거친다. 이후 조직 내부적으로 어떤 직무가 더 중요하게 관리되어야 하는지 핵심 포지션과 직무를 결정하여 이에 맞는 석세션 플랜을 세울 수 있다.

결국 석세션 플랜이란, 특정 인물에 의존적이지 않게 조직의 미래를 체계적으로 준비하는 시스템이라 할 수 있다. 석세션 플랜을 체계적으로 운영하는 기업에서는 리더를 포함한 핵심 포지션에 대한 여러 계층의 후보군을 장단기 석세서로 선발하여 상시 육성하고 관리한다.

핵심 부서의 경우 조직 내부뿐 아니라 조직 외부에서 스킬, 주요 업무 경험, 팀을 이끌 만한 리더십 역량 등 HR의 기준 정보를 기반으로 후보자의 풀을 구성해두고, 현 시점 기준 각 리더의 자기 후계자 양성에 대한 준비 상황을 인재관리와 관련한 주요 성과지표로 반영할 수 있다. 조직구성 시 스킬을 기반으로 거론되었던 여러 후보들도 리더십 경험이나 스킬 등 소프트 역량을 개발시켜 장기적 석세서의 풀로 활용할 수 있다. 과거에는 석세서에게 유사 포지션에서의 경험이 있었는지를 가장 중요한 판단 기준으로 삼았다면, 이제는 스킬을 기반으로 인재를 새롭게 유형화하여 필요한 역량을 보완하는 개발 계획이나, 완전히 다른 영역에서 과감한 기용을 단행하여 우선순위를 조정하는 방식으로 변화하는 경향성을 띠고 있다.

이렇게 후보자를 확대하여 대상 풀이 두터워졌다면 새로운 리더를 보임하는 프로세스 또한 체계적으로 마련할 필요가 있다. 예를 들어 IBM은 신설이나 공석 등으로 보임이 필요한 포지션이 발생했을 때 후보자들에게 알려주고 자기추천서(nomination package)를 작성하도록 한다. 해당 포지션을 맡고자 하는 열망이 있는 사람들을 대상으로 후보자를 물색하는데, 리더는 자발적 의지가 있고 미리 준비된 사람이 맡아야 한다는 전제 때문이다. 참고로, 리더십 전문 기관 콘페리(Korn Ferry)가 운영하는 리더십 잠재력 진단 도구에는 리더가 되고자 하는 동기와 욕구수준이 다른 요인들과 함께 주요 지표로 포함되어 있다. 포지션에 적합한 요건을 갖춘 후보자들은 이후 교육과정에 입과하여 다른 후보자들과 함께 비즈니스 액션 플래닝, 경쟁 프레젠테이션 등의 과제를 통해 역량을 증명하는 과정을 거쳐 최종 후보로 선정된다.

결국 조직을 움직이는 것은 사람의 역량이며, 사람을 배제하고는 조직을 구성할 수 없다. 다만 조직 입장에서 우수 인재의 부재나 인력의 갑작스러운 이탈에 대비하려면 내부의 우수 인재 밀도를 높이고, 각 직무와 포지션의 정보를 체계적으로 관리하며, 주요 프로젝트에 대한 공유체계를 마련하는 등 다양한 대응 플랜을 만들어놓아야 한다. 조직은 사업의 전략방향과 밀접하게 연계된 채 움직여야 하기 때문에 사람에 대한 운영 플랜은 중장기 사업전략을 세우는 것과 동일한 중요도로 실행되어야 한다.

## 08

**여덟 번째 질문**

# 사업부 간 장벽을 넘어 협업과 공존이 가능한가?

다양한 소프트웨어 서비스를 제공하는 기업인 D소프트 사에서
H부사장은 헬스케어 사업부장을 맡고 있다. 그의 사업부에서는
자사 헬스케어 서비스 사용자들의 간단한 질문을 챗봇형 AI가 답변해주는
서비스를 개발하려 기획 중이다. 하지만 AI 사업부장인 Z상무는
다른 사업부를 지원해줄 만한 여력이 없다고 말한다.
헬스케어 사업부가 원하는 서비스를 개발하려면 AI 사업부의 지원이 꼭
필요하지만, 각 사업부마다 정해진 매출 목표가 있기 때문에
H부사장도 Z상무에게 더 강력한 지원 요구를 하기는 어려운 입장이다.

조직 분야를 잘 모르는 사람이라도 '사업부'라는 명칭은 한 번쯤 들어봤을 것이다. 그만큼 사업부형 조직은 가장 고전적이면서, 동시에 오늘날까지 여러 기업에서 널리 적용되는 보편적 조직의 형태이다.

예를 들어 삼성전자는 2023년 현재 조직을 크게 2개 부문으로 나눈 뒤 그 산하에 사업부를 편제하는 형태로 운영 중이다.[14] 즉, DS(Device Solution) 부문은 메모리반도체, 시스템 LSI, 파운드리 3개 사업부로, DX(Device eXperience) 부문은 MX(Mobile eXperience), 네트워크, VD(Visual Display), 생활가전 4개 사업부로 구조화되어 있다. LG전자도 2023년 현재 H&A(Home Appliance & Air Solution), HE(Home Entertainment), VS(Vehicle Component Solutions), BS(Business Solutions) 등 4개 사업본부로 편제되어 있다.[15] 마이크로소프트 역시 조직구조를 재편하기 이전에는 사업부형 조직구조를 적용해왔으며, GE와 IBM 등 북미 기업들도 오래도록 사업부 형태로 조직을 운영해왔다.

그렇다면 왜 이렇게 많은 기업이 사업부형 조직구조를 채택하는 것일까? 우선 사업부형 조직이 무엇인지부터 차근차근 살펴보자.

# 사업부형 조직의 이론적 태동

사업부형 조직(multi-divisional form)은 노벨 경제학상을 수상한 올리버 윌리엄슨(Oliver E. Williamson)[16]이 '단일체(unitary form)'로 구조화된 기능형 조직은 효율성이 떨어진다고 비판하며 제안한 조직형태다. 기능형 조직을 단일체라고 부르는 이유는 〈도표 3-2〉를 보면 알 수 있다. 즉, 이 조직형태에서는 CEO가 모든 기능을 총괄하고, 상품·지역·고객 등에 의한 구분이 전혀 존재하지 않는다.

5만 회 이상 인용된 1975년 논문에서 윌리엄슨은 신고전주의 경제학이 가정하는 '완전한 시장'이 현실에서는 제한된 합리성, 시장의 불확실성, 거래비용 등으로 인해 존재하기가 어렵다고 주장했다. 조직이 유지되는 임계점은 내부 조정비용이 시장 거래비용을 초과하지 않는 지점인데, 단일체 조직은 시장에 대한 적응력이 떨어지기 때문에 내부 조정비용이 커지고 효율성이 떨어진다는 논리였다. 효율성이 떨어지는 이유는 기능형 조직에서

▼ 도표 3-2 : 기능형 조직

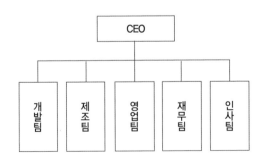

는 최고경영자가 모든 기능과 활동을 파악하고 의사결정을 내려야 하는데, 규모가 커지면서 기능별로 최적화된 결정과 전사 관점에서 전략적으로 옳은 판단을 동시에 내리기가 어려워지기 때문이다.

그래서 윌리엄슨은 기능형 조직의 대안으로 여러 개 사업부(multi-division)로 구조화된 형태를 제안했다. 사업부형 구조가 기능형 조직의 '단일체'와 가장 대비되는 점은 '다수의 조직'으로 분화된다는 점으로 〈도표 3-3〉에서 쉽게 확인할 수 있다. 이 조직구조에서 각 사업부는 상품·지역·고객 중 하나의 축을 중심으로 수직적 통합을 하고, 상품·지역·고객 단위 최적화를 위하여 필요한 기능과 자원을 확보하게 된다. 그리고 사업부는 주어진 목표를 달성하는 과정에서 독자적 판단도 내릴 수 있기에 최고경영자는 전사 관점의 전략적 판단, 사업부 간 조정에 집중한다.

▼ 도표 3-3 : 사업부형 조직

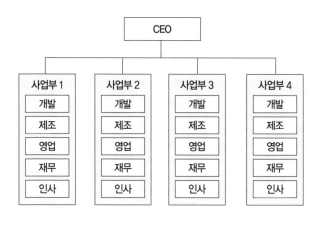

## 사업부 단위의 효과적 운영 vs. 사업부 간 장벽

윌리엄슨의 주장처럼 사업부형 조직은 여러 개 사업을 운영하는 대기업에서는 매우 효과적인 조직구조임에 틀림없다. 각 사업부별로 다루는 상품이 상이하고, 그 상품을 생산하는 데 필요한 기능도 다를 수 있어서다. 물론 그 경우 각 사업부가 생산한 상품을 사용하는 고객도 동일하지 않을 것이다.

앞서 예로 든 LG전자의 H&A 사업본부는 세탁기, 냉장고, 에어컨 등의 생활가전 제품을, VS 사업본부는 전장 제품을 생산하고 판매한다. H&A 사업본부는 완제품을 생산하여 일반 소비자와 기업 모두에 판매한다. 하지만 일반 소비자가 주요 고객이므로 그들에게 소구할 수 있는 브랜드 전략과 TV 광고를 기획하는 마케팅 기능도 필요하다. 반면 VS 사업본부는 자동차 회사로부터 전장 부품을 수주한 뒤 전기차 구동 부품 등을 생산한다. 이렇듯 두 본부는 판매를 위한 영업활동도, 제품을 팔아야 하는 고객도 상이하다. 만약 사업부형 조직으로 구조화하지 않았다면 영업, 연구개발, 제조 기능이 2가지 상품군을 모두 커버하기가 쉽지 않았을 것이다.

이처럼 사업부형 조직은 하나의 기업 안에서 각기 다른 사업을 다양하게 영위할 때 효율적 운영을 할 수 있도록 해주는 조직구조다. 경영책임도 명확할 뿐 아니라 스피드와 실행력을 담보할 수 있다는 장점이 분명하다. 하지만 사업부형 조직이 '완벽한' 조직구조는 아니다. 사업부 단위로 최적화된 형태라는 것은, 바꾸어 말하면 사업부별 사일로(silo)가 생겨나고 사업부를 넘어선 협업은 쉽지 않다는 의미이기도 하다.

가령 오늘날은 IoT(Internet of Things)로 모든 기기가 연결되는 시대다.

따라서 가전제품을 생산하는 LG전자의 H&A 사업본부와, TV와 콘텐츠를 생산하는 HE(Home Entertainment) 사업본부는 협업을 통해 시너지를 창출할 필요가 있다. 고객 입장에서는 가전제품과 TV가 모두 LG전자가 생산하는 제품일 뿐 조직 내부의 사업본부 구분에는 아마 관심이 없을 것이다. 하지만 각 사업본부는 본부별 사업목표를 할당받았을 것이고, 본부 내 최적화된 의사결정을 통해 지속적 경쟁력을 유지하려 할 가능성이 크다. 하나의 회사이기 때문에 CEO가 본부 간 자원배분과 목표를 조율하겠지만, 워낙 거대한 회사이기 때문에 본부 간 사일로는 필연적으로 발생할 수밖에 없다.

## 사업부의 장벽을 넘어서는 '연결'과 '확장'

사실 사업부는 각자 다른 목표를 추구하는 기업 안의 또 다른 기업으로서 독립채산제 성격을 갖는다. 따라서 각 사업부 수장이 군이 의도하지 않더라도 각 사업부는 어느 정도 경쟁관계에 있는 것이 태생적 속성이다. 협업을 위해서는 전사 차원에서 각 사업부 공동의 목표를 부여하거나 타 사업부를 지원하는 경우에 대해서는 그 성과를 인정해주는 등 조직구조를 넘어선, 운영 관점의 새로운 장치를 마련하는 것이 필요하다.

그 새로운 장치란 어떤 것일까? 윌리엄슨이 사업부형 조직구조를 제안하면서 이를 '수직적 통합'이라고 표현했던 것을 상기해보자. 그렇다면 사업부를 넘어선 협업은 '수직적 통합'과는 아마도 반대되는 개념일 것이다. 즉, 종적 형태의 수직적 축을 관통하는 횡적 형태의 '수평적 연결' 또는 '수평적 확장'이 필요하다고 볼 수 있다.

### ①사업부 구조를 유지하는 '수평적 연결'

횡적 연결이 꼭 사업부 구조를 허물어야만 가능한 것은 아니다. 구조는 그대로 둔 채 운영 방식의 변화로 묘안을 찾을 수도 있다. 다른 사업부에 자원을 지원하는 문제를 단순히 사업부장 간 협의 또는 CEO의 지시로 해결하는 것이 아니라, 외부에 재화를 사고파는 것처럼 내부거래를 제도화하는 것이 바로 그 묘안일 수 있는데, 이는 상당히 합리적으로 사업부 간 협업을 장려하는 방법이다.

가령 '가'와 '나' 사업부가 있는 'E사' 사례를 보자. 'E사'는 IT 회사이고, '가' 사업부는 하드웨어, '나' 사업부는 AI와 소프트웨어 기반의 상품을 생

▼ 도표 3-4 : E사의 사업부 간 거래비용 교환 모델

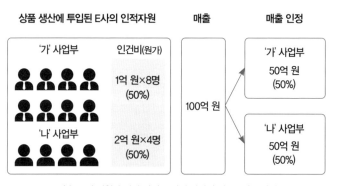

상품 생산에 투입된 E사의 인적자원　　매출　　매출 인정

'가' 사업부　　인건비(원가)

1억 원×8명
(50%)

'나' 사업부

2억 원×4명
(50%)

100억 원

'가' 사업부
50억 원
(50%)

'나' 사업부
50억 원
(50%)

단순 투입 인원 숫자가 아닌 투입된 인력의 직무가치를 반영
('나' 사업부 인력의 직무 가치 > '가' 사업부 인력의 직무가치)

산하여 판매하고 있다. '가' 사업부는 신상품으로 로봇을 만들어 판매하고자 하는데, '나' 사업부의 AI와 소프트웨어 기술이 필요한 상황이다. '가' 사업부에서는 '나' 사업부에 전문 개발자 4명을 지원해달라고 요청했고, '나' 사업부는 4명 지원은 가능하지만 '나' 사업부의 개발자는 '가' 사업부의 개발자 대비 2배의 직무가치를 갖는다는 것을 인정해야 한다는 요구 조건을 내걸었다. '가' 사업부 부장은 내부 회의를 거쳐 숙고 끝에 이를 수용했고, 새롭게 출시된 로봇은 100억 원의 매출을 올렸다.

이때 올린 매출을 단순히 투입된 사람의 숫자로 배분하는 것이 아니라, '나' 사업부에서 투입한 인력의 직무가치를 반영하여 나누도록 하는 것이 'E사'의 제도다. 'E사'는 이전에도 사업부 간 협업을 장려하고자 다방면으로 노력했으나 내부거래 모델을 응용한 이 제도 도입을 통해 사업부 간 매출을 투명하고 공정하게 배분할 수 있게 되었다. 사업부 간 '수평적 연결'이라고 부를 만한 사례라 하겠다.

## ②사업부 구조를 일부 허무는 '수평적 확장'

사업부 구조를 완전히 허무는 것은 아니지만 그중 일부는 벽을 터서 확장을 시도하는 방법도 있는데, 이는 '수평적 확장'이라 불린다. 위에서 언급한 '수평적 연결'은 사업부 구조를 유지한 채 특정 프로젝트가 생기면 조직 내부에서 상호 간에 거래할 수 있는 규칙을 만드는 것이었다. '수평적 확장'은 특정 사업부가 나머지 모든 사업부와 상시 내부거래를 할 뿐 아니라 동일한 사업을 외부에서 전개할 때도 적용할 수 있는, 조금 더 적용 범위가 넓은 방법이다. 대표적 사례로 아마존이 있다.

아마존은 각 사업들 간의 장벽을 일부 허문 '수평적 확장'을 했다.[17] 아마

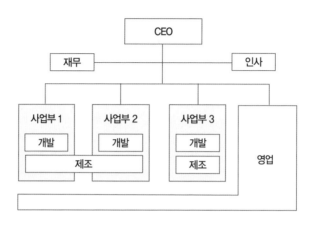

존 웹 서비스(Amazon Web Services, AWS)는 본래 온라인 서점이었던 아마존을 지원하기 위한 데이터센터에서 시작했다. 아마존의 사업이 도서 분야에서 유통 전반으로 넓어지면서 클라우드를 구축하게 되었는데 나중에 이를 사업화하여 외부고객에게도 서비스를 제공하게 된 것이 지금의 AWS다. AWS는 외부고객들을 대상으로 사업을 영위하는 사업부이자, 내부의 각 사업부에 클라우드 서비스를 제공하는 사내 기능 조직이기도 하다. FBA(Fulfillment by Amazon) 역시 외부 물류 업체와 내부 부서를 연결해주던 내부 기능이 외부고객에게도 물류 서비스를 제공하는 하나의 사업부로 확장된 경우다. 이렇듯 아마존 사례는 사업부 간 사일로를 넘어 사업 자체를 확장하는 수평적 확장의 전형이다.

## 사업 성숙도가 상이한 사업부들의 공존 방안

사업부형으로 조직운영이 이루어지다 보면 아무래도 각 사업부별 성과나 성숙도가 모두 동일할 수 없다. 어떤 사업부는 지속적으로 성장하며 규모를 키워나갈 것이고, 반면에 이제 막 새로운 사업을 시작하는 사업부도 있을 것이다. 과거에는 사업상 중추적 역할을 담당하던 대형 사업부였으나 경영환경의 변화로 규모가 축소되거나, 경우에 따라서는 사업부의 존폐까지 고민해야 하는 상황에 처한 곳도 있을 수 있다.

그렇다면 다시 한번 윌리엄슨의 관점에서 생각해보자. 사업 성숙도가 충분하지 않은 신생 사업부에 모든 기능을 내재화한다면 내부 조정비용이 시장 거래비용을 초과하게 되는 것일 수 있다. 신생 사업부이기에 내재화된 기능을 유지할 이익을 만들어내지 못하기 때문이다. 이런 관점에서 보자면, 사업성과가 쇠퇴하여 적자 상태에 돌입한 사업부도 그와 마찬가지라 할 수 있다. 2가지 경우 모두 해당 조직을 유지하는 것이 더 이상 효율적이지 않다. 이론의 관점에서만 그런 게 아니라 현실세계에서도 성과를 내는 사업부가 만들어낸 수익이 신생 사업부와 적자 사업부에 계속해서 배분된다면 성과를 내는 사업부 소속 구성원들의 반발을 부르는 상황이 발생할 수 있다.

하지만 새로운 사업 육성이 기업의 장기적 전략 관점에서 꼭 필요한 일이듯 적자 사업부라고 해서 해당 조직을 곧바로 폐지하는 것 역시 바람직한 일이기만 한 것은 아니다. 왜냐면 그 사업이 부활할 가능성도 있고, 무엇보다 적자 사업부 내에도 많은 구성원이 회사를 위해 자신의 직무에 몰입하며 헌신하고 있기 때문이다. 그렇다면 사업부 구조를 유지하면서도 사업

성숙도가 상이한 사업부들이 상생하며 공존하도록 만들 묘안은 없는 것일까? 소니 사례가 힌트를 줄 수 있다.

## 소니의 포트폴리오 조직 사례

소니는 2010년까지는 가전제품과 반도체를 중심으로 하는 하드웨어 중심의 IT 기업이었다. 영화나 음악 등 콘텐츠 사업에 투자하기는 했으나 하드웨어 사업 매출이 전체의 70%를 차지할 정도로 주력은 IT업이었다. 하지만 2008년부터 수익이 급격히 감소하면서, 2010년대 들어 사업 및 조직 개편에 들어간다.

이때 소니는 사업이 어려워졌음에도 불구하고 적자 사업부를 즉각 폐지하지 않고 의사결정을 신중하게 했다. 사업성장 단계를 기준으로 여러 사업부를 '포트폴리오' 형태로 구분하고, 차별화된 성과관리를 실시한 것이다. 각 그룹을 분류한 기준은 사업의 성장 단계(성장/수익/전환 그룹으로 분류)였다. 유사한 사업군을 한 부문으로 묶는 전형적 조직구조 설계와는 차이가 있었다.

소니는 성장 그룹(Growth Drivers)에 속한 사업부는 당장의 수익보다는 새로운 상품과 서비스의 출시, 상품과 서비스에 대한 고객만족도 등을 핵심성과지표로 삼고 사업성장을 독려했다. 수익 그룹(Stable Profit Generators)에 속한 사업부에는 지속적 시장점유, 매출과 이익의 성장 등을 요구했다. 전환 그룹(Volatility Managements)은 잠재적으로 폐지할 수 있는 사업부들로, 적자 개선을 최우선 목표로 설정했다.

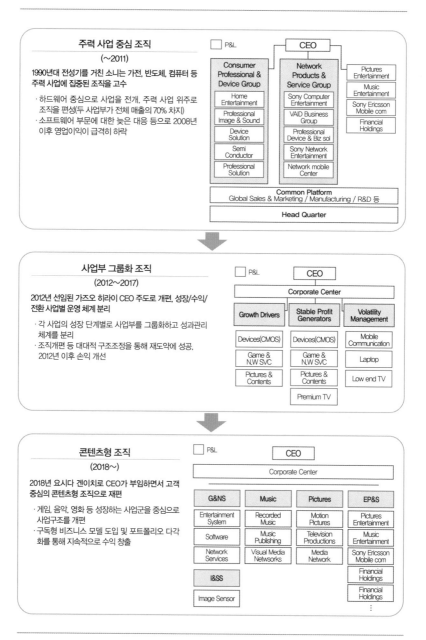

**주력 사업 중심 조직**

(~2011)

1990년대 전성기를 거친 소니는 가전, 반도체, 컴퓨터 등 주력 사업에 집중된 조직을 고수

· 하드웨어 중심으로 사업을 전개, 주력 사업 위주로 조직을 편성(두 사업부가 전체 매출의 70% 차지)
· 소프트웨어 부문에 대한 늦은 대응 등으로 2008년 이후 영업이익이 급격히 하락

□ P&L    CEO

| Consumer Professional & Device Group | Network Products & Service Group | Pictures Entertainment |
|---|---|---|
| Home Entertainment | Sony Computer Entertainment | Music Entertainment |
| Professional Image & Sound | VAID Business Group | Sony Ericsson Mobile com |
| Device Solution | Professional Device & Biz sol | Financial Holdings |
| Semi Conductor | Sony Network Entertainment | |
| Professional Solution | Network mobile Center | |

Common Platform
Global Sales & Marketing / Manufacturing / R&D 등

Head Quarter

**사업부 그룹화 조직**

(2012~2017)

2012년 선임된 가즈오 히라이 CEO 주도로 개편, 성장/수익/전환 사업별 운영 체계 분리

· 각 사업의 성장 단계별로 사업부를 그룹화하고 성과관리 체계를 분리
· 조직개편 등 대대적 구조조정을 통해 재도약에 성공. 2012년 이후 손익 개선

□ P&L    CEO

Corporate Center

| Growth Drivers | Stable Profit Generators | Volatility Management |
|---|---|---|
| Devices(CMOS) | Devices(CMOS) | Mobile Communication |
| Game & N.W SVC | Game & N.W SVC | Laptop |
| Pictures & Contents | Pictures & Contents | Low end TV |
| | Premium TV | |

**콘텐츠형 조직**

(2018~)

2018년 요시다 겐이치로 CEO가 부임하면서 고객 중심의 콘텐츠형 조직으로 재편

· 게임, 음악, 영화 등 성장하는 사업군을 중심으로 사업구조를 개편
· 구독형 비즈니스 모델 도입 및 포트폴리오 다각화를 통해 지속적으로 수익 창출

□ P&L    CEO

Corporate Center

| G&NS | Music | Pictures | EP&S |
|---|---|---|---|
| Entertainment System | Recorded Music | Motion Pictures | Pictures Entertainment |
| Software | Music Publishing | Television Productions | Music Entertainment |
| Network Services | Visual Media Networks | Media Network | Sony Ericsson Mobile com |
| | | | Financial Holdings |
| I&SS | | | Financial Holdings |
| Image Sensor | | | ⋮ |

※ P&L: Profit & Loss(손익 책임)

자료: 사업 보고서와 전직자 인터뷰를 조합하여 재구성.

5년간 이렇게 그룹을 나누어 차별화된 성과관리를 실시한 끝에 소니는 랩톱(lap-top) 등 일부 사업은 정리했으나 이전의 적자 사업이 정상화되고 성장 사업은 궤도에 오르는 쾌거를 거두기도 했다. 특히 성장 사업에 속하던 게임과 영화는 핵심사업부로 발돋움하며, 소니가 IT 회사에서 엔터테인먼트 회사로 변모하는 데 크게 기여했다. 대기업 중 체질 개선을 시도하는 곳은 많지만 성공한 사례는 그리 많지 않다는 점에서, 소니의 시도는 매우 의미 있는 결과를 낳았다고 볼 수 있다.

## 사업부형 조직구조, 잘 고쳐서 쓰면 된다

여러 가지 사업을 동시에 영위하는 기업에서 조직 분화를 용이하게 하는 형태로서 사업부만 한 것을 찾기는 쉽지 않다. 다만 앞서도 언급했듯 사업부를 뛰어넘는 협업이 어렵다는 단점이 있을 뿐이다. 그러나 사실 모든 조직은 단점을 가진다. 사업부형 조직이 한계를 보인다고 해서 뾰족한 대안도 없이 전면 폐기할 수는 없다는 이야기다. 그런 맥락에서 우리는 프로세스와 규정을 통해 사업부를 '연결'하는 방법과 여러 사업부 중 일부의 벽을 허물어 구조적으로 다른 사업부로 '확장'하는 방법을 이번 8장에서 살펴보았다.

사업부형 조직을 처음 언급한 윌리엄슨도 사업부 간 조정과 조율은 그 누구보다 최고경영자의 몫이라는 것을 강조했다. 확장, 연결, 그리고 사업 성숙도가 상이한 사업부들의 성과관리는 모두 최고경영진이 조직 전체를 관망하고 살피며 책임져야 하는 부분이다. 각자의 목표에 충실하도록 설계된 '사업부'를 탓하기보다는, 그 한계를 뛰어넘을 방법을 모색해야 한다. '종적(vertical)'으로 구조화된 사업부에 '횡적(horizontal)' 변화를 주고 이를 CEO가 잘 활용한다면 사업부형 조직은 변화하는 환경에 효과적으로 대응하는 데 도움을 주는 여전히 좋은 조직구조다. 무조건 버리려 하지 말고 잘 고쳐서 써야 한다.

# 09

**아홉 번째 질문**

## 애자일 조직,
## 국내 대기업에도
## 적용 가능한가?

화재보험사인 F사의 인사팀장 S상무는

최근 CEO로부터 새로운 주문을 받았는데, 다름 아닌 '애자일 조직' 도입

방법을 검토해보라는 것이었다. '애자일'이 무엇인지 알아보니

소프트웨어 개발 방법론에서 비롯된 새로운 조직모델이라고 한다.

하지만 S상무는 그게 정확히 무엇인지 감이 잘 잡히지 않는다.

인사팀원들과 함께 스터디도 해보고, 외부 강사도 초청하여 이야기를

들어봤지만, IT 회사가 아닌 보험회사에도

애자일 조직이 잘 적용될 수 있는 것인지 확신이 서지 않는 상태다.

도대체 애자일 조직이란 무엇이며

CEO가 정말로 원하는 형태의 조직은 무엇인 걸까?

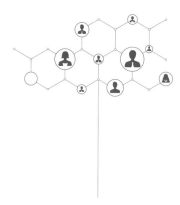

애자일이라는 단어가 미국에서 크게 유행하게 된 것은 소프트웨어 개발자들이 2001년 애자일 선언문[18]을 발표하면서다.

## 애자일 소프트웨어 개발 선언

우리는 소프트웨어를 개발하고, 또 다른 사람의 개발을 도와주면서 소프트웨어 개발의 더 나은 방법들을 찾아가고 있다. 이 작업을 통해 우리는,

- 공정과 도구보다 **개인과의 상호작용**을
- 포괄적 문서보다 **작동하는 소프트웨어**를
- 계약 협상보다 **고객과의 협력**을
- 계획을 따르기보다 **변화에 대응하기**를

가치 있게 여긴다. 이 말은, 왼쪽에 있는 것들도 가치가 있지만, 우리는 오른쪽에 있는 것들에 더 높은 가치를 둔다는 것이다.

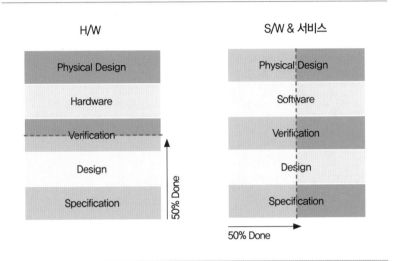

이 방법론은 소프트웨어 개발이 모두 끝난 뒤 고객이나 사용자의 피드백을 받아 개선하는 기존의 폭포수(waterfall) 개발 방법론과 달리, 개발의 단위를 보다 작게 나누어 수시로 고객니즈를 반영하며 수정한다는 점이 그 특징이다(도표 3-7 참조).

그렇다면 애자일 소프트웨어 개발 방법론이 아닌, 조직 분야에서 애자일 조직이란 무엇인가? 이 단어를 처음 듣는 사람은 그것이 사업부형 또는 기능형 조직구조처럼 특정한 조직구조를 일컫는지, 아니면 문자 그대로 기민하고 유연하게 환경변화에 대응하는 조직을 의미하는지 혼동이 올 수 있다. 결론부터 이야기하자면 '애자일 조직'은 '사업부형 조직'과 마찬가지로 고유한 특성을 가진 조직모델을 가리킨다.

애자일 방법론 이전에도 자율적 의사결정 권한을 기반으로 환경변화에 신속하고 유연하게 대응할 수 있는 조직구조를 만들려는 시도는 있었다. 캘리포니아 주립대학교 버클리 캠퍼스에서 경영대 학장을 지낸 레이먼드 마일스(Raymond E. Miles)*가 대표적으로, 그는 지식 산업 시대에는 소규모 완결형 조직이 필요하다고 주장했다.[19] 마일스는 애자일 조직이라는 표현은 사용하지 않았지만, 세포 형태(cellular form)로 구조화된, 작지만 필요한 기능을 모두 내재화한 조직으로 구조화하는 것이 필요하다는 말로 소규모 완결형 조직을 언급한 바 있다.

그 뒤를 이어 창업가이자 연구자인 스티브 블랭크(Steve Blank)[20]와 그의 제자 에릭 리스(Eric Ries)[21]는 '린 스타트업(Lean Startup)'이라는 용어를 사용하며, 고객접점에서 보다 유연하고 기민하게 대응하는 조직의 필요성을 강조했다. 이미 눈치 챈 독자도 있겠지만 '고객접점'이라는 단어와 '유연하고 기민하게 대응'한다는 문구는 애자일 소프트웨어 개발 선언문에서 가져온 것이나 다름없다. 최근 들어 맥킨지와 BCG 등 컨설팅 회사들이 애자일 조직이라 부르는 조직모델은 이와 같은 작고 기민한 조직에 대한 논의를 집대성한 것이라 할 수 있다.

종합하면, 새로운 소프트웨어 개발 방법론을 구현할 수 있는 조직구조에 대한 니즈와 환경변화에 더 잘 대응할 수 있는 조직모델을 고안하기 위한 고민이 만나면서 탄생한 것이 바로 '애자일 조직'이라 볼 수 있다. 맥킨지, BCG와 같은 경영 컨설팅사들도 새로운 사업을 시작하거나 디지털 기술을 활용하여 기존 사업을 혁신할 때 효과적인 조직구조로 애자일 조직모델을

---

* 인간을 기계나 설비처럼 자본의 한 요소로만 보던 시각에서 벗어나 보다 전략적으로 바라보아야 한다는 전략인사관리(Strategic Human Resource) 개념이 태동하는 데 크게 기여한 인물이다.

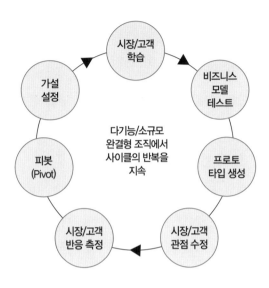

자료: Blosch, M., Osmond, N. & Norton, D. (2016), "Enterprise Architects Combine Design Thinking, Lean Startup, and Agile to Drive Digital Innovation", Gartner.

제시하고 있다.[22]

　애자일 조직모델을 도입할 경우 기존 조직이 갖는 정적인 부분과 새로운 조직이 갖는 동적인 부분에서 모두 혁신을 이루어낼 수 있다는 사례들이 보고되고 있다. 예를 들어, 비전과 목표를 공유하고 일하는 방식을 표준화하는 것은 조직의 정적인 부분이다. 반면 새로운 것을 시도하고 지속적으로 학습하며 새로운 환경에 적응하는 것은 동적인 부분이다. 애자일 조직모델을 도입하면 다소 모순되어 보이는 이 2가지를 동시에 갖출 수 있다는 것이니 경영진 입장에서 관심이 생기지 않을 수 없다.

　실제로 IBM 경영가치연구소(Institute for Business Value)가 전 세계 1만

2,800명의 경영진을 대상으로 진행한 조사에 따르면, 테크 자이언트들의 파괴적 혁신이 잇따르자 그에 대한 대응으로 애자일 조직을 도입하는 기업들이 여러 업종에서 늘어나고 있다.[23]

이 장에서는 조직모델의 여러 요인을 조직구조, 프로세스, 인재로 나누어 애자일 조직모델이 갖는 고유한 특징을 정의하고, 한국의 대기업에도 적용이 가능할지 살펴본다.

## 애자일 조직구조: 소규모 완결형 조직

애자일 조직의 근간이 되는 단위는 소규모 자체완결형 조직인 '스쿼드(squad)'이다. 스쿼드 안에는 상품 기획·개발·운영 기능이 모두 포함되며, 5~10명으로 구성된다. 이러한 스쿼드를 여러 개 관장하는 것이 '트라이브(tribe)'다. 트라이브는 상품 포트폴리오 관리 및 각 스쿼드 지원 등의 역할을 담당한다. 쉽게 설명하면 애자일 조직은 여러 개의 소규모 상품 단위로 스쿼드가 분화되어 있고, 몇 개의 상품을 묶은 상품군이 트라이브가 되기 때문에 수직적 위계보다는 수평적으로 넓게 산개하는 형태라 할 수 있다.

상품 단위로만 구조화될 경우 기능 단위 전문성을 조직구조 안에 담을 수 없고 상품 단위조직 간 사일로가 생기는 치명적 약점이 존재한다. 따라서 애자일 조직에서는 스쿼드와 스쿼드 간의 경계를 넘어서는 '챕터(chapter)'라는 기능 단위의 비공식 조직을 운영한다. 챕터 안에서는 상품기획, 개발 등 각 기능 담당자들과 고민을 나누고 새로운 지식을 습득하는 등 기능적 전문성을 축적한다.

▼ 도표 3-9 : 애자일 조직모델

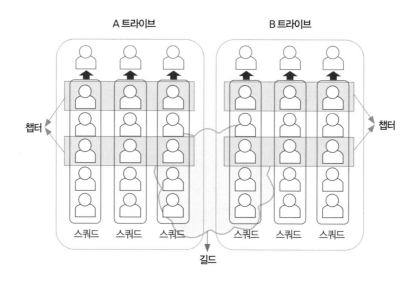

예를 들어 C라는 IT 회사에 'AI 음성 비서'라는 트라이브가 있다고 해보자. 이 트라이브는 자동차 안에 탑재되는 자동차용 AI 음성 비서 스쿼드, 휴대폰 안에 탑재되는 AI 음성 비서 스쿼드, 가정에서 사용할 스피커에 탑재될 AI 음성 비서 스쿼드, C사가 배포하는 게임에 탑재될 AI 음성 비서 스쿼드 등으로 구성된다. 또 각각의 스쿼드는 일반적으로 상품 기획자, 소프트웨어 개발자, UX 디자이너 등 각기 필요한 기능이 내재화되어 있다. 물론 기능적 전문성을 지속적으로 유지시키기 위해 상품 기획 챕터, 개발 챕터, 검증 챕터도 존재한다.

한편 '길드(guild)'는 기능 축마저 없앤, 보다 자유로운 조직을 말한다. 길드 안에서는 어떤 주제나 기술에 대해서든 자유롭게 토론할 수 있으며, 단

**174** 3부 · 성장한 기업의 조직모델

순한 학습조직에 머무를 수도 있지만 또 다른 스쿼드가 될 수도 있다. 애자일 조직의 구성원들이 상품이나 기능 어느 한쪽에만 소속되지 않도록 마련해둔 장치로 해석하는 것이 적절하다.

## 애자일 프로세스: 기민한 의사결정과 목표의 연결

애자일 조직의 기본 단위인 스쿼드는 통상 2~3주 단위로 고객 리뷰를 받아 상품을 개선하고, 트라이브는 분기 단위로 사업목표의 설정과 실행을 반복한다.

ING생명은 애자일 조직을 도입한 후,[24] 상품 개발 스쿼드가 2주마다 고객 피드백을 받아 새로운 상품을 출시하는 형태로 운영했다. 스쿼드 안에는 새로운 상품 출시가 가능한 담당자들이 모두 소속되어 있었고, 스쿼드에 고객 피드백을 반영하여 상품 요건을 변경할 수 있는 권한도 주어졌다. 그 덕분에 신상품 출시 기간을 종전 8주에서 4주로 단축할 수 있었다.

개별 스쿼드에 의사결정 권한을 이양할 수 있는 것은 스쿼드의 목표가 고객가치와 연결되기 때문이다. 스쿼드는 처음 만들어질 때부터 어떤 고객에게 어떤 가치를 제공할지 결정하고, 이를 달성하기 위한 스쿼드의 목표와 스쿼드에 소속된 개별 구성원의 목표를 설정한다. 그리고 이것이 그저 허울뿐인 고객가치에 그치지 않도록 실제 고객 또는 잠재고객을 스쿼드 미팅에 초청하여 고객의 목소리를 직접 듣고 그 니즈를 상품 개발에 반영한다. 고객가치와 스쿼드 목표의 연결, 스쿼드 목표와 개별 구성원 목표의 연결은 스쿼드가 자율성을 바탕으로 운영될 수 있는 근간이 되는 프로세스다.

아마존 또한 애자일 프로세스를 성공적으로 적용한 조직이다. 아마존의 유료 구독 멤버십 아마존프라임 서비스는 오프라인 상점과의 경쟁에서 약점으로 꼽힌 배송의 불편함을 해결하기 위해 시작되었다. '2일 안 무료 배송'으로 시작된 서비스는 고객 요구를 빠르게 반영하여 점차 배송 가능한 상품을 확대하고 음악, 영상 스트리밍 서비스 등이 추가되었다. 그 결과 비회원 대비 매출이 60% 이상 높은 진성 고객을 구독자로 확보하고 안정적인 수익 모델을 구축했으며 2012년 800만 명이었던 가입자를 2017년 8,000만 명으로 10배나 늘린 애자일 조직의 대표적 사례다.[25]

## 애자일 인재: 기업가정신과 전문성의 조화

애자일 조직의 구조와 프로세스는 각 구성원들이 단순히 '직원'이 아닌, '사내기업가(Intrapreneur)'로 성장할 수 있도록 지원한다. 기능형 조직구조에서는 상품기획자가 고객을 만나 니즈를 확인하여 개발자에게 전달할 것이다. 하지만 애자일 조직의 구성원은 맡고 있는 업무와는 무관하게 고객과 직접 대면하여 새로운 사업기회를 창출하고 확장해나간다. 텐센트 같은 회사는 애자일 조직 구성원들의 사내기업가정신을 극대화하기 위하여 동일한 상품을 기획하고 개발하는 스쿼드를 중복 편제하는 강수를 두기도 한다.[26]

# 애자일 조직모델을 국내 대기업에 적용하기 위한 전제 조건

그렇다면 국내 대기업에도 애자일 조직모델의 적용이 가능할까? 이 질문에 대해서는 가능하다거나 가능하지 않다고 이분법적으로 답하기보다는 2가지 요건이 갖추어진다면 국내에서도 애자일 조직을 도입할 수 있다는 것으로 답을 대신하고 싶다.

그 2가지 요건이란 첫째, 상품 단위로 조직을 재편할 만큼 분명한 고객이 존재해야 한다는 것이다. 스쿼드는 고객가치와 연결되어야만 생존이 가능한 조직이다. 고객이 분명하지 않으면 규모가 작고 자기완결형 조직이라 해도 애자일 조직이라 보기 어렵다. 고객의 존재 여부는 애자일 조직의 정체성 그 자체다.

둘째 요건은 애자일 조직을 정규 조직으로 편성한 후 의사결정 권한을 주고 자원 또한 배분해줄 수 있어야 한다는 것이다. 국내에서 애자일 조직모델을 이야기할 때 가장 많이 나오는 질문이 'TF와 무엇이 다른가?'이다. 간단한 질문일 수 있지만, 실은 그 질문 자체에 답이 담겨 있다. 왜냐하면 애자일 조직은 단순히 기존의 조직구조를 재편한 것이 아니라 상품 단위로 필요한 기능을 모두 내재화하고 의사결정 권한과 예산까지 별도 부여한 일종의 소사업부라고 보는 것이 적절하기 때문이다. 즉, 임시로 설치한 조직인 TF와 달리 상설 조직이자 정규 조직인 것이다.

그 과정에서 기능 중복이 발생할 수 있고, 애자일 조직이 성공하지 못할 경우 그 많은 자원이 다시 스쿼드를 꾸릴 수 있도록 기다리고 지원하는 시간 또한 필요하다. 특정 프로젝트를 맡기고, 실패할 경우 기존의 소속 조직으로 복귀시키는 형태라면 애자일 조직이 아니라 TF로 편성하는 것이 인

▼ 도표 3-10 : TF 조직과 애자일 조직의 차이점

| 구분 | TF 조직 | 애자일 조직 |
|------|---------|-------------|
| 운영 | 원 소속(기능) 유지 후 TF 조직 파견<br>(임시 조직) | 전 기능을 보유한 자체완결형 조직<br>(상설조직) |
| 특징 | 자원운영 효율성 높음<br>(비상근 TF일 경우 다수 과제 수행 가능성) | 일사불란한 과제 수행, 책임감,<br>시장 및 고객 접촉 많음 |
| 단점 | 기능–TF 간 조정 문제, 책임소재 불명확 | 자원 운영 효율성 낮음<br>상품 조직 간 사일로 없음 |
| 예산 | TF 조직<br>(과제별 운영비용 할당) | 애자일 조직<br>(스쿼드별 비용 및 손익 집계) |
| 채용 | 기능 조직<br>(다수의 인력 풀 확보) | 애자일 조직<br>(필요 인력 예산 내에서 직접 채용) |
| 평가 | 기능 조직이 결정<br>(TF 의견 반영) | 애자일 조직이 결정 |

력 운영의 유연성을 높이는 방법일 것이다. 그러므로 애자일 조직은 자원이 많이 들어가는 조직모델이라는 점을 그 시작 전에 염두에 두는 것이 필수다.

# 3부
## KEY TAKEAWAYS

1. 미래 조직에 필요한 인재를 정의하고, 인재 양성 체계 정립하기

2. 리더가 될 사람들을 예비하고 상시 석세션 플랜 운영하기

3. 사업부형 조직의 장점과 단점 이해하기

4. 사업부 간 장벽을 넘어설 방법 탐색해보기

5. 우리 회사의 조직 중 애자일로 운영할 수 있는 곳 찾아보기

6. 애자일 조직모델을 적용할 때 구조, 프로세스, 인재를 종합적으로 검토하기

# 4부

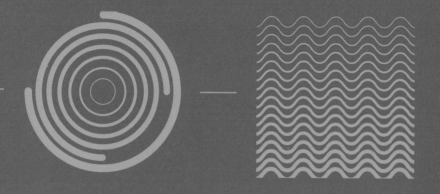

# 신사업을 추진하는
# 기업의 조직모델

# 10

**열 번째 질문**

# 양손잡이 조직의 성공적 운영을 위한 현실적 방안은 무엇인가?

대기업 M사의 CEO는 요즘, 10년 후 미래 먹거리에 대한 걱정이 크다.

M사는 현재 안정적 수익구조로 꾸준히 성장하고 있지만,

불확실성이 갈수록 커지는 환경이라 언제든 위기에 빠질 수 있다는 경계심을

늦추기 어렵다. 이에 M사의 CEO는 미래 신사업 추진을 위한 전담조직을

설립했다. 하지만 실체가 불명확한 사업에 자원을 투입하는 것에 대한

사내외 이해관계자들의 반대에 직면했으며,

실제로 기존에 사업기획과 제품개발을 담당해왔던 부서들과 신사업조직 간에

제한된 인력과 예산을 놓고 갈등이 생겨났다. 그런데다 신사업조직은

시간이 흘러도 만족할 만한 성과물을 가져오지 못하는 상황이었다.

M사의 CEO는 이 신사업조직을 계속해서 유지해야 할지 고민이다.

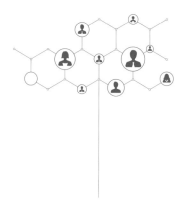

## 성공의 덫과 실패의 덫 사이의 길, '양손잡이 조직'

기업이 지속해서 성장하고 발전하려면 변화하는 사회와 환경, 기술에 따라 기존의 사업을 새롭게 바꾸어나가는 과정이 필수적이다. 이를 위해 기업은 혁신적 기능을 갖춘 신제품을 출시하거나 새로운 시장으로 판로를 확장하기도 하고, 때로는 기존 사업과 완전히 다른 영역으로 진출을 시도한다. 이때 가장 중요한 의사결정 중 하나가 '누가', 즉 어떤 조직이 이 일을 맡을 것이냐다.

대다수 기업에는 신제품 개발이나 사업기획 기능을 담당하는 조직이 별도로 있지만 변화의 크기가 크면 클수록 기업은 고민에 빠지게 된다. 과연 기존의 조직으로 근본적이고 혁신적인 변화를 이끌어낼 수 있을 것인가? 사람과 조직은 기본적으로 현재 상태를 유지하고자 하는 관성(inertia)을 가지고 있어 변화에 대한 저항이 필연적으로 발생할 것이고, 만약 그것이 자기 존립을 위협할 만큼 큰 변화라면 그 저항은 더욱더 커질 수밖에 없다. 이러한 고민에 대한 대안으로, 스탠퍼드대학교의 찰스 오라일리(Charles O'Reilly)와 하버드대학교의 마이클 투시먼(Michael Tushman)이 제시한 것이 양손잡이 조직(ambidextrous organization)[1]이다.

'양손잡이 조직' 개념은 조직이론의 거장 제임스 마치(James March)가 주장한 기업의 활용(exploitation)과 탐험(exploration) 간 균형에 토대를 두고 있다. 마치는 기업이 장기적으로 생존하고 성장하려면 기존 사업, 상품, 프로세스, 지식을 기반으로 단기적 성과를 창출하는 '활용'과, 새로운 영역에 대한 탐색, 실험, 혁신을 통해 장기적 경쟁력을 확보하는 '탐험'이 균형을 맞춰야 한다고 보았다.[2] '탐험' 없이 '활용'에만 의존하는 기업은 과거의 성공 경험에 매몰되어 변화에 대응하지 못하는 '성공의 덫(success trap)'에 빠지기 쉬우며, '활용' 없이 성과가 불확실한 '탐험'에만 치중하는 기업은 무모한 도전과 실패가 누적되는 '실패의 덫(failure trap)'에 빠질 수 있기 때문이다.

양손잡이 조직이란 마치 오른손과 왼손을 동시에 사용하는 것같이 기존의 사업영역에서 '활용'을 담당하는 조직과 새로운 사업영역에 대한 '탐험'을 담당하는 조직을 분리해 운영하는 것이다. 활용 담당 조직에서 기존 사업의 프로세스를 꾸준히 유지하고 개선하여 경쟁우위를 지켜내고, 이와 동시에 탐험 담당 조직은 획기적 혁신을 통해 미래 신사업을 창출함으로써 조직의 2가지 목표를 함께 추구하는 것이다. 조직을 분리함으로써 기존 조직의 이해관계에 따른 저항을 최소화하고, 더 혁신적인 시도를 할 수 있는 여건을 제공한다. 이를 뒷받침하기 위해 조직의 수익구조, 성과측정 방식, 리더십, 인력 활용 등에서도 차별화된 운영원칙을 적용할 것을 주장한다.

양손잡이 조직모델은 기업과 학계 모두로부터 주목받았으며, 많은 기업이 실제로 양손잡이 조직을 도입하며 혁신을 시도했다. 온라인 서점에서 출발해 상거래 플랫폼으로, 더 나아가 클라우딩 서비스로 영역을 확장해나간 아마존이 양손잡이 조직모델을 성공적으로 활용한 대표적 기업이다.

아마존은 핵심 비즈니스 외의 영역에서 과감하게 위험을 감수하는 도전에 임할 수 있도록 별도의 소규모 독립조직을 구성하여 지속적으로 지원했다. 소프트웨어 개발자, 사업기획자, 디자이너 등으로 구성된 이 독립조직은 현장에서 제안된 아이디어를 발전시켜 새로운 사업으로 구체화한다는 목표를 가지고 있었다. 이러한 독립조직들 중 하나로, IT 서비스의 속도 개선을 위해 아마존 서버에서 다양한 앱을 실행할 수 있도록 고안했던 프로젝트가 클라우드 컴퓨팅 사업인 아마존 웹 서비스(AWS)로 발전했고, 2021년에는 아마존 전체 영업이익의 74%를 담당할 정도로 핵심사업이 되었다.[3]

아마존의 이 같은 혁신 시도가 모두 성공한 것은 아니지만, 기존 사업에서 절대적 위치를 유지하면서 내부의 별도 조직과 핵심역량을 활용해 완전히 새로운 사업을 창출해냈다는 점에서 양손잡이 조직의 대표적 성공 사례를 보여준다고 할 수 있다.

사내벤처 조직을 육성하여 지메일(Gmail), 구글맵(Google Map) 같은 핵심 서비스를 발전시킨 구글,[4] 몰락해가는 카메라 필름 사업 대신 필름 원천기술을 활용해 제약·바이오·화장품 사업을 개척해 제2의 전성기를 구가한 후지필름[5]의 사례도 양손잡이 조직의 성공 사례들이다.

## 양손잡이 조직이 '만병통치약'은 아니다

이처럼 양손잡이 조직은 분명 많은 관심을 받고 있다. 하지만 한편에는 지나치게 이상적인 개념이며 과대평가를 받은 이론이라는 비판도 있다. 실제로 양손잡이 조직을 도입한 기업들이 기대했던 성과를 거두지 못한 채

실패하는 사례도 빈번하게 나타났다. 이러한 문제가 나타났던 것은 양손잡이 조직을 효과적으로 운영하기 위한 명확한 전략 없이 단순히 '조직만 분리하면 된다'라는 생각으로 접근했기 때문이다.

　신사업이나 혁신을 담당하는 조직이 분리되어 있다고 해서 과연 다 양손잡이 조직인 것인가? 그렇다면 R&D 담당 연구소가 별도 조직으로 운영되는 국내의 주요 대기업은 모두 양손잡이 조직인가? 또 사업다각화나 M&A를 통해 기존의 사업영역에서 벗어난 새로운 사업부를 신설하고 인력을 배치하면 그 자체로 양손잡이 조직이 되는가? 현실에서는 R&D조직의 혁신적 연구성과가 실제 사업과 연계되지 않고 사장되거나, 스포트라이트를 받으며 출발한 신사업조직이 성과를 거두지 못하고 적자가 누적되다 소리 소문 없이 폐지되는 일이 흔하다. 반면에, 별도의 신사업조직을 분리하지 않고도 활용과 탐험을 동시에 효과적으로 추진하여 성과를 거두는 기업 또한 많다. 이러한 현실은 양손잡이 조직의 실체와 그 효과에 대해 근본적 의문을 제기하게 만든다.

　조직이론에서는 양손잡이 조직의 작동 메커니즘을 크게 '구조적 양손잡이(structural ambidexterity)'와 '맥락적 양손잡이(contextual ambidexterity)'로 구분한다.[6] 구조적 양손잡이의 기본 전제는 활용과 탐험을 담당하는 조직을 구분하는 이중 구조(dual structure)이지만, 단순한 조직분리를 넘어 차별화된 조직구조와 인적 구성, 운영 방식을 갖추어야 함을 강조한다. 즉, 활용 담당 조직은 체계적 조직구조와 업무 프로세스를 갖추고, 인력을 집중적으로 투입하여 계량화된 성과목표를 단기간에 달성하는 것을 추구한다. 반면 탐험 담당 조직은 유연한 조직구조와 업무 프로세스를 갖추고 다양한 특성을 가진 구성원들이 자율적으로 실험과 학습을 할 수 있게끔 지원한다. 단기성과 창출에 매몰되지 않게끔 성과 척도 또한 혁신 과정 자체와 장기적 영향력에 중점을 둔다.

그렇지만 '구조적 양손잡이'를 이상적으로 적용하는 데는 어려움이 많다. 우선, 보유 자원상의 제약을 받는다는 어려움이 있다. 탐험 조직은 단기간에 빠른 성과를 낼 수 있는 조직이 아니므로, 이들이 사용하는 자원은 활용 조직에서 조달하는 것이 불가피하다. 활용 담당 조직 입장에서 불만이 터져 나올 수밖에 없는 이유다. 이 과정에서 쌓이는 조직 간 갈등과 충돌은 정보와 자원의 흐름을 방해하는 높은 사일로를 형성하게 되고, 결국 많은 신사업조직이 이를 넘지 못하고 고사하는 길을 걷는다. 최고경영진 입장에서도, 성과가 불투명한 탐험에 투자를 지속하는 경우 주주나 기관투자자 같은 이해관계자들의 압력을 피하기 어렵다. 따라서 초기에는 탐험 담당 조직에 대해 높은 관심과 지원을 보이던 경영진도 어느 정도 시간이 흘렀음에도 결과물이 나오지 않으면 더는 인내하지 못해 사업을 중단하는 경우가 많다. "불확실한 실험에 자원을 소모하기보단 확실히 잘할 수 있는 것에 집중하는 것이 낫다."라는 내외부 목소리에 끌려갈 수밖에 없기 때문이다.

두 번째 어려움은 양손잡이 조직형태를 도입해놓고도 활용 담당과 탐험 담당 조직 각각의 특성에 맞지 않는 제도와 프로세스를 적용하는 데서 비롯된다. 탐험 담당 조직을 분리한 후에도 효율성에 초점을 맞춰 구축된 의사결정 구조와 시스템을 그대로 유지한다면 과연 기존의 틀을 넘는 실험이 이루어질 수 있을까? 또한 탐험은 활용과 달리 성과를 판단하는 기준이 모호하고 성과가 나타나는 시점도 불확실하다. 그런데 단기적 성과나 근면성 등에 초점을 맞춘 인사평가, 근태 기준 등을 적용한다면 구성원들은 위험을 회피하고 안전한 길을 택하게 될 수밖에 없다. 이렇게 운영되는 탐험 담당 조직이 소기의 목적을 달성하지 못할 것은 자명한 일이다. 그럼에도, 하나의 기업 내에서 완전히 다른 형태의 제도와 시스템을 운영하는 것은 관리 부담이 크고 충돌을 발생시킬 소지도 있으므로 이러한 시도를 하지 못하는 경우가 많다.

## 양손잡이 조직이 성공하려면?

이처럼 양손잡이 조직형태가 가지는 여러 구조적 한계가 지적되면서 이에 대한 대안으로 제시된 것이 바로 '맥락적 양손잡이'이다. 활용과 탐험을 전담하는 조직을 완전히 구분하지 않고, 모든 조직과 구성원들이 활용과 탐험을 동시에 추구함으로써 양손잡이 조직의 모습을 보이는 형태다. 여기서 맥락(context)이란 사람들이 특정한 방식으로 행동하도록 동기를 부여하는, 보이지 않는 자극과 압력들의 조합[7]을 의미한다. 강력한 규율이나 문화 또는 제도적 지원을 통해 조직구성원 전체가 활용과 탐험을 동시에 추구하게끔 맥락을 형성하면, 조직을 분리하지 않아도 각 개인이 자율적으로 혁신목표를 수립하고 자신의 시간과 자원을 활용과 탐험에 적절히 배분하여 성과를 달성할 수 있다는 것이다. 이러한 맥락이 잘 갖추어지면 구조적 분리에 뒤따르는 문제점들도 해결이 되므로 지속 가능한 양손잡이 조직형태가 될 수 있다는 주장이다. 3M의 '15% 룰',[8] 구글의 '20% 룰'[9]과 같이 근무시간의 일정 부분은 반드시 혁신적 아이디어 탐색에 활용하는 규범을 적용하는 것이 맥락적 양손잡이 조직적 접근의 대표적 사례라 하겠다.

일견 매우 바람직하고 이상적으로 보이지만, '맥락적 양손잡이' 조직이 현실에서 기능하려면 오랜 기간에 걸쳐 형성된 체계와 문화가 밑바탕에 있어야 한다. 3M의 성공 사례를 논할 때면 주로 '15% 룰'로 대변되는 자유로운 연구 문화를 언급하는데, 실은 그뿐 아니라 모든 부서가 최근 5년 내 출시한 신제품을 통한 매출 비중을 25% 이상 유지해야 하는 '25% 룰'에도 주목해야 한다.[10] 즉, 개인들의 산발적 아이디어에 그치지 않고 조직 차원에서 지속적으로 신제품을 통한 매출을 달성하게끔 유도하는 고도의 관리 체계가 존재하지 않았다면 '15% 룰' 같은 자발적 혁신문화가 결실을 거둘 수 없었으리라는 이야기다. 이는 다른 회사가 모방하기도 어렵고 유지하기도 어려운 핵심 경쟁력이다.

따라서 이러한 토대가 없는 상황에서 맥락적 양손잡이 조직을 말한다면 그것은 자칫 이상적 구호에 그칠 수 있다. 찰스 오라일리는 일반적 기업에 있어 맥락적 양손잡이는 사실상 '난센스'라 봐야 할 정도로 운영이 어렵다고 언급하기도 했다.[11]

그렇다면 양손잡이 조직은 현실의 벽에 부딪혀 실현되기 어려운 허상에 불과한 것일까? 아니다. 앞서도 언급했듯, 모든 상황에 통용되는 완벽한 조직이론이란 존재하지 않는다. 그러므로 양손잡이 조직 역시 기업의 특성과 환경에 따라 적절히 활용하는 것이 중요하고, 그 경우 성공 가능성을 높일 수 있다. 지금부터 양손잡이 조직이 성공하기 위해 고려해야 할 요인은 무엇인지 구체적으로 살펴보자.

### ①언제 그리고 어디에 적용해야 하는가?

양손잡이 조직이 신사업 추진의 만병통치약은 아니다. 기존 조직 간의 태스크포스를 활용할 수도 있고, 아예 완전히 분사시키거나 외부 기업 M&A를 하는 방법도 있다. 따라서 양손잡이 조직을 도입하기 전 그러한 형태가 효과적으로 작동할 수 있을지 기업의 전략과 역량을 먼저 파악할 필요가 있다. 이를 판단하는 기준으로 오라일리와 투시먼이 제안한 사분면 모델을 활용하면 좋다(도표 4-1 참조)[12]

이 사분면의 세로축은 '전략적 중요성'으로, 새롭게 추진하고자 하는 사업이 기업의 장기성장에 중요한 가치를 가지느냐를 가리키며, 가로축인 기존 자원 활용도는 신규사업이 기술력, 제조시설, 브랜드 같은 기업의 기존 자원과 역량을 얼마나 필요로 하느냐를 의미한다. 양손잡이 조직이 효과적으로 기능하는 상황은 전략적 중요성도 높고, 기존 자원 활용도도 높은

▼ 도표 4-1 : 신사업조직 구성의 사분면 모델

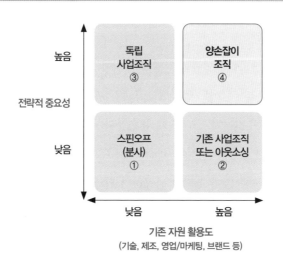

자료: O'Reilly, C. A., & Tushman, M. L. (2008). "Ambidexterity as a Dynamic Capability: Resolving the Innovator's Dilemma". *Research in Organizational Behavior*, 28, 185-206.

④번 사분면이다.

전략적 중요성이 낮고 기존 자원이 호환되지 않는 경우에는 ①번 사분면과 같이 완전히 다른 회사로 분리하는(스핀오프) 편이 효과적이다. ②번 사분면은 운영적으로는 시너지 효과가 있지만, 전략적 중요성은 낮은 사업의 경우다. 예를 들어, 휴대폰 제조사에서 불량품을 수리하여 재판매하는 사업은 기존의 판매, 서비스 채널, 부품 공급망, 기술인력 등을 활용할 수 있으므로 사내에 운영하는 것이 효과적이지만, 양손잡이 조직과 같은 별도의 운영체계를 갖출 필요성은 적다. 따라서 기존 사업조직 내에 하부 조직을 구성해 해당 기능을 수행하거나 중요도가 더 낮아지는 경우에는 외부로 아웃소싱하여 효율성을 높이기도 한다.

③번 사분면은 전략적 중요성이 높은 신사업이지만 기업의 현재 자산과 역량을 이용하기 어려운 경우로, 주로 새로운 기술이나 서비스가 도입되어 기존 사업을 완전히 대체하는 상황에 해당한다. 이 경우 변화에 적응하는 기간 동안 완전히 독립된 사업조직을 구성하여 운영하며 단계적으로 중심축을 옮겨가는 방법이 효과적이다. 넷플릭스가 온라인 스트리밍 서비스를 도입하면서도 기존의 DVD 우편배달 서비스를 함께 유지한 것이 이 유형에 해당한다고 볼 수 있다. 조직이 분리되어 운영된다는 점에서 양손잡이 조직과 유사해 보이지만, 내부적으로 운영되는 메커니즘의 차이에 주목해야 한다.

④번 사분면의 양손잡이 조직은 전략적으로 중요한 사업을 구조적으로 분리한다는 점에서 ③번과 같지만, 기존의 핵심자원을 통합적, 유기적으로 활용한다는 측면에서 다르다. 단순히 기존 제품 및 서비스를 확장하거나 그와 무관한 기술을 개발하는 것이 아니기에 그러하다. 후지필름이 기

존의 카메라 필름과 전혀 관련이 없어 보이는 화장품·바이오 사업에 진출할 수 있었던 것은 필름을 개발하며 축적한 계면화학 분야의 원천기술을 신사업에서 활용할 수 있었기 때문이다. 이처럼 신사업조직을 구성할 때는 추진하고자 하는 사업이 어떤 영역인지, 양손잡이 조직을 추구하는 것이 적합한지 등에 대해 사전에 충분한 검토가 필요하다.

한편 보스턴컨설팅그룹(Boston Consulting Group, BCG)에서는 기업이 처한 사업의 다양성(diversity)과 조직의 역동성(dynamism)을 기준으로 효과적인 양손잡이 조직의 적용 방향을 제시한 바 있다.[13] 역동성이 약한 조직, 즉 체계적이고 고정적인 조직구조와 프로세스가 확립된 기업의 경우 활용과 탐험을 담당하는 조직을 구조적으로 나누는 분리형(separation) 모델이 적합하다고 보았다. 이는 별도로 분리된 조직이 동시에 활용과 탐험을 진행하는 '동시적 접근' 방식이다.

반면, 스타트업과 같이 변화 대응속도가 빠르고 유연한 조직을 운영하는 기업은 탐험과 활용을 번갈아가며 실행하는 전환형(switching) 모델이 적합하다. 이 모델은 초기에는 혁신적 아이디어 탐색에 주력하다가 규모가 어느 정도 확장되면 그때부터는 활용 모드로 전환하여 수익 향상과 서비스 고도화에 집중하는 방식이다. 이러한 순차적 접근법은 활용 가능한 자원의 제약이 큰 소규모 기업에 특히 효과적인데, 소프트웨어 기업 1,000여 곳을 대상으로 한 종단 연구에서 순차적 접근이 매출 성장에 더 크게 기여했다는 실증 연구도 제시된 바 있다.[14]

BCG는 사업다양성과 조직역동성이 모두 높은 경우 자체 조직화형(self-organizing) 양손잡이 조직이 필요하다고 본다. 톱-다운으로 '활용' 또는 '탐험' 전략을 결정하는 분리형이나 전환형과 달리 자체 조직화형에서는

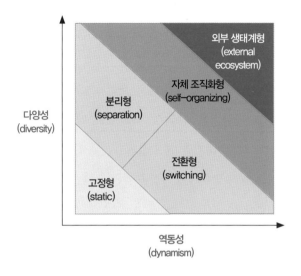

자료: BCG (2013), "Ambidexterity: The Art of Thriving in Complex Environments".

내재화된 가치와 문화를 기반으로 각 팀이나 개인 스스로 최적의 전략을 선택한다. 이는 앞서 살펴본 맥락적 양손잡이가 실현된 모습으로 볼 수 있다. 만약 다양성과 역동성이 극단적으로 높을 경우, 자체 조직으로 다 해결하려 하기보다는 외부의 여러 파트너를 활용하는 외부 생태계형(external ecosystem)으로 접근하는 것이 효과적이다. 애플이 앱스토어를 통해 스마트폰 생태계를 구축한 것이 대표적 유형으로, 스마트폰의 하드웨어 품질 및 디자인을 고도화하는 부분은 자체적으로 수행하되, 소비자 니즈에 따른 빠른 변화가 요구되는 콘텐츠와 앱 개발 부분은 외부 생태계에 개방함으로써 결과적으로는 활용과 탐험에 모두 성공한 사례다.

## ②어떻게 조직을 설계해야 하는가?

양손잡이 조직이 실패하는 가장 큰 원인으로 지목되는 것이 분리된 조직 간 단절이다. 조직의 구조적 분화는 '활용'과 '탐험'을 담당하는 전담조직이 각자의 목표와 방향에 집중함으로써 과업의 복잡성을 줄이고 필요한 역량을 축적함으로써 성과를 극대화하는 효과가 있지만, 각 조직이 추구하는 전략과 혁신의 방향성이 굳어짐에 따라 조직 간 고립과 분단이 일어날 가능성이 매우 크다.[15] 하지만 앞서 살펴보았듯 양손잡이 조직이 스핀오프나 독립 사업조직과 구분되는 지점은 기존의 핵심자원을 활용해 실험을 시도할 수 있어야 한다는 데 있다. 활용 담당 조직과 탐험 담당 조직이 단절되고, 자원 활용에 제약이 발생한다면 양손잡이 조직의 기본 전제가 흔들리게 된다.

따라서 양손잡이 조직을 설계할 때는 탐험을 담당하는 혁신 유닛이 독립성을 가질 뿐 아니라 본사나 기존 비즈니스 유닛의 자산과 역량에 접근할 수 있도록 열어두는 것이 중요하다. 오라일리와 투시먼은 이를 "혁신조직은 분리된 동시에 통합되어야 한다."라는 명제로 설명했으며, 이를 구조적으로 설계하면 〈도표 4-3〉과 같다.

최상단의 리더십팀은 비즈니스 유닛과 혁신 유닛을 모두 관장하며, 양 조직 간 자원 배분을 결정한다. 이때 빈번하게 발생하는 문제는 혁신 유닛을 물리적으로 구분했음에도 불구하고 기존 비즈니스 유닛의 시스템이나 프로세스를 동일하게 따르라고 요구하는 경우다. 재무 관리, 인사 프로세스, IT 시스템이 바로 그런 것들이다. 어느 정도 성숙기에 접어든 기업이라면 내부의 거래비용(transaction cost)을 절감하기 위해 대개는 이러한 통일적 시스템을 갖추고 있다. 하지만 기존 비즈니스와 근본적으로 다른 속성을

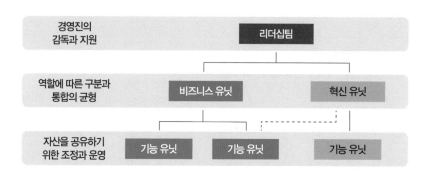

가진 혁신 유닛에는 이러한 프로세스가 탐험의 동력을 꺾어버리는 결정적 요소로 작용할 수 있다. 따라서 리더십팀에서는 조직의 물리적 구분을 넘어 이러한 공통 프로세스를 어떻게 유연하게 조율하여 적용할지를 신중히 고려해야 한다.

기존의 핵심사업을 담당하는 비즈니스 유닛은 연구개발, 제조, 영업, 품질 등 각 기능별로 풍부한 자원을 보유한 기능 유닛을 갖추고 있다. 혁신 유닛 역시 일부 기능은 자체적으로 내재화하여 보유해야 하지만, 자원 투입상의 제약이 있는 혁신 유닛이 모든 기능 유닛을 보유하는 것은 현실적으로 불가능하다. 또한 혁신 유닛은 새로운 방향으로 실험을 끊임없이 시도해야 하므로 필요한 기능 자체가 계속해서 달라질 수 있다.

따라서 혁신 유닛에는 최소한의 핵심 기능 유닛만을 배치하되 필요할 때 기존 비즈니스 유닛의 기능과 자원을 활용할 수 있도록 권한을 부여해야 한다. 인력, 기술특허, 제조설비, 영업채널 등 다양한 자원에 대해 접근권한을 제공하여, 자원 부족으로 혁신의 시도가 좌절되거나 혁신적 아이디어가 사업화되지 못하고 소모되는 상황이 발생하지 않게끔 조직과 프로세스를 구성할 필요가 있다.

### ③경영진은 어떤 역할을 해야 하는가?

양손잡이 조직구조는 태생적으로 조직 내부에서 갈등을 유발한다. 비즈니스 유닛의 관점에서 볼 때 혁신 유닛은 불확실하고 모호한 목표를 위해 소중한 자원을 소모하는 조직이다. 따라서 혁신 유닛에 대한 지원에 반대하며 가시적이고 단기적 목표 달성에 자원 투입을 집중하고자 하는 경우가 많다.

결국 이러한 갈등을 해소하고 각 조직이 분열되지 않도록 관리하는 것이 고위경영진의 핵심 역할이 된다. 각 전담조직에 명확한 역할과 목표를 부여하고, 전략방향과 혁신의 중요성에 대한 통합된 인식을 구축함으로써 자원배분과 조직 간 지원에서 합의점을 마련해야 한다.

이를 위해 경영진은 첫째, 회사가 추구하는 전략적 비전과 포부를 명확히 해야 한다. 개별 제품이나 서비스에 국한되는 것이 아닌, 조직 전체가 공감하는 비전을 내재화하는 일이 무엇보다 중요하다. 그리고 비즈니스 유닛과 혁신 유닛의 목표가 비전 및 포부와 가시적으로 연결되어야 한다. 강력한 전략적 포부는 구성원들이 혁신을 위협이 아닌 기회로 받아들이도록 도와주며, 비즈니스 유닛이 일방적으로 희생한다거나 혁신 유닛이 고립되고 소외된다는 인식을 방지할 수 있다. 이러한 비전을 구축하는 데에도 역시 최고경영자의 역할이 절대적이다. 예를 들어 아마존의 제프 베조스는 '고객 중심(customer-centric)'이라는 회사의 비전을 확고히 수립하고, 이를 실현하기 위해 자발적 실험과 도전을 용인하는 기업문화를 구축했다.[16]

둘째, 경영진 및 각 조직 리더들의 성과 및 보상체계를 양손잡이 조직에 맞게 조정해야 한다. 혁신 유닛의 경우 아이디어 제안, 신기술 개발, 마일스톤(milestone, 단계별 성공 목표) 달성 여부 등이 주요 성과지표가 되므로 매출, 영업이익, 시장점유율 같은 직접적 성과지표를 달성해야 하는 비즈니스 유닛과 괴리가 생길 수 있다. 이러한 차이가 조직 간 갈등으로 불거지지 않도록 서로의 성과체계를 연동하는 방법을 취할 수 있다. 예를 들어 마이크로소프트는 관리자들의 성과지표 중 일부를 '협업'으로 설정하고 실제 타부서로부터 평가를 받도록 하여 목표와 성과에 보다 통합적으로 접근할 수 있게 했다. 더 나아가, 고위경영진의 성과보상체계도 사업단위의 단기성과에 지나치게 매몰되지 않게끔 설정하는 것이 중요하다.

셋째, 자원의 배분이나 활용과 관련된 거버넌스 체계를 확립해야 한다. 비즈니스 유닛과 혁신 유닛 간 자원의 공유 과정에서 발생할 수 있는 여러 갈등을 사전에 방지하고 해소하기 위해, 절차와 프로세스를 루틴화하고 필요시에는 경영진이 중재하거나 조율하는 체계를 갖추어야 한다.


## 양손잡이 조직의 미래


지금까지 양손잡이 조직의 배경과 주요 개념, 그리고 현실에서 나타난 여러 어려움과 극복 방안에 대해 살펴보았다. 끊임없이 변화하고 혁신하는 기업만이 생존할 수 있는 오늘날의 환경에서, 기존의 핵심역량을 그대로 유지하면서 혁신적 신사업을 창출한다는 양손잡이 조직의 명제는 매우 도전적이지만 분명 매력적인 목표다. 하지만 기술과 환경의 불확실성이 커지는 한편, 단기수익에 대한 시장의 요구가 커지는 현실이 양손잡이 조직의 필요성을 높이는 동시에 현실적 제약 또한 키우고 있다.

미래의 양손잡이 조직은 개별 기업의 경계를 넘어 보다 개방적이고 유연한 형태로 발전해나갈 것으로 예상된다. 기업 내의 자원 활용을 넘어 외부 파트너나 고객의 참여를 통한 실험과 혁신을 추구하는 이른바 '공동 양손잡이(co-ambidexterity)'[17]와 같은 방식이 지속적으로 나타날 것이다. BCG가 양손잡이 조직의 미래 형태로 제시한 이 '공동 양손잡이' 조직은 기업과 고객이 제품에 대해 실시간으로 상호작용하며 혁신 방안을 도출하고 적용하는 모델이다. 완구 제조사 레고(Lego)가 고객이 직접 자기만의 레고 모형을 디자인하고 필요한 블록만 구입할 수 있는 '브릭링크 스튜디오(BrickLink Studio)'를 통해 개인화된 제품을 판매하고, 여기서 디자인된 제품을 상품화한 사례가 대표적이다. 이처럼 양손잡이 조직은 미래 조직운영을 고민하는 이라면 모두가 관심을 가지고 지켜봐야 할 주제이다.

**11**

# 사내벤처,
# 어떻게 양성하고
# 활용할 것인가?

대기업 K사의 인사팀장 B씨는 최근 우수한 젊은 인재들의 잇따른 퇴사로
걱정이 많다. 이들의 퇴직 사유는 다름 아닌 스타트업 창업이나 이직이었다.
이들은 대기업의 관료적 시스템이 자신의 아이디어와 기술을
100% 발휘하는 데 제약이 된다며 더 자유로운 곳에서 과감한 도전을
해보기를 희망했다. 하지만 그들 역시 마음 한편에는 안전하고 체계적인
환경을 갖춘 대기업을 떠나는 것에 대한 부담도 있었다.
인사팀장 B씨는 숙고 끝에 회사 내에서 기존 시스템을 벗어난 도전 기회를
주어 인재 유출을 방지하고 더 과감한 혁신을 창출하는
'사내벤처' 프로그램을 마련하기로 했다.

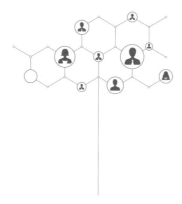

## 네이버와 나이언틱의 시초, 사내벤처

사내벤처(internal corporate venturing)는 1990년대 말부터 기존 조직 내에서 새로운 혁신과 성장을 끌어낼 대안으로 주목받았다. 이른바 '양손잡이 조직'에서 다른 '한 손'의 가능성을 사내벤처에서 찾았다고 볼 수 있다. 경직된 기존 조직의 한계에서 벗어나 새로운 아이디어를 바탕으로 독립적 집단을 구성하고 사업화를 추진하게끔 지원하는 프로그램이 대기업을 중심으로 유행처럼 확산하였다.

삼성SDS 사내벤처로 시작해 국내 굴지의 대기업으로 성장한 네이버나, 구글 사내벤처로 설립되어 증강현실 게임 '포켓몬고'로 전 세계에서 엄청난 열풍을 일으키며 주목받은 나이언틱(Niantic) 같은 성공 사례[18]가 연이어 탄생했고, 이에 기업뿐 아니라 투자기관과 정부에서도 사내벤처에 관심을 가지고 접근했다. 국내 상위 20개 기업집단 중 16개가 다양한 형태의 사내벤처 프로그램을 운영하고 있으며,[19] 정부에서는 '사내벤처 육성 프로그램' 제도화를 통해 사내벤처를 도입하고자 하는 기업들에 대해 예산과 교육을 지원하고 있다. 최근에는 NGO인 월드비전에서도 사내 프로젝트로 시작

한 온라인 플랫폼 '베이크(Vake)'를 사내벤처로 독립시켰다.[20]

　이처럼 업종, 분야, 기업규모와 무관하게 사내벤처가 폭넓은 확산을 보인 데는 사내벤처 프로그램을 통해 기존 산업에서 담아내지 못하던 혁신적 아이디어를 구현한다는 목적뿐 아니라 이러한 기회를 제공함으로써 기존의 조직과 임직원들에게 새로운 긴장과 활력을 불어넣고자 하는 의도도 강하게 작용했다. 매너리즘에서 벗어나 자신만의 아이디어를 제안하고 기획하며 뜻 맞는 동료들을 모아 실행해나가는 과정 자체가 직원들에게 매력적으로 느껴지기 때문이다. 또한 이러한 프로그램의 존재가 외부인에게도 그 기업이 혁신적이고 창의적인 곳이라고 여기게 만든다. 때로는 이러한 '홍보' 목적이 지나치게 작용해 본말전도를 우려할 만큼 사내벤처 프로그램은 기업혁신의 상징처럼 인식되고 있다.

## 사내벤처의 핵심은 '사내기업가정신'과 '사내자원 활용'

　본래 '벤처기업'이란 '창조적 아이디어와 혁신적 기술을 바탕으로 모험적 사업에 도전하는 기업들'을 통칭한다. 그리고 기존 대기업들이 이러한 벤처기업에 투자하며 협력을 추진하거나 자체적으로 벤처기업을 양성하는 활동을 기업벤처링(Corporate Venturing, CV)이라 한다. 2000년대 이후 고도성장을 통해 산업계 자체를 재편하는 벤처기업들이 늘어나며 기업의 CV 활동은 이제 선택이 아닌 필수로 여겨진다.

　CV는 수행 주체나 아이디어의 소스가 조직 내부냐 아니면 외부냐에 따라 2가지로 구분된다. 동일 기업에 속한 하부 조직에서 내부 자원을 활용해 추진하는 경우를 내부 기업 벤처링(Internal Corporate Venturing, ICV), 합작사나 파생 조직과 같이 기업 외부의 별도 조직에서 담당하는 경우를 외부 기업 벤처링(External Corporate Venturing, ECV)으로 구분한다.[21] 우리가 흔히 부르는 사내벤처는 ICV에 속하며, "기업이 기존 사업과 다른 신규사업을 개발하기 위해 기업가정신을 가진 사내기업가를 중심으로 사내 자원을 활용하여 추진하는 혁신 활동"[22]으로 정의할 수 있다.

이 정의에서 특히 눈여겨보아야 할 부분은 '기업가정신을 가진 사내기업가'라는 문구이다. 피터 드러커(Peter Drucker)는 기업가정신 (entrepreneurship)을 "위험을 무릅쓰고 포착한 기회를 사업화하려는 모험과 도전의 정신"[23]이라고 정의했다. 이러한 태도는 주로 독립 창업자나 경영자들에게 많이 요구되지만, 기존 조직 내에서 개인이나 소집단이 새로운 사업을 창출하거나 혁신적 변화를 끌어낼 때도 필요하다.

사내벤처는 결과물을 낼 수 있는 사업만이 아니라, 조직구성원들에게 이러한 '사내기업가정신(corporate entrepreneurship)' 자체를 고취함으로써 조직 전체의 혁신을 추진하기 위한 활동이라 볼 수 있다. 현재의 사업과 조직의 틀을 깨며 혁신적 아이디어를 제안하고 실현하는 기회를 가짐으로써 조직 전반의 혁신역량을 강화하고 기존 경쟁력을 넘어 더 큰 가치를 창출하면서 기업의 영역을 획기적으로 확대할 수 있게 된다.

사내벤처에 대한 위의 정의에서 주목해야 할 또 하나의 중요한 특성은 바로 '사내자원을 활용하여'라는 부분이다. 이는 사내벤처를 구성하는 인적·지적·물적 자원이 기본적으로 모(母)기업에 속한다는 의미이다. 기업 외부에 별도로 구성되는 ECV의 경우에도 모기업의 자본이 투자되고 인력이 파견되는 경우가 있지만, 엄연히 독립된 조직체로 운영되는 형태이므로

ICV와는 분명한 차이가 있다. 이러한 '내부조직'만의 특성은 사내벤처가 성장하는 데 가장 큰 자양분이면서 때로는 결정적 걸림돌이 되기도 한다. 사내벤처의 최대 숙제인 독립분사(spin-off)와 사내사업화(spin-in)의 딜레마도 바로 이 본질적 특성에서 기인한다.

　그렇다면 이 같은 특성을 잘 고려하여 기업이 CV를 추진할 때 어떤 방법을 선택하는 것이 바람직할지 검토할 필요가 있다. 사실 사내벤처는 M&A, 조인트벤처, CVC(Corporate Venture Capital) 등 다양한 CV 활동 중의 한 옵션일 뿐이며, 운영과 관리에서 상당히 부담이 큰 방법이다. 중소기업벤처부의 조사[24]에서도 국내 대기업 대다수는 내부조직을 대상으로 하는 ICV보다 외부로부터 새로운 비즈니스를 창출하는 ECV나 CVC를 선호하는 것으로 나타난 바 있다. 따라서 기존의 사업현황, 전략방향, 활용 가능한 자원 수준, 조직의 구조와 문화 등을 세심하게 고려하여 사내벤처 추진이 기업가정신 고취와 혁신역량 제고라는 목적 달성에 적합한지 신중히 판단해야 한다.

　이 11장에서는 사내벤처가 소기의 목적을 달성하려면 어떤 요건이 갖춰져야 하는지 살펴본다. 사내벤처 제도를 운용해온 주요 기업들의 대표적 사례와 학계 연구를 통해 제시된 사내벤처의 성공 요인을 정리해볼 것이다. 이때 개별 사내벤처들의 성공 사례도 중요하지만, 사내벤처 프로그램의 기획과 운영 측면에서 고려해야 할 요인들을 찾는 것이 더 근본적인 접근이 될 것이다. 즉, 어떤 기업에 사내벤처 양성이 필요한지, 사내벤처 프로젝트를 기획하고 선발하고 양성하여 종료시키는 프로세스는 구체적으로 어떻게 운영해야 하는지, 사내벤처에 참가하는 직원들에게 어떻게 동기부여를 할지, 종료 시점에서 스핀오프(spin-off, 독립분사)와 스핀인(spin-in, 사내사업화) 중 어느 방법을 택하면 더 좋을지 등의 주제를 다룬다.

# 사내벤처가 성공하기 위한 고려사항들

사내벤처 운영이 성공을 거두려면 조직에서는 어떤 점을 주의 깊게 고려해야 하는가? 각 기업이 속한 산업이나 환경이 다르므로 하나의 정답을 제시하기는 어렵다. 하지만 사내벤처에 관한 학계의 연구결과, 그리고 구글과 삼성전자 등의 사례를 통해 몇 가지 시사점을 얻을 수 있다. 이는 크게 6가지로 접근해볼 수 있는데, ①조직의 분리/통합, ②자율성과 재량권, ③경영진의 지원, ④평가 시스템, ⑤보상, ⑥인적자본 등이다.[25]

### ①조직의 분리/통합(separation vs. integration)

사내벤처는 조직에 속해 있으면서 별도의 조직처럼 기능해야 한다는 모순적 속성을 태생적으로 가지고 있다. 따라서 이러한 '분리'와 '통합'의 줄다리기 속에서 사내벤처가 효과적으로 기능할 수 있는 최적의 지점이 어디인지가 관건이다.

사내벤처를 기존 사업부 내에 위치시키는 경우에는 사업부의 목표 체계, 전략적 방향성, 업무환경, 계층구조, 시스템과 프로세스 등이 불확실성이 높은 벤처의 특성과 맞지 않아 부정적 영향을 끼칠 수 있다. 이러한 이유로 사내벤처는 기존의 메인 사업부와 분리된 별도 조직으로 구성하는 것이 혁신성과 창출에 긍정적이라는 의견이 지배적이며, 실증 연구결과도 이러한 주장을 뒷받침하고 있다.[26]

그러나 구조적 분리가 항상 정답은 아니며 기업의 규모나 통합적 전략 및 관리 체계의 수준, 사내벤처의 성숙도와 성장 단계, 기업문화 등이 종합적으로 고려되어야 한다. 구조적 분리는 관리의 복잡성과 조직 간 장벽을 높이는 것이 불가피하기 때문에 별도 조직으로 분리된 사내벤처는 사내자원 활용이나 전략적 연계에서 배제되어 고사할 우려도 그만큼 커진다.

구조적 분리의 대표 사례로는 삼성전자의 'C-Lab'과 구글의 'Area 120'을 들 수 있다. 이들은 사내벤처를 총괄하는 별도 조직을 설립하고 참여자들을 해당 조직 소속으로 배치하였다. C-Lab을 주관하는 삼성전자의 창의개발센터는 별도 공간(서울대학교 내에 위치한 삼성 R&D 캠퍼스)을 갖고 있어, C-Lab 프로그램에 참여하는 직원들은 모두 1년간 창의개발센터 소속으로 이곳에서 일한다.[27] 이처럼 조직을 물리적, 행정적으로 완전히 분리함으로써 기존 사업의 시각에서 확실히 벗어나 기업가정신을 발휘할 수 있도록 유도한다. 한편 사업기획 및 기술개발 과정에서 나타날 수 있는 소규모 조직의 한계를 극복하기 위해 사내 전문가의 멘토링 및 사업부와의 협업 기회를 제공하기도 한다.

구글의 Area 120에 참여하는 프로젝트팀 역시 샌프란시스코, 팰로앨토, 뉴욕 등 세 곳에 마련된 전용 공간에서 하나의 스타트업처럼 각각의 사무실을 꾸리고 운영되며, Area 120 전담 운영팀이 이들을 지원한다.[28] 각 프로젝트 팀원들은 프로젝트에 100% 풀타임으로 참여하고, 각 팀의 리더가 CEO라 불리는 등 완전히 독립된 기업처럼 운영되지만, 구글의 모든 자원을 활용할 권한을 갖는다. 회사 내 서비스, 상품 전문가와의 협업이나 상품 기획 및 개발에 필요한 정보와 자원을 구글 본사와 동일하게 받을 수 있다.

그런데 이와 유사한 형태의 사내벤처라 할지라도 마이크로소프트의 '개라지(Garage)'는 매우 다른 접근법을 취한다. 개라지 역시 마이크로소프트의 여러 캠퍼스에 별도 공간과 운영 조직을 갖추고 있지만, 각 프로젝트에 참여하는 멤버들은 풀타임이 아니라 파트타임으로 일한다. 각자가 원 소속 부서에서 직무를 수행하는 동시에 일정을 조율해 별도로 참여하는 방식이기에 그렇다.[29] 독립된 물리적·행정적 조직이 부여되지 않으며 정해진 기간이나 일정도 존재하지 않는다. 개라지는 '자율성'을 최우선 가치로 두며 시간, 공간, 참여자격 등의 제약을 최소화하는 것이 자유로운 아이디어 발산을 위한 환경이라 보고 이러한 접근을 취하고 있다.

### ②자율성과 재량권(autonomy and discretion)

두 번째 중요한 고려사항은 사내벤처 운영에 대한 자율성과 재량권을 부여하는 것이다. 즉, 사내벤처에 참가하는 구성원들이 과도한 감독이나 절차에 얽매이지 않고 자신들의 조직에 대한 의사결정을 스스로 할 수 있도록 권한을 부여하는 게 혁신성과에 큰 영향을 미칠 수 있다. 구체적으로는 재무적 자율성, 즉 사내벤처가 별도의 예산을 보유하는 것과 자본투자에 대한 의사결정권을 가지는 것이 사내벤처의 성과에 긍정적 영향을 미치는 것으로 보고되고 있다.[30]

그렇지만 사내벤처 운영상의 자율성 문제에 관해서는 연구결과가 다소 엇갈리는데, 일정 수준의 자율성은 전략적 성과 창출에 도움이 되지만 과도한 경우에는 부정적 영향이 나타나기도 한다는 것이다.[31] 이는 일반적 벤처기업과 달리 사내벤처는 기존 조직 내에 소속된 상태에서 운영되는 것이므로 상대적으로 위기의식이 덜해 방만해질 위험성이 있는데 과도한 자율성 부여가 이런 취약성을 심화하여 성과를 저해한다고 해석하는 관점이다.

사내벤처의 재량권을 어느 정도 수준으로 제공할지 결정하는 것은 사내벤처 운영에서 상당히 어려운 부분이다. 과도한 통제는 혁신의 싹을 잘라버릴 수 있고, 반면 지나치게 방만한 운영은 도덕적 해이를 낳아 사내 다른 조직의 불만을 키울 수 있기 때문이다.

그렇다면 실제 조직에서 이 문제는 어떤 방식으로 적용되었을까? 구글의 Area 120은 스타트업과 액셀러레이터와의 관계를 연상시킬 만큼 매우 높은 자율성을 보장한다.[32] 사내벤처의 대표들이 예산 수립과 집행 권한을 가지며 소속 팀원들에 대한 평가권도 보유한다. 예산이나 인력 규모에 대한 명시적 제한은 없으며, 이는 Area 120의 운영자를 얼마나 잘 설득하느냐에 달려 있다. 마치 벤처캐피털로 투자를 유치하는 스타트업 CEO처럼 Area 120의 전체 예산을 관리하는 운영자에게 해당 프로젝트를 어필하여 예산 배분을 이끌어내야 하는 것이다. 그렇기 때문에 사업 아이템의 진척도가 떨어지거나 방만한 운영을 하는 사내벤처는 예산 경쟁에서 뒤처지게 된다.

구글의 사내벤처는 허용된 예산과 인력 규모 안에서 구글 내부 잡 포스팅을 통해 인력을 확보할 수 있고, 내부 인력 충원이 어려울 경우에만 제한적으로(통상 5명까지 허용) 외부 채용이 가능하다.[33] 어찌 보면 이 점은 '사내벤처'의 속성을 다소 벗어나는 특징일 수 있는데, 이렇게 채용된 인력은 구글 직원과 동일한 프로세스를 거치게 되고 프로젝트 종료 후에는 구글 내 다른 팀으로 이동도 가능하다. 이처럼 높은 자율성을 보장받지만, 기술, 특허와 같이 구글 내의 핵심자원들을 이용함에 있어서는 Area 120 운영자나 현업 부서와의 협의 단계를 거치도록 하여 사내자원의 무분별한 유출을 방지했다.[34]

삼성전자의 C-Lab 또한 홀라크라시(Holacracy)*를 핵심가치로 삼아 사내 벤처들의 자율적 운영을 강조한다.[35] 삼성전자의 수직적이고 체계적인 조직운영과는 상반되게, 각 사내벤처에 조직구성 및 예산 실행 등의 권한을 부여한 것이다. 각 사내벤처들은 사내 직원을 대상으로 '탤런트 오디션'을 열어 자체적으로 인력을 선발하며, 내부 충원이 어려운 경우 계약직 형태로 외부에서 채용할 권한도 가진다. 또한 사내벤처들이 기존의 관리 프로세스와 행정 업무에 매몰되지 않고 본연의 업무에 집중할 수 있도록 일정 규모 내에서의 예산 배분 및 집행 절차를 자율로 일임했다.

그뿐 아니라, 각 사내벤처는 1년 동안 과제 착수보고, 중간보고, 결과보고 등 세 차례의 보고만 하면 되고, 예산 관련 결재 프로세스도 컴플라이언스를 위한 최소한의 수준으로 간소화했다. 이러한 조치는 인사나 재무 부서에서 인력·예산 등을 꼼꼼히 관리하는 국내 대기업의 특성상 매우 이례적인 일이다. 이 외에도 출퇴근 시간이나 근무 장소 등을 매우 유연하게 운영하여 직원들에게 최대한의 자율성을 보장하고자 했다.

### ③경영진의 지원(top management support)

기업의 최고경영진이 직원들이 '사내기업가정신'을 잘 발현할 수 있도록 지원하는 것은 사내벤처가 성공하는 데 매우 중요한 요건이다. 혁신적 아이디어 제안을 장려하고 위험을 감수하는 프로젝트를 후원하는 등 경영진의 직접적 지원은 사내벤처가 혁신성과를 창출하여 성공을 거두는 데 직결되는 요인으로 알려져 있다.[36] 하지만 최고경영진의 관심과 지원이 반드

---

* 조직의 위계질서를 최소화하고 모든 구성원이 동등한 위치에서 업무를 수행하도록 하는 제도.

시 사내벤처에 도움이 되는 것만은 아니다. 사내벤처에 대한 높은 관심이 주로 단기성과 달성 여부에 치우칠 경우, 혁신성과에 오히려 부정적 영향을 끼칠 수 있다.[37]

따라서 사내벤처에 대한 전사적 지원 수준은 단순히 경영진의 관심 정도에 머물지 않고 전사적 시스템과 단계별 중간관리자들의 역할까지 고려하여 관리되어야 한다. 예를 들어, 기업가정신 연구 전문가 도널드 쿠래트코(Donald Kuratko)가 제안한 사내기업가정신 수준의 측정 척도인 CEAI(The Corporate Entrepreneurship Assessment Instrument)는 전사적 지원 수준을 파악하고 진단하기 위해 다음 항목을 포함하고 있다.

- 직원들이 제안하는 새로운 방식을 조직이 잘 수용하는가?
- 최고경영진은 혁신 프로세스를 충분히 이해할 정도의 전문성을 보유했는가?
- 관리자들이 혁신적 아이디어를 위해 규칙과 프로세스를 유연하게 적용하는가?
- 위험을 감수하는 직원들에게 재정적·조직적 지원이 제공되는가?

사내벤처를 성공적으로 운영한 기업들의 실제 사례 역시 전사적 지원의 중요성을 잘 보여준다. 우선, 삼성전자는 C-Lab을 혁신과 아이디어 창출의 핵심으로 인식하여 적극 지원하고 있다. 세계 최대의 IT산업 전시회인 CES에서 삼성전자는 2018년부터 C-Lab 전시관을 별도로 마련하여 C-Lab에서 양성 중인 사내벤처뿐 아니라 사업화에 성공해 스핀오프한 기업들의 성과도 함께 홍보하고 있다.[38] 이를 통해 C-Lab의 혁신 사례들이

전 세계적으로 주목받고 또 'CES 최고 혁신상'을 여러 차례 수상하는 등 프로그램의 위상이 높아지는 데 크게 기여했다. 또한 전 직원이 사용하는 지식 공유 포털 '모자이크(MOSAIC)'를 통해 C-Lab의 우수 사례를 공유하고 홍보함으로써 우수한 인재들이 계속해서 관심을 갖고 참여하도록 하고 있다.[39]

마이크로소프트의 사내벤처 '개라지' 역시 CEO 사티아 나델라의 전폭적 지원을 받으며 급성장한 경우다.[40] 직원 개개인의 자율적 참여와 몰입을 바탕으로 하는 개라지는 나델라가 경영의 핵심철학으로 강조한 성장 마인드셋(growth mindset)을 가장 잘 보여주는 조직이었다. 나델라는 개라지 해커톤(hackathon)*을 전사적 이벤트로 확대하는 등 지원을 아끼지 않았으며, 시애틀 레드먼드에서 처음 시작된 개라지를 캐나다, 인도, 이스라엘 등 7개 지역으로 확대하여 세계 각지의 마이크로소프트 직원들이 더 많이 참여할 수 있게 했다. 최고경영진의 확고한 지지를 바탕으로 개라지에 대한 긍정적 인식이 높아지면서 본업이 있는 직원들이 부담 없이 참여할 수 있는 토양이 구축되었다.

### ④평가체계(evaluation system)

사내벤처의 성과를 판단하는 기준은 무엇일까? 이는 특히 '공모' 형태로 사내벤처 프로그램을 운영하는 기업들에서 매우 중요한 문제다. 사내벤처에 선정되는 아이템과 팀을 선별하는 단계부터, 이들이 기간 내에 얼마나

---

\* 해킹(hacking)과 마라톤(marathon)을 합성어로, 제한된 시간 동안 팀을 이뤄 애플리케이션을 개발하거나 문제해결을 위한 창의적 솔루션을 도출하는 대회.

성과물을 도출했는지, 그리고 그 결과로 프로젝트를 어떻게 종결할지 판단하기까지 일관된 기준이 필요하기 때문이다. 평가체계가 모호하거나 들쭉날쭉할 경우 사내벤처에 대한 투자 확대나 조기 퇴출 같은 의사결정을 할 때 정확한 판단을 내리기가 어려워지고, 이는 결국 자원 낭비와 조직 간 갈등 같은 부작용으로 이어진다.[41]

사내벤처가 초기부터 수익을 내기란 사실상 불가능하므로 전통적인 재무 성과에 기초한 평가체계는 유효하지 않다. 그래서 이에 대한 대안으로 혁신성과나 사업모델의 발전 단계에 따른 마일스톤 평가체계가 주로 활용되며, 지식 창출이나 학습과 같은 무형적 지표도 중요하게 활용된다.[42]

평가지표의 설정만큼 중요한 것이 평가자, 즉 누가 평가할지 결정하는 것이다. 기업의 최고경영진, 각 사업부의 관리자, 혁신 전담조직 책임자, 본사 스태프 부서 등 다양한 계층이 평가에 참여할 수 있다. 주의할 점은 각 평가주체가 기존 사업에서 활용해온 익숙한 평가 기준을 우선시하며 사내벤처의 성과를 판단하는 '관리자의 근시안(managerial myopia)'에 빠지지 않도록 해야 한다는 것이다.

구글의 Area 120은 정해진 지원 및 선발 기간 없이 상시 오픈 방식으로 운영한다. 제안된 아이디어에 대해서는 '구글의 본 사업과 연계되는지', 'Gmail, Maps와 같은 구글의 대표 서비스로 성장 가능성이 있는지' 등을 대원칙으로 삼아 심사하며, 특히 기존의 구글 서비스에 추가(add-on)될 수 있는 아이디어인 경우 높은 점수를 부여한다.[43]

프로젝트가 런칭되고 6개월 뒤 지속 진행 여부를 판단하고자 이른바 'Go vs. No-Go test'를 진행하는데, 약 50%의 프로젝트는 이 단계에서 종료되고 통과한 프로젝트만 자본 투자와 인센티브 계획 등이 구체화되는 '피봇팅' 단계로 넘어간다.[44] Go vs. No-Go test에는 프로젝트의 CEO, Area 120 운영자, 구글 사내사업개발(corporate development) 전문가가 함께 참여해 '외부 스타트업이라면 이 회사에 투자하겠는가?'를 기준으로 엄격한 평가를 실시한다. 피봇팅이 성공한 뒤에도 이 같은 6개월 단위 평가는 지속되며, 엄격한 평가절차를 통해 생존경쟁을 거친 사내벤처만이 계속해서 지원을 받을 수 있다.

그런데 2023년 구글이 Area 120의 프로젝트 대다수를 중단했다는 소식이 전해진 바 있다.[45] 이는 코로나 팬데믹 종료 이후 대대적 인력 축소 영향도 있지만, 챗GPT 출시로 IT 업계의 주된 흐름이 AI 중심으로 급격하게 변화함에 따라 기존에 사내벤처들이 다루고 있던 아이템들이 사업성을 잃고 퇴색했기 때문으로 해석할 수 있다. 실제로 구글은 이후 신규사업 아이템에 대해 AI 중심의 '선택과 집중'을 주문하며 전열을 가다듬고 있다.

### ⑤보상(rewards)

사내벤처에 참가하는 직원들에게 주어지는 보상은 자주 논쟁의 대상이 된다. 일각에서는 본래 맡고 있던 조직과 업무를 떠나 사내벤처를 맡는다면 그것은 개인의 경력이나 안전성을 포기하는 일이므로, 그러한 포기를 상충할 만한 금전적 인센티브가 주어져야 한다고 주장한다. 실제로 한 실험 연구를 통해서도, 직원들은 사내벤처 참여 여부를 결정할 때 성공 시 얻을 수 있는 인센티브의 수준과 직접적 경력 단절이 가져올 처우 하락의 트레이드오프(trade off)를 가장 먼저 따져보는 것으로 나타났다.[46] 또한 실제로 인센티브나 주식 연계 보상 등이 높은 수준으로 제공될 때 사내벤처의 성과도 높다.

그러나 당장 직접적 수익을 낼 수 없는 사내벤처에 높은 보상을 제공하는 것을 부정적으로 보는 시각도 많다. 특히 기존의 주류 사업부 구성원들은 자신들이 내는 수익으로 성과도 불분명한 사내벤처가 높은 보상을 받는 데 불만을 품을 수 있으며, 그런 이유로 지원이 중단되거나 방해받기도 한다.[47] 따라서 사내벤처의 성과평가체계가 모호한 경우 조직 내의 갈등 상황이 더 악화될 수 있다는 점에 유의해야 한다.

결국 사내벤처에 대한 보상은 참가자들의 위험 감수를 보상해줄 만큼의 안전장치를 충분히 마련하되 양성 과정에서 무분별한 '퍼주기'가 되지 않도록 정교한 평가체계에 따라 제공될 필요가 있다. 물론 사내벤처는 단기성과가 아닌 미래의 혁신적 가치 창출을 목표로 하는 것이므로 그 목표 달성에 성공한 사내벤처 구성원들에게는 파격적 수준의 보상을 제공하여 적극적 참여를 유도해야 한다. 금전적 보상 외에도, 사내벤처에 참가하는 것이 업무를 벗어나 쉬는 것이 아니라 높은 리스크를 품은 도전임을 인정하며 존중해줌으로써 자부심을 느끼게 하는 것도 필요하다.

이런 견지에서 구글은 Area 120에 참여하는 직원들에 대해 Area 120 전체의 성과를 기반으로 성과급을 지급했다.[48] 구글 사업부문의 경우 사업부, 팀, 개인의 성과 달성도에 따라 각기 다른 성과급을 지급받는 것과 비교하면 상대적으로 안정적인 성과급을 보장받는 편이라 하겠다. 물론 전 직원 대상 복지제도나 혜택은 모두 동일하게 적용받았다. 경쟁이 매우 치열한 실리콘밸리 기업 환경에서 사내벤처 참여가 개인에게 손해가 되지 않도록 고려한 것이었다.

삼성전자 역시 C-Lab에 참여하는 직원들이 도전을 감행한 것에 따른 불이익을 겪지 않도록 전 구성원에게 평균 등급 이상의 인사고과를 보장해주

고,[49] 과제 평가와 사업부 이관 결과 등에 따라 파격적 인센티브를 지급하고 있다.[50]

반면에 마이크로소프트의 개라지는 금전적 보상을 제공하지 않는데, 이는 개라지 운영 자체가 직원이 자신의 본업을 수행하는 동시에 자기 성장을 위한 자율적 참여에 중점을 두고 있기 때문이다.[51] 즉, 직원들이 각자의 아이디어를 실현할 기회를 제공하고 회사 내 다양한 분야의 최고 전문가들과 협업할 수 있는 장을 마련해주는 것으로 내재적 동기를 끌어내고 있는 것이다. 이런 까닭에 공식적 선발 절차라든지 평가체계가 운영되지는 않지만, 프로젝트 진행 중 사업화와 관련해 현업 부서와 소통이 필요한 경우에는 별도의 피치(pitch)* 기회를 제공한다.

## ⑥인적자본(human capital)

마지막으로 살펴볼 고려사항은 바로 사내벤처에 참가하는 사람, 즉 '사내기업가'들의 역량이다. 사내벤처는 물질적 자원이나 설비가 아닌, 사람이 가진 혁신적 아이디어를 실현시킴으로써 성과를 창출한다. 또한 대규모 조직이 아닌 소규모 팀으로 활동하므로 구성원 각각이 보유한 역량이 기존 사업조직에 비해 훨씬 중요하게 작용한다. 따라서 사내벤처를 이끄는 리더는 물론이고 개별 구성원을 모집하고 선발할 때도 대단히 신중한 접근이 필요하다.

사내벤처 리더의 특성을 다룬 다양한 연구결과에 따르면 회계나 재무, 인력 관리와 같은 경영 스킬(managerial skills), 벤처 사업에 대한 심층 지식

---

* 아이디어나 비즈니스 모델을 설명하여 투자자를 설득하는 것.

을 보유하고 있거나 높은 학습 능력을 갖춘 사내벤처 리더가 더 높은 성과를 내는 것으로 나타났다. 반면, 기술이나 연구 분야에 지나치게 치우친 리더의 경우에 실패 가능성이 더 컸다. 일례로, 삼성전자 C-Lab은 신기술에 중점을 둔 아이디어가 중심이 되는 만큼 엔지니어들이 주축이 되어 사내벤처를 구성하는 경우가 많다. 이들은 해당 기술 분야에서는 높은 전문성을 가지고 있지만 '사업' 관점에서 산업 환경을 이해하고 경영에 필요한 관리 역량을 발휘하는 데는 한계를 보인다. 이를 보완하기 위해 삼성전자는 C-Lab 프로젝트들에 대해 사내 R&D, 사업개발, 마케팅, 투자 등 다양한 분야의 전문가를 통한 멘토링을 제공하고 다면적 검증 절차를 운영함으로써 사업의 완성도를 보다 높일 수 있도록 지원하고 있다.[52]

또한 벤처 창업이나 기업벤처링 활동에 대한 기존 경험의 보유 여부는 성공 여부에 특별한 영향을 미치지 못해, 벤처 관련 경험자라고 반드시 높은 성과를 내는 것은 아니라는 점도 확인되었다.[53] 한편 상대적으로 고위 관리직에 있던 리더가 이끄는 사내벤처가 하위직 출신 리더가 이끄는 사내벤처보다 성과가 저조했다는 연구결과도 제시된 바 있다. 기존 시스템을 벗어나 유연한 학습과 대응이 필요한 사내벤처의 특성상 고위 관리직 출신은 오히려 부적절할 수 있음을 시사하는 대목이다.


## 사내벤처의 진화: 스핀오프, 스핀인, 스핀얼롱


사내벤처가 외부 벤처기업과 가장 구분되는 특징은 바로 '끝'이 있다는 점이다. 기업마다 세부적 방식은 다르지만, 일반적으로 사내벤처들은 몇 년간의 양성과 검증 과정을 거친 뒤 그간의 성과를 판단해 다음 3가지 길로 나뉜다. ①완전히 독립된 기업으로 분리해서 나가는 독립분사 스핀오프(spin-off), ②사내 사업조직으로 흡수되어 사업 아이템을 지속 추진하는 사내사업화 스핀인(spin-in), ③분사와 사내 사업화가 결합된 스핀얼롱(spin-along)이 그것이다. 이 3가지 모델을 각각 살펴보자.

### ①독립분사, 스핀오프

스핀오프는 비단 사내벤처뿐 아니라 일반 사업조직을 별도로 분리할 때도 널리 쓰이는 방법이다. 사업의 리스크 관리나 전략 집중, 가치 조정, 투자 확보 등을 위해 주로 활용되며, 사내벤처를 독립분사하는 것도 기본적으로 같은 목적을 가진다. 사내벤처가 독립된 기업으로서 충분히 성장 가능한 사업성을 확보하고 있고 사업의 집중도 제고와 투자 확보 등을 위해 모기업으로부터 분리하는 것이 더 유리하다고 판단되는 상황일 때 스핀오프가 이루어진다. 스핀오프를 하더라도 모기업은 일정 기간 지분 투자나 사업제휴 같은 방법으로 경영에 참여하는 것이 일반적이다. 이는 신생기업의 생존을 담보하는 것과 더불어, 모기업과의 시너지를 통해 사내벤처 양성에 투입된 자원을 회수하고자 하는 목적도 있다.

스핀오프는 사내기업가정신이 실제 기업 창업으로 이어진다는 점에서 가장 이상적인 모습일 수 있지만 독립한 이후 지속적 성공을 이어나가기는 대단히 어려운 것이 현실이다. 벤처 자체가 높은 위험과 불확실성이 동반되는 사업이고, 기존 대기업의 울타리 내에서 가질 수 있었던 자원과 시스템이 사라지는 데 따른 충격도 작지는 않다. 또한 대기업과 벤처기업에 요구되는 '사람'의 특성이 완전히 다르기 때문에, 대기업에서 성장한 직원들로 구성된 사내벤처가 이런 환경과 특성에 적응하려면 어려움을 겪을 수밖에 없다. 이 때문에 사내벤처 구성원들에게도 스핀오프는 상당히 부담스러운 선택이며, 일종의 안전장치로서 스핀오프 후 몇 년 이내 '재입사 기회'를 부여한 회사들도 있다. 삼성전자는 C-Lab을 통한 스핀오프 후 5년 이내에는 경력을 인정받고 재입사가 가능하도록 하는 파격적 조치를 통해 직원들이 과감하게 스핀오프에 도전해볼 수 있도록 했다.[54]

물론 스핀오프 이후 꾸준히 성과를 내는 사내벤처들이 적지 않은데, 이런 회사들은 충분한 사업성 검증 과정을 거쳐 아이템을 선별하고 제품 개발이나 판매망 구축, 홍보, 프로모션 등에서 모기업 사업부와의 협업을 적극 활용하는 경우가 많다. 또한 법무나 회계같이 독립 기업으로 운영하는 데 요구되는 최소한의 관리 기능을 모기업을 통해 지원 및 컨설팅을 받는 등의 과정을 거쳐 조기 안정화를 도모하기도 한다. 요컨대 스핀오프는 '양보다 질'의 관점에서 접근해야 하며, 무분별한 스핀오프는 사내벤처나 모기업 모두에 득이 되지 않으므로 지양해야 한다.

구글의 Area 120[55]과 마이크로소프트의 개라지[56]는 기본적으로 사내 사업화만을 추진하며, 공식적으로는 스핀오프 지원을 하지 않는다. 삼성전자의 C-Lab은 1년간의 과제 기간이 종료되면 과제 성과물과 기존 사업 간 연계 가능성을 검토하여 향후 활용 방안을 결정하는 심의위원회를 개최한다. 이 자리에는 주요 사업부나 연구소의 개발 최고책임자들이 참석하며, 이들이 심도 있는 검증 작업을 하여 스핀오프, 사업부 이관, 과제 종료 판정을 내린다. 스핀오프로 선정된 과제들에는 비즈니스 모델을 구체화할 수 있는 경영자문을 제공하고 재무, 회계, 조직관리 등에 대한 실무지식 교육도 제공한다.[57] 또한 초기 사업자금으로 5억~10억 원을 지급하고,[58] 사내

임직원 복지몰 등에 판매 루트를 제공하는 등 자생력을 갖추기 전까지의 생존을 지원하고 있다.[59]

### ② 사내사업화, 스핀인

사내벤처 아이디어와 사업모델이 모기업 내의 신규사업 추진에 적합하다고 판단되면 당연히 스핀오프를 통한 외부 분사보다는 자체 사업팀으로 구성하는 스핀인이 합리적이다. 그렇게 하면 독립기업으로 분리하는 데 소모되는 자원과 시간을 절약할 수 있고 기존 사업과의 시너지가 생길 수 있기 때문이다. 사내벤처 구성원들 입장에서도 계속해서 신분이 보장되므로 불안감 없이 일에 집중할 수 있다. 사내벤처 조직과 구성원이 다시 모기업 내로 들어오면서 기존 조직에 혁신적 기업가정신을 전파하고 변화를 유도하는 효과도 기대할 수 있다.

그렇지만 스핀인 역시 성공으로 가기 위해서는 넘어야 할 산이 많다. 독립조직으로서 간섭받지 않고 일하고 결과에 대한 압박에서 상대적으로 자유롭던 사내벤처 환경과, 사업부 내 산하조직 환경은 전혀 다르기 때문이다. 당장 성과를 내지 못하면 조직 간 경쟁에서 밀려나게 되고, 사내벤처로 있는 동안 받아온 나름의 '우대'에 대한 기존 조직들의 견제도 만만치 않을 터이다. 심리적 제약과 압박을 받으면 구성원들이 이전처럼 혁신적으로 일하기 어렵다. 이런 상황이 몇 년 지속되면 결국 조직은 해체되고 구성원들도 뿔뿔이 흩어진다.

이 같은 결말은 모두에게 손해다. 회사는 막대한 시간과 자원을 낭비한 셈이 되고, 사내벤처에 참가한 직원들도 본인 경력에 마이너스를 남기는 것이기 때문이다. 이 과정을 지켜보는 다른 직원들에게 끼치는 영향도 부정적

이어서 자칫 그들까지 도전과 혁신의 동기를 잃게 되고, 조직의 기업가정신이 퇴색될 수 있다.

이런 상황을 방지하려면 스핀인 기준을 엄격히 정해놓을 필요가 있다. 기존 사업과의 연계성을 확보하고 단기·중장기 성과지표를 차별적으로 설계하여 과도한 성과 압박에서 벗어나 연착륙이 가능하도록 지원해야 한다. 사내벤처가 조직 내에서 고립되지 않도록 인적 구성에 변화를 주고 혁신 경험이 조직 내에 원활히 전파될 수 있도록 하는 것 또한 필수적이다.

만약 이 같은 조건을 맞추기 어려운 상황이라면 스핀인을 과감히 포기하고 사내벤처 또한 종료해야 한다. 이 경우 비록 사내벤처가 사업화에는 성공하지 못했다 하더라도 '실패를 통한 학습'이라는 공감대를 끌어내는 계기로 삼는 것이 중요하다. 혁신이란 자고로 무수한 실패를 동반하기 마련이다. 만약 실패가 낙인으로 남는다면 누구도 사내벤처 같은 위험한 일에 도전하지 않을 것이기에 사내벤처에서 복귀하는 직원들을 인정하고 격려해주는 한편, 이들이 개발한 산출물과 실패의 과정을 복기하여 기업의 자산으로 축적하는 과정을 정례화해야 한다.

### ③양손잡이 전략, 스핀얼롱

사내벤처를 육성하여 스핀오프로 분사시켰다가 일정 수준으로 성장했을 때 M&A를 통해 모회사로 흡수하는 방식인 '스핀얼롱'[60]이 양손잡이 전략의 기업 벤처링 기법으로 새롭게 주목받고 있다. 유럽 최대의 통신회사 도이체텔레콤(Deutsche Telekom AG, DT)[61]이 대표적 사례다. 스핀얼롱은 스핀오프와 M&A를 통해 기존 사업영역을 넘어 급진적 혁신역량을 확보하는 데 유효한 전략으로 평가받고 있다.

DT의 R&D 조직이자 기업 벤처링을 총괄하는 'T-Labs'에서는 스핀얼롱의 목표를 '기존 사업과의 영향이나 시너지를 고려하지 않고, 고객과 시장의 니즈에 집중하여 급진적 혁신을 추진하는 것'으로 잡고 있다. 즉, 기존 사업이나 상품 포트폴리오의 기준을 충족하지 못하거나, 심지어 현재의 비즈니스 모델에는 단기적으로 마이너스가 될 수도 있지만 충분한 혁신과 성장의 가능성을 지닌 아이템들을 발굴하고자 하는 것이다. T-Labs에서는 이러한 아이템을 갖춘 사내벤처들을 육성하여 스핀오프를 통해 독립 기업체로 분사했다. 이때 DT의 기업벤처캐피털(CVC)인 'T-Venture'가 분사 기업에 지분을 투자해 DT는 지배주주로서 위치를 확보했다.

이렇게 분사된 기업들은 DT의 기존 틀에 얽매이지 않는 급진적 혁신 시도와 외부와의 협력에서 더 자유로워질 수 있다. 그런 한편, T-Venture를 통해 일정 부분 투자를 지원받기에 여타의 일반적 스타트업에 비해서는 안정적 운영이 가능하다. 향후 스핀오프 기업의 혁신성과가 가시화되고, 사업환경의 변화로 모기업의 비즈니스 모델이 변화를 맞게 되면 스핀오프 기업에 대한 M&A와 사내사업화가 검토된다.

DT는 이러한 스핀얼롱 전략을 통해 3가지 효과를 거둘 수 있었다. 첫째, '혁신을 외부화'함으로써 혁신의 성과는 배가하고 리스크는 감소시킬 수 있었다. 즉, 사내에서 수용하기 어려운 급진적 아이디어를 외부에서 육성하여 재흡수함으로써 변화의 기회를 놓치지 않으면서 내부 갈등도 최소화하는 일거양득의 효과를 얻은 것이다. 사내벤처의 성과물이 사내사업화 이후 기존의 이해관계 경쟁에서 밀려나 조용히 사장되는 사례가 많은 만큼, 이처럼 외부에서 사업의 성숙도를 높이고 혁신성과물을 축적한 후 다시 사내로 흡수하는 스핀얼롱은 유의미한 대안이 될 수 있다.

둘째, 스핀얼롱을 통해 기업 안으로 다시 돌아온 직원들이 사내에서 '혁신의 롤모델'이 되어 기업가정신을 일깨우는 데 크게 기여할 수 있다. 사내 벤처와 스핀오프 과정에서 큰 기업의 일부가 아닌 독립된 조직으로서 외부 시장과 고객을 직접 마주하며 치열하게 경쟁하는 것은 일반 대기업 직원들에게는 쉽게 접하기 어려운 경험이다. 따라서 이들의 성공적 복귀는 사내 직원들에게 큰 자극이 되어 적극적 혁신 시도를 일깨우는 좋은 마중물이 된다.

셋째, 기존의 사업영역을 크게 벗어난 급진적이고 새로운 사업을 개척할 수 있다. 그리고 이 경우 자체적으로 신사업조직을 구성하는 것보다 운영 부담을 줄일 수 있고, 외부 기업에 대한 인수합병(M&A)보다 조직통합에 대한 불안 요소가 적다는 이점도 작용한다. 이처럼 스핀얼롱 전략은 미래의 불확실성에 대비하고 성장잠재력을 확보하는 데 합리적이고 유용한 대안이다.

# 12

개별 기업을 뛰어넘는
합종연횡 조직은
어떻게 작동하는가?

2023년 1월 CES 전시회에서 일본의 혼다(Honda)와 소니(Sony)가
공동 개발한 전기자동차 브랜드 '아필라(Afeela)'의 프로토타입이
발표되었다.[62] 자율주행으로 이동하는 전기자동차에서
소니가 제공하는 플레이스테이션(Playstation) 게임과 〈스파이더맨〉 영화를
즐기는 모습을 통해 미래 모빌리티의 모습이 제시되었다.
이처럼 각기 다른 산업에서 강점을 보유한 두 기업이 산업의 경계를 넘어
협력하고 연합전선을 형성하는 '합종연횡'이 갈수록 확대되면서
개별 기업의 경계를 넘어서는 조직의 구조에 대한 관심도 증가하고 있다.

## 조인트벤처: 다른 산업, 다른 기업과도 함께할 수 있다

'아필라'는 혼다와 소니가 50:50으로 출자하여 설립한 조인트벤처(Joint Venture) '소니-혼다 모빌리티(Sony Honda Mobility)'에서 주도해 개발해낸 결과물이다.[63] 아필라는 다양한 산업에서 경쟁력을 보유한 기업들의 '합종 연횡'을 통해 혁신을 시도한 대표적 사례로 주목받았다. 전통적 자동차 산업의 플레이어인 혼다, 자율주행 구현에 필수적인 센서, 광학 기술과 인포테인먼트의 핵심이 되는 콘텐츠를 보유한 소니뿐 아니라, 차량 인터페이스 설계를 위해 에픽 게임즈(Epic Games)의 '언리얼 엔진(Unreal Engine)'이 도입되고 자율주행의 두뇌가 될 퀄컴(Qualcomm)의 '스냅드래곤 디지털 섀시'도 투입되었다. 아필라는 이러한 이종 산업 간 협력을 통해 '움직이는 엔터테인먼트 플랫폼'이 되겠다는 목표와 함께 새로운 가치를 창출할 것으로 기대되고 있다. 2024년 CES에서도 선보인 아필라는 자동차의 구동 사양을 갖추어나가고, 마이크로소프트와 협력해 AI 기반 대화형 에이전트를 선보이는 등 2026년 출시를 목표로 개발에 박차를 가하고 있다.[64]

'아필라' 사례와 같이 기업이 일부 사업이나 기능 부문에서 다른 기업과 공동의 이익을 추구하며 경영자원을 공유, 교환, 통합하는 일시적 협조관계를 맺는 것을 전략적 제휴(Strategic Alliance)라 한다.[65] 기업 간 협력의 형태를 '통합의 강도'와 '의사결정 및 통제 권한'을 기준으로 나눌 때, '전략적 제휴'는 계약에 기초한 프랜차이징이나 라이선싱보다는 통합의 강도와 지속성이 높고, 양쪽 기업이 완전히 영속적 형태로 통합되는 인수합병(M&A)보다는 조금 더 느슨한 형태의 제휴관계를 지칭한다. 전략적 제휴는 크게 3가지 유형으로 구분한다. 협력주체 간의 지분 교류 없이 기능이나 상품 단위로 협력하는 '비지분 제휴(Non-Equity Alliance)', 상호 지분 공유를 통해 더 강력한 이해관계를 구축하는 '지분 제휴(Equity Alliance)', 그리고 각 기업이 공동으로 지분을 투자해 별도 법인을 설립하는 조인트벤처가 있다. 즉, 조인트벤처는 전략적 제휴의 유형 가운데 통합의 강도와 조직의 자체 의사결정 권한이 가장 강한 방법이다.

과거 조인트벤처는 주로 외국시장 진출 시 활용되거나, 동종 업계 내에서 상호 보완적 시너지를 얻으려는 목적인 경우가 많았다. 예전에 중국과 같이 진입 장벽이 높은 시장을 공략하기 위해 폭스바겐과 포드 같은 글로벌 자동차 기업들이 현지 합작사를 설립한 것, 잠재력 높은 신약 후보 물질을 보유한 바이오 벤처가 임상·허가·판매에 경쟁력을 가진 대형 제약사와 조인트벤처를 설립하여 신약 개발을 추진한 것 등이 그런 사례다.

그리고 최근에는 아필라 경우처럼 산업 간 장벽을 뛰어넘는 혁신이 가속화되는 상황에서 조인트벤처가 이종 산업 간 경계를 넘나드는 '합종연횡'의 모습을 보여주고 있다. 소니-혼다 모빌리티의 사례뿐 아니라, 유전자 분석 전문기업 마크로젠과 LG생활건강이 소비자의 유전적 특성에 최적화된

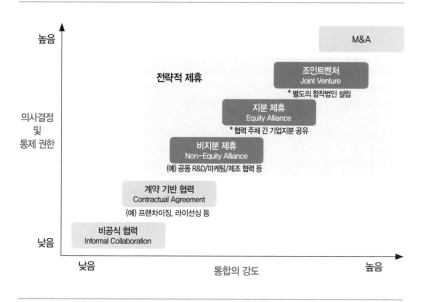

자료: Deloitte (2014), "Strategic Alliances in Life Sciences, Are you ready?".

뷰티·건강 제품을 제공하기 위해 함께 설립한 '미젠스토리'나, NFT 콘텐츠 시장 공략을 위해 엔터테인먼트 기업 하이브와 가상화폐 기업 두나무가 합작한 '레벨스' 같은 사례가 바로 그러한 이종 산업 간 조인트벤처라고 할 수 있다. 갈수록 산업과 기술의 경계가 모호해지고 융합형 제품과 서비스가 확대되는 추세인 만큼 이러한 사례는 앞으로도 계속 늘어날 것으로 예상된다. 실제로 최근 10년간 전 세계적으로 7,500개에 달하는 조인트벤처가 설립된 것으로 보고되고 있다.[66]

그러나 '조인트벤처'에 이렇듯 밝은 면만 있는 것은 아니다. 여러 사람이 팀워크를 맞추기도 어려운데, 완전히 다른 배경과 구조를 가진 조직들이

한 지붕 아래서 공동의 목표를 추구한다는 것은 대단히 어려운 일일 수밖에 없다. 실제로 기업 간 전략적 제휴의 여러 방법 중 가장 운영하기 어렵고 실패 확률도 높은 방법이 조인트벤처인 것으로 알려져 있다.[67] 한 조직 내에 '여러 주인'이 존재하는 근본적 속성으로 인해 전략방향에 대한 이견, 수익 배분 문제, 사업 및 기술개발 성과에 따른 소유권 분쟁, 서로 다른 배경을 가진 하부 조직과 직원들 간의 갈등 등 여러 가지 문제가 빈발한다.

맥킨지의 연구에 따르면, 조인트벤처는 협상조건 결정과 같이 가치가 그리 높지 않은 일에 50%의 시간을 소모하는 반면 정작 비즈니스 모델 구성 같은 핵심 과업에는 20%의 시간만 투입한다.[68] 더욱이 이런 어려움을 겪으며 조인트벤처를 설립한 기업의 50% 이상이 투자한 만큼의 성과를 거두지 못하는 것으로 나타났다.[69] 끝내 취약점을 해결하지 못하고 소기의 목적을 달성하지 못한 채 조기에 해산되는 경우도 많다. 완전히 다른 구조를 가진 이종 산업 간 협력은 이러한 위험성에 더 크게 노출될 수밖에 없다.

그럼에도 불구하고, 업종 간 경계를 넘는 협력은 미래의 환경변화에 대비하고자 하는 기업들에게 피할 수 없는 흐름인 것은 분명하다. 그래서 이 12장에서는, 업종 간 협력을 추진하는 기업들이 어떤 형태로 조직을 운영하는 것이 효과적일지 다루고자 한다. 조인트벤처에 있어 이종 산업 간 융합을 어떻게 이끌어야 하는지 살펴보고, 조인트벤처 외에도 유기적인 인적·물적 네트워크로 전통적 조직구조의 경계를 넘어 협력을 추진하는 사례를 통해 미래 조직모델에 대한 시사점을 얻고자 한다.

# 이종 산업 간 조인트벤처는 무엇이 다른가?

조인트벤처는 목적과 특성에 따라 4가지 유형으로 구분해볼 수 있다. 각 유형의 특징과 주요 사례는 〈도표 4-5〉와 같다.[70]

이종 산업의 기업 간에 체결되는 조인트벤처는 〈도표 4-5〉의 분류 중 기능적 조인트벤처에 해당한다. 앞서 살펴본 소니와 혼다의 전기차 합작법인 아필라는 소니가 가진 'IT, 광학, 콘텐츠'라는 강점과 혼다가 가진 '자동차'라는 강점을 상호 보완한 기능적 조인트벤처의 예다. 또한 글로벌 의류 기

▼ 도표 4-5 : 조인트벤처(JV)의 유형과 특징

| 구분 | 특징 | 사례 |
|---|---|---|
| 프로젝트 기반 조인트벤처 (project-based JV) | 상품/서비스의 공동 개발과 같이 특정 프로젝트 수행을 목적으로 하는 JV ※ 해당 프로젝트 종료 시 목적 달성/해체 | 볼보-우버 자율주행 시스템 개발 |
| 기능적 조인트벤처 (functional JV) | 각 기업이 전문성을 가지고 있는 기능을 상호 보완해 시너지를 내는 목적 ※ 합작 성과에 따라 지속 유지 여부 결정 | 소니-혼다 전기차 합작 법인 '아필라' |
| 수평적 조인트벤처 (horizontal JV) | 동일 산업에 속한 경쟁 기업 간의 공동 이익 달성을 위한 전략적 협업 | 도이체텔레콤, 보다폰, 오렌지, 텔레포니카 광고 기술 플랫폼 공동 개발 |
| 수직적 조인트벤처 (vertical JV) | 구매 기업과 공급 기업 간 합작을 통해 거래를 효율화하기 위한 목적 가치사슬 단계 통합으로 규모의 경제 구축 | 삼성SDI-스텔란티스 전기차 배터리 생산 합작 |

자료: 〈https://www.wallstreetmojo.com/joint-venture-jv/〉.

업 H&M이 폐기물 관리 전문기업 레몬디스(Remondis)와 함께 설립한 조인트벤처 루퍼 텍스타일(Looper Textile)도 기능적 조인트벤처의 좋은 예가 될 수 있다. H&M은 '패스트패션' 업종의 특성상 상시 발생하는 막대한 폐의류에 대한 처리 부담을 해소하고자 레몬디스가 보유한 자동 재분류 기술에 주목했다. 그리하여 막대한 양의 폐의류를 종류, 색상, 소재 등에 따라 분류해 재사용하거나 재활용할 수 있는 상태로 루퍼 텍스타일에 공급했다. 요컨대 루퍼 텍스타일은 H&M이 보유한 '글로벌 공급망과 대량 생산 기능'과 레몬디스의 '대규모 수거 및 재분류 기능'을 효과적으로 결합해 상호 보완한 사례다.

이처럼 이종 산업 간의 기능적 결합이 확대된 배경에는 기술 발달로 인해 산업 간 경계가 모호해지는 '빅 블러(big blur)' 현상이 자리하고 있다.[71] 빅 블러 현상의 가속화로 기업들은 기존과 다른 경쟁에 노출되었고, 새로운 핵심역량이 필요해졌다.

특히 디지털 전환이, 선택이 아닌 필수 요소로 떠오르고 전체 산업 영역으로 확산함에 따라 전통적 산업 영역에 속한 많은 기업이 IT 및 플랫폼 기업 등과 조인트벤처를 추진하며 디지털 역량을 높이는 동시에 사업영역을 확장하고자 시도했다. 자체적으로 기술을 개발하거나 M&A를 통해 완전히 내재화하는 방법도 있지만, 기술 변화의 속도가 점차 빨라지고 불확실성 또한 커짐에 따라 좀 더 유연한 대응이 가능한 조인트벤처가 대안으로 선호된 것이다. PwC가 조사한 '2011년과 2017년 사이의 글로벌 M&A와 조인트벤처의 비중 변화'를 살펴보면, 이종 산업 간에 체결된 M&A의 비율이 41%인 데 비해 조인트벤처는 62%로 월등히 높게 나타났다(도표 4-6 참조).

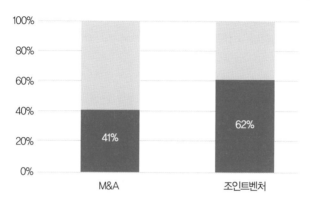

자료: Thomson Reuters data with analysis by PwC and Benjamin Gomes-Casseres.

한편, 기존에 구매-공급 관계를 맺고 있던 기업끼리 합작법인을 설립하는 '수직적 조인트벤처'는 기능적 조인트벤처와 그 목적이 다르며, 특징 또한 다소 다르다. 이 경우, 구매 기업은 조인트벤처를 통해 자사에 필요한 요구사항에 최적화된 맞춤형 제품을 안정적으로 공급받기를 원하며, 공급 기업은 '독점 공급'을 통해 가시적이고 지속적인 수요와 매출을 창출하고, 시장 내 저변과 입지를 높이는 것을 목표로 삼기 때문이다. 이는 공급 기업들의 경쟁을 유도하여 가격을 낮추는 것보다 협력을 통해 가치사슬을 통합하는 것이 더 효율적이라는 판단에 따라 맺는 관계다. 공급 제품이 표준화되어 있지 않거나, 기술혁신이 활발히 이루어지며 다양한 기술표준이 경쟁하는 경우, 원자재 부족이나 수요 급증 등으로 공급자가 우위에 서게 되는 경우에 특히 이러한 모델이 주목받게 된다. 예컨대 우리나라의 배터리 제조사와 미국의 자동차 기업이 미국에 조인트벤처를 설립하는 것이다. 삼성SDI는 스텔란티스와의 조인트벤처를 미국 인디애나주에 설립했고, LG에너지솔루션은 GM과 오하이오, 테네시, 미시간 등 3개 주에 조인트벤처를 설립했다. 이렇듯 최근 현지 조인트벤처 설립이 크게 확대되는 추세이다.

이런 방식을 통해 자동차 업체는 배터리를 안정적으로 공급받으면서 일부 기술을 공유받을 수 있고, 배터리 업체는 시장을 선점하고 공장 건설 등의 비용을 자동차 업체와 분담하는 등 '윈–윈(win-win)' 효과를 거둘 수 있다.

## 조인트벤처의 조직과 운영 모델, 어떻게 설계할까?

앞서도 언급했듯 산업 간 경계를 넘어서는 조인트벤처 설립이 증가하고는 있지만 너무도 다른 특성을 가진 두 기업이 하나의 조직을 이루기란 결코 쉬운 일이 아니다. 한 기업의 조직구조는 그 조직의 전략, 성과체계, 일하는 방식, 프로세스, 문화와 가치 등이 종합적으로 반영된 결과물이다. 따라서 전혀 다른 산업 배경에서 성장한 두 기업이 조인트벤처를 구성한다고 했을 때, 각 기업이 지향하는 조직형태와 운영원칙이 완전히 다를 수 있다. 이러한 차이를 명확히 인식하고 눈높이를 맞춰 조율하는 과정 없이 외형적 구조만 맞추어 조직을 설계한다면, 양쪽 모두 '동상이몽'에 빠져 조직이 제대로 운영되기 어려울 수 있다.

이종 산업 간 조인트벤처에서 주로 나타나는 기능적 조인트벤처의 경우

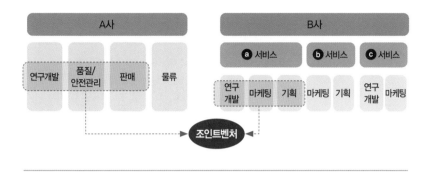

각 기업의 전문 기능에 따라 담당 조직을 구성하는 사례가 많다. 예를 들어 자동차 기업 A사와 IT 기업 B사가 합작하는 조인트벤처의 경우를 보자. 차체 설계, 안전관리, 판매 및 물류 조직은 A사 출신으로 구성하고 자율주행, 콘텐츠 기획 및 개발, 홍보 및 마케팅 조직은 B사 출신 인력이 담당할 수 있을 것이다. 문제는 A사와 B사가 기존에 운영하던 성과체계나 조직문화가 다른 경우이다.

〈도표 4-7〉과 같이 A사는 기능별 조직을 운영하여 각 기능 단위로 완결성을 높이는 것을 최우선 목표로 삼으며, 전사 성과에 따라 균등하게 성과급을 배분한다. 반면, B사는 각 서비스 단위로 완결성을 갖는 조직을 갖추고 철저한 서비스별 성과를 분리해 관리하는 체계라고 가정해보자. 두 조직이 하나의 조인트벤처를 구성할 때 각 조직이 서로 다른 목표체계와 업무처리 등 기존의 방식을 고수한다면 갈등과 오해가 발생할 것은 명약관화하다.

따라서 조인트벤처의 구조를 설계할 때는 신중하고도 면밀한 접근이 요구되는데, 컨설팅 기업 KPMG는 파트너 선정부터 조직문화 구축까지 조인트벤처가 성공하는 데 필요한 6가지 설계 원칙을 제시하고 있다(도표 4-8 참조)[72]. 이는 일반적 조인트벤처에 두루 통용되는 원칙들이지만, 특히 이종 산업 간 조인트벤처를 설립할 때 더욱 염두에 둘 필요가 있는 사항들이다.

한편, 조인트벤처를 설계하고 운영하는 것은 기존의 조직운영은 물론, 다른 조직을 내부로 흡수하는 인수합병(M&A)과도 매우 다른 특성을 가진다. 따라서 이러한 특수성을 잘 이해하여 조직을 설계, 운영하고 다양한 이

▼ 도표 4-8 : 조인트벤처가 성공하는 데 필요한 6가지 설계 원칙

| ①적합한 파트너 선정 | ②자율적 거버넌스 유지 |
|---|---|
| • JV에서 추구하는 전략적 목표 달성을 최우선 기준으로 파트너 기업을 선정<br>• 최적의 상호 보완을 창출할 수 있는 기업을 파트너로 선정 | • 경영진/이사회 내 모회사 소속 인원의 관여를 최소화<br>• JV 경영진에게 가급적 의사결정 위임 |
| ③운영체계 최적화 | ④공평한 이익 분배 |
| • 두 조직이 가진 각 기능별 강점을 조합해 최적의 시너지 창출<br>• 기술, 장비, 인력 등 전 분야를 종합 검토 | • 자산 투입 및 기여도를 반영한 이익 분배 메커니즘 설계<br>• 초기 협상 단계부터 재정 관리 기준 수립 |
| ⑤종료(exit) 시점 설정 | ⑥독자적 조직문화 정의 |
| • 종료 조건을 명시적으로 정의하여 모호하게 방치될 위험 방지<br>• 계약 종료 시 자산 배분, 기술 소유권 등 민감한 내용에 대한 사전 협의 | • 양자의 문화적 차이를 인지하고, JV의 성공을 위한 핵심가치 정의<br>• 한쪽에 치우치지 않는 독자적 문화 지향 |

자료: KPMG (2023), "Success in joint ventures".

해관계자를 조율할 만한 역량을 갖춘 조직과 인력이 필요하다.

BCG가 10개 산업 분야에서 73개 기업을 대상으로 조사한 바에 따르면, 조인트벤처를 통해 높은 성과를 거둔 '고성과 기업'의 83%는 초기 설계 단계부터 전문성을 갖춘 협력 전담조직을 운영해온 것으로 나타났다. 반면 조인트벤처를 통한 성과 창출에 실패한 '저성과 기업'은 이 비율이 36%에 불과했다. 조인트벤처 설립 이후 운영과정을 전담하는 조직을 보유한 비중 역시 고성과 기업은 83%, 저성과 기업은 43%로 큰 차이를 보였다. 전담조직을 갖추는 것뿐 아니라 충분한 역량과 전문성을 갖춘 인력을 배치하는 것도 매우 중요한데, 고성과 기업의 100%가 자사의 조인트벤처 담당 직원들이 최적의 인재들이라 응답했으나, 저성과 기업은 그렇게 응답한 비율이 50%에 불과했다.[73]

▼ 도표 4-9 : 조인트벤처 전담조직과 성과의 관계

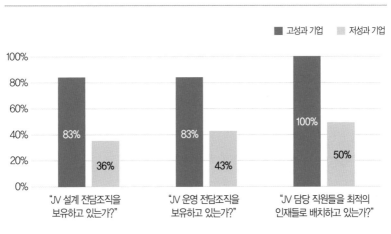

자료: BCG (2014), "Getting More Value from Joint Ventures".

전담조직을 갖추고 적합한 인재들을 배치한 뒤에는, 이들이 업무에 몰입할 수 있도록 조인트벤처 전담조직에 특화된 보상체계를 갖추는 것이 필요하다. 한시적으로 운영되는 경우가 많은 조인트벤처의 특성상 참여하는 사람들은 자연히 '복귀 후'를 고민하지 않을 수 없다. 지금 몸담고 있는 조인트벤처의 목표와 성과가 아닌, 각자 속한 모기업의 이해관계를 지나치게 신경 쓸 경우, 업무에 제대로 몰입하지 못할 뿐 아니라 내부의 분열과 갈등으로 비화할 가능성도 있다. 그러므로 전담조직에 대한 보상체계와 인센티브는 철저히 조인트벤처의 자체 성과에 초점을 맞추어 설계되어야 한다. 당장은 다소 손실이 있다 하더라도 조인트벤처가 목표했던 바를 달성하는 것이 장기적으로는 조직에 더 중요하다는 점을 잘 인지하여, 업무에 몰입할 수 있도록 보상체계를 구성할 필요가 있다.

## 미래의 연합 모델: 플랫폼과 인력생태계

최근 기술과 산업의 변화 속도가 갈수록 빨라짐에 따라, 경쟁자보다 한 발 앞서 시장을 선점하기 위한 다양한 협력 모델이 나타나고 있다. 2~3개 기업이 협력을 맺는 수준을 넘어, 여러 기업과 정부기관, 대학, NGO, 개인에 이르기까지 다양한 주체들이 유연하게 연결과 해제를 반복하는 새로운 형태의 조직 구조가 속속 등장하고 있다.

특히 플랫폼 서비스 구축은 이종 산업 간 협력이 더욱더 활발히 나타나는 분야로서 경쟁 기업, 공급업체, 고객 등이 서로 긴밀하게 연결되어 복잡한 형태의 전략적 제휴를 맺고 있는 '네트워크형 조직'의 대표적 사례다.

이러한 네트워크형 조직에서 각 기업은 자신들이 핵심역량을 보유한 활동에 주력하면서 동시에 각기 다른 핵심역량을 가진 기업들과 제휴를 통해 연결되어 있다.

예를 들어 OTT 플랫폼 넷플릭스는 콘텐츠 제작사, 배급사, 통신사 및 케이블방송 사업자, 번역 및 자막 제작사, TV 및 영상기기 제조사 등 다양한 기능과 역량을 가진 기업들이 연결되어 있는 네트워크형 조직이다.

그렇기 때문에 넷플릭스의 네트워크 내에서는 콘텐츠 제작사와 통신사가 함께 공동 마케팅을 펴기도 하고 직접 투자를 유치하여 대형 콘텐츠를 제작하는 등 다양한 협력이 이루어진다. 넷플릭스를 중심으로 가장 직접적으로 연결되는 제작/배급 종사자(감독, 작가 등), 촬영/제작 종사자(음향, 특수효과, 메이크업 등), 기타 관련 산업 종사자(패션, 음식, 만화 등)가 일종의 생태계를 구성한다.

완전히 독립된 개체인 각각의 기업 주체들이 플랫폼에서는 수시로 합종연횡을 반복하며 경쟁과 협력을 오간다. 소비자의 취향과 기술 동향이 수시로 변화하는 흐름에 발맞추어, 고정적이고 경직된 기존의 공식 조직이 아닌 유연하게 연결된 조직이 되어 움직이는 것이다.

나아가 최근에는 기업과 기업의 협력을 넘어, 기업과 각 개인이 유연하게 이어져 협력하는 새로운 형태의 조직모델도 제시되고 있다. '인력생태계(workforce ecosystem)'라 불리는 이 새로운 형태의 조직모델은 기존의 정규직원들로 구성된 조직의 범위를 확장해 '정규직원과 프리랜서, 장기 및 단기 계약직, 제3자 업체와 전문 서비스 기업 등 광범위하고 다양한 업종과 업태, 직군들의 집합체'라는 개념에서 조직을 바라본다.[74] 심지어 사람이 아닌 로봇이나 AI 챗봇까지도 조직구성원의 범주에 포함한다. 빠르게 변화하는 기술과 지식을 모두 내재화하기보다는 임시계약을 통해 좀 더 신속하게 활용하는 것을 선호하는 추세와 함께, IT 기술의 발달로 조직 내부에서 근무하지 않아도 원활한 협업이 가능해진 환경이 이러한 변화를 가속했다.

인력생태계는 이미 많은 기업에 현실로 다가와 있지만, 조직구조나 운영 측면에서 이를 충분히 인식하고 대응하는 경우는 아직 많지 않다. 이에, 딜로이트 컨설팅은 인력생태계를 효과적으로 운영하기 위한 '육각형 모델'을 제시한 바 있다.[75]

이 모델에서는 조직의 경영진(Senior leaders), 인사팀(Human resources), IT팀(Information technology), 사업부 리더(Business-unit leaders), 재무/법무(Finance/legal), 구매 조직(Procurement)등 6개의 조직이 인력생태계 관리를 위해 협업해야 함을 강조한다. 예를 들어 IT팀은 다양한 상황에 처한 사람들이 원활히 협업할 수 있는 시스템을 만들어 제공한다. 인사팀은 채용 방식, 급여 구조, 역량 개발 등에 대해 검토할 때 내부 직원을 넘어 외부 생태계까지 대상을 확장한다. 경영진은 기업의 전략 달성을 위해 현재의 인력 구성이 적절한지, 어떠한 인력생태계를 구성해나갈지 결정하며, 또한 새로운 유형의 조직에 필요한 리더십은 무엇인지도 고민한다. 이 여섯 개체가 공통의 관리 원칙(Management practice)을 중심으로 균형을 이룰 때 합종연횡을 이룬 조직에서도 혼란과 비효율을 최소화하며 역량을 극대화할 수 있을 것이다.

# 4부
## KEY TAKEAWAYS

1. 양손잡이 조직을 언제, 어떤 상황에서 도입하는 것이 적절한지 이해하기

2. 양손잡이 조직의 설계 및 운영원칙과 경영진의 역할 이해하기

3. 사내벤처를 통한 혁신의 장점과 한계를 이해하고, 우리 조직에 맞는 방법 찾기

4. 성공적인 사내벤처 양성을 위한 6가지 조건 이해하고 응용하기

5. 다른 업종, 다른 기업과의 경계를 넘는 유연한 조직구조 이해하고 설계하기

5부

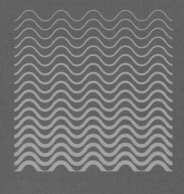

# 조직모델을
# 완성하는 사람들

# 13

최고 의사결정 기구인
이사회, 어떻게
운영할 것인가?

2023년 11월 17일 챗GPT 개발사 '오픈AI'의 창업자이자
CEO인 새뮤얼 올트먼(Samuel H. Altman)이 이사회에 의해 갑작스럽게
축출되는 일이 일어났다. 이때 많은 이들은 스티브 잡스가
1985년 애플 이사회에 의해 본인이 설립한 회사에서 쫓겨난 사건을
떠올렸다. 오픈AI의 이사회는 명확한 이유를 밝히지 않은 채 올트먼을
해고했으나 논란에 부딪히자 5일 만에 해고를 철회한 반면,
애플 이사회와 경영방식을 놓고 대립하던 스티브 잡스는
해고된 지 12년 만인 1997년에야 애플의 CEO로 복귀했다.
이렇게 두 사람은 해고 사유도 다르고 회사로 복귀한 시점도 다르지만,
이 두 사례는 이사회가 기업의 전략방향을 뒤흔들고
CEO도 언제든지 교체할 수 있다는 사실을 여실히 보여준다.

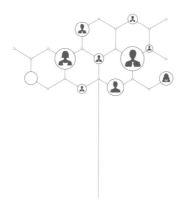

　이사회가 가진 막강한 권한에도 불구하고 많은 경영자와 조직구성원들이 기업 경영에서 이사회의 역할이 얼마나 중요한지를 간과하는 경향이 있다. 이번 13장에서는 이사회가 법적으로 어떤 권한을 가진 기구인지, 효과적인 이사회 운영 방안은 무엇인지, 그리고 미래 조직을 위해 이사회가 어떤 역할을 해야 하는지도 짚어본다.

## 이사회란 무엇인가?

　이사회는 주주총회와 함께 기업의 법적 최고 의사결정 기구이다. 주식회사는 소유와 경영이 분리되어 있으며 소유주인 주주들의 의결기관인 주주총회와 실질적 경영을 담당하는 이사들의 의결기관인 이사회를 설치해야 하는 의무가 있다. 대부분의 스타트업은 투자자로부터 대규모 자금조달을 토대로 성장한다. 그래서 법적 리스크가 적고 외부로부터 대규모 자본조달이 수월한 주식회사 형태가 선호된다. 상법상 회사는 크게 주식회사와 유한회사, 합명회사, 합자회사, 유한책임회사 등으로 구분되는데, 이 중

주식회사는 주주들의 출자로 설립된 회사로 우리나라 회사 유형에서 약 95%를 차지한다.[1]

주식회사에서는 주주들에게 중대한 영향을 미칠 수 있는 주요 경영사항은 주주총회를 통해 결정해야 한다. 하지만 주주총회를 개최하는 것은 시간과 비용이 많이 드는 일이기 때문에 주총에 의해 선임된 이사들의 의사결정 기구인 이사회에 주요 경영 의사결정 권한을 위임하게 된다.

소수 인원으로 구성된 스타트업에서는 이사회 절차를 거치는 것이 비효율적으로 여겨지는 경우가 많다. 더욱이 빠른 의사결정이 필요한 사업 초창기에는 창업자와 주요 투자자들로 구성된 이사회에서 매번 형식에 맞춰 중요 경영사항에 대한 이사회 결의 과정을 거치는 것이 번거롭고 꼭 필요한 일인지 의문이 들 수도 있다. 그러나 이사회는 주요 업무집행에 대해 의사결정 및 감독을 하는 기관이기에 법적으로 정해진 중요사항은 반드시 이사회 결의의 형식으로 결정해야만 한다. 이사회에 의해 선임된 대표이사가 본인에게 위임된 권한 외 중요 경영사항을 이사회를 거치지 않고 독단적으로 결정할 경우 자칫 그것이 무효화되거나 책임져야 하는 문제가 될 수 있기 때문이다. 오픈AI와 애플의 사례에서 보듯 대표이사는 언제든지 이사회로부터 해임될 수 있다는 위험성도 있다.

우리나라 상법상 주식회사는 3인 이상의 이사로 구성된 이사회를 설치해야 하는데, 다만 자본금 총액 10억 원 미만의 소규모 회사는 이사 수를 1인 또는 2인으로 할 수 있고 또 이사회를 구성하지 않아도 된다. 이 경우 대표이사는 주주총회 또는 회사 정관에 따라 선임할 수 있으며, 이사회 결의 사항 중 많은 것을 대표이사가 단독으로 결정할 수 있다.*

그러나 회사의 자본금 규모가 증가하고 다수의 주주로 이루어진 상장기

**주주총회**

**주주에게 중대 영향을 미치는 사항에 관한 의사결정**

예: 재무제표 승인, 배당금 결정, 정관의 변경, 합병 및 분할,
이사/감사의 선임과 해임, 임원 보수 한도, 스톡옵션 부여 등

이사 선임 및 해임　　　　　　의사결정 권한 일부를
이사회에 위임

**이사회**

**주요 경영사항에 관한 의사결정**

예: 주주총회, 대표이사 선임, 경영 계획, 중요 자산 처분 및 양도,
신주 발행, 사채 모집, 위원회의 설치 및 폐지등

대표이사 선임 및 해임　　　　　　일상적 의사결정 권한을
대표이사에 위임

**대표이사**

**업무집행 및 대외적 대표**

업이 되고 나면 정부기관에 의한 엄격한 관리 감독을 받게 되며, 이사회 구
성 및 운영과 관련해서도 제도적으로 정해진 형식과 절차를 갖출 것을 요
구받는다. 따라서 소규모 스타트업들도 대규모 상장기업으로 성장하고자
한다면 대기업을 기준으로 적용되는 이사회 구성과 운영 방식에 대해 제대
로 숙지해둘 필요가 있다.

---

\* 자기주식 소각, 중요한 자산의 처분 및 양도, 대규모 재산의 차입, 지배인의 선임 또는 해임, 지점의 설치·이전
또는 폐지 등 업무집행, 주주총회 소집 결정 등.

# 이사회, 어떻게 구성할 것인가?

앞서 오픈AI에서 창업자 샘 올트먼이 이사회로부터 갑작스럽게 해임된 사건을 언급했는데, 이를 두고 미국 언론에서는 오픈AI의 독특한 이사회 구조가 그런 결정에 영향을 끼친 것이라고 분석했다.[2] 샘 올트먼의 해임 당시 오픈AI의 이사 수는 여섯 명에 불과했는데, 샘 올트먼과 당시 이사회 의장이자 공동 창업자인 그레그 브로크먼(Greg Brockman)을 제외한 단 네 명의 이사가 과반수 의사결정에 의해 이 두 사람을 해고하는 일이 벌어진 것이다.[3] 오픈AI는 2015년에 '인류사회를 위한 인공지능'을 연구하고자 비영리법인으로 설립되었으나, 2019년 회사가 성장하며 막대한 투자 비용이 발생하자 이를 충당하기 위해 주식 발행이 가능한 영리법인을 자회사로 설립했다.[*] 이 자회사는 주주인 투자자가 아닌 모기업인 비영리법인이 완전히 통제하는 지배구조를 가지고 있으며, 소수의 이사회 구성원들이 중요한 의사결정 권한을 독점했다. 이 사건은 조직의 장기적 목적에 부합하는 이사회는 어떻게 구성하고 운영해야 할지, 그리고 소수의 이사가 전권을 휘두르지 않고 합리적 의사결정을 하도록 하려면 어떻게 해야 할지 등 많은 질문을 던졌다.[4]

우선, 일반적으로 이사회는 몇 명으로 구성하는 것이 적당한가? 이사회 구성원이 많아지면 전문성과 다양성이 증가하며, 소수에게 권력이 치우치

---

[*] 이 자회사의 이름은 OpenAI Global, LLC이다. 수익을 일정 규모로 제한하는 '이익제한기업(Capped-profit company)'으로서 정해진 규모 이상으로 수익을 내면 그 초과분은 모회사인 비영리 관리 법인 (OpenAI GP)에 넘기도록 했다.

지 않고 균형 잡힌 의사결정이 가능하다. 하지만 구성원이 많음으로 인해 효율적 커뮤니케이션과 의견 조율은 어려워져 중요한 경영 의사결정이 지연될 위험이 있다. 법에서는 이사회 구성원 수의 최소 요건을 규율하고 있는데, 앞서도 언급했듯 우리나라는 상법상 3인 이상으로 구성해야 하며, 만일 자산총액 2조 원 이상의 대규모 상장회사라면 3명 이상의 사외이사를 이사 총수의 과반수로 두도록 규제하고 있다. 우리나라 상장기업 이사회 구성 인원은 평균 6.7명, 자산 2조 원 이상의 대기업은 평균 7.2명이고, 이사회 내 사외이사 비율은 평균 50%, 2조 원 이상 대기업은 55% 정도이다.[5] 미국의 경우 상장사는 상장 규정에 따라 이사회 과반수를 사외이사로 선임하도록 규제하고 있으며, S&P 500대 대기업의 경우 이사회 평균 인원은 10.8명, 사외이사는 그 85%를 차지한다.[6]

여기서 사외이사란 사내이사와 대응되는 개념으로 회사의 대표이사를 포함한 경영진으로부터 독립적인 지위에서 이사회 구성원으로 활동하는 이사를 의미한다.* 사외이사는 사내이사와 마찬가지로 주주총회에서 선임되고 회사의 업무집행에 관한 의사결정 및 다른 이사의 업무집행에 관한 감독, 감시 등의 책임을 진다. 우리나라는 1998년 외환위기 이후 기업지배구조 개선 및 경영 투명성 제고를 위해 대주주와 대표이사로부터 독립된 인사가 상장사 이사회 구성원으로 참여하도록 하는 사외이사 제도를 도입했다.

참고로 대표이사는 주로 회사의 경영진 가운데 이사로 등기되어 있는 사

---

* 상법(제382조 제3항)에서는 사외이사의 결격사유를 상세히 기술하고 있는데, 예를 들어 회사의 상무이사·집행 임원 또는 최대주주인 본인과 그 배우자 및 직계 존·비속 등은 사외이사 결격사유에 해당한다.

내이사 중 가장 높은 직위에 있는 사람이 선임되는 경향이 있고, 그래서 각 회사의 사장 직함에는 '대표이사 사장'이라는 문구가 적혀 있는 경우가 많다. 물론 각 회사의 임원 직위체계에 따라 가장 높은 경영진이 회장이나 부회장 또는 부사장일 수 있으나, 법적으로는 주주총회에서 이사로 선출되고 이사회 결의에 의해 대표로 선임된 대표이사가 회사 전체의 경영과 운영에 대한 책임과 권한을 보유한다. 서구 기업에서 최고경영자에 대한 호칭으로 사용하는 CEO(Chief Executive Officer)와 유사한 역할을 수행한다고 볼 수 있다.

대표이사는, 이사회를 대표하고 이사회 회의를 주재하는 '이사회 의장(Chairman of the Board)'과는 다른 개념이다. 과거에는 대표이사가 이사회 의장을 겸직하는 사례가 많았으나 최근에는 이사회의 경영감독 기능을 강화하고 독립성을 높이기 위해 두 직책을 분리하는 추세이며, 「금융회사의 지배구조에 관한 법률」을 적용받는 국내 금융사들은 사외이사 중에서만 이사회 의장을 선임하도록 규제를 받고 있다.* 우리나라 상장기업 중 38%, 자산 2조 원 이상 기업 중 43%가 대표이사와 이사회 의장을 분리하고 있으며,[7] 미국 S&P 500대 기업의 경우에는 59%가 CEO와 이사회 의장을 분리하고 있다.[8]

최근의 트렌드는 이사회 구성 시 독립성과 전문성, 다양성을 강조하는 것이다. 그중 전문성 측면을 보자면, 특히 다각화된 대기업일수록, 또 이사들의 독립성과 전문성이 높을수록 경영진의 의사결정 과정에 대한 이사회의

---

* 이사회가 사외이사가 아닌 사람을 이사회 의장으로 선임할 경우 이사회는 그 사유를 공시하고 사외이사를 대표하는 선임사외이사를 별도로 선임해야 한다.

효과적 감독이 가능할 뿐 아니라 전문적 지식과 조언을 제공하여 기업 재무성과, 경영 효율성, 위험관리 능력이 증가한다는 연구결과가 나와 있다.[9] 한편 이사진 구성의 다양성이 높을수록 경영진의 의사결정 과정에 다각적 관점이 반영되어 혁신이 촉진되고 기업의 사회적 책임과 이미지 개선에 도움이 된다는 주장도 있다.[10]

미국 기업 애플의 예를 참고해보면 2024년 7월 기준, 전체 이사회 인원은 8명이며 사내이사는 현재 애플의 CEO인 팀 쿡이 유일하고, 사외이사가 7명으로 전체의 88%를 차지한다. 사외이사 중 헬스케어 회사 칼리코의 CEO를 맡고 있는 아서 레빈슨이 애플의 이사회 의장으로 재직 중이며, 다른 사외이사들도 다양한 산업 소속 기업의 경영진 및 NGO 출신으로 구성

▼ 도표 5-2 : 애플의 이사회 구성(2024년 7월 기준)[11]

| 성명 | 성별 | 주요 경력 | 사외이사 출신 업종 |
|---|---|---|---|
| 팀 쿡<br>(Tim Cook) | 남 | 현 애플 CEO(사내이사) | |
| 아서 레빈슨<br>(Arthur D. Levinson) | 남 | 현 칼리코 CEO<br>현 애플 이사회 의장 | 헬스케어 |
| 완다 오스틴<br>(Wanda Austin) | 여 | 전 에어로스페이스 CEO | 제조 |
| 알렉스 고스키<br>(Alex Gorsky) | 남 | 전 존슨앤존슨 CEO | 소비재 |
| 안드레아 정<br>(Andrea Jung) | 여 | 전 에이본 CEO | 소비재 |
| 모니카 로자노<br>(Monica Lozano) | 여 | 전 칼리지퓨처스재단 CEO | NGO |
| 로널드 슈거<br>(Ronald D. Sugar) | 남 | 전 노스롭 그루먼 CEO | 보안 |
| 수잔 와그너<br>(Susan L. Wagner) | 여 | 블랙록 창업자 | 금융 |

되어 있다. 또한 여성 이사도 4명으로 전체의 50%를 차지하는 등 애플은 이사회 구성에서 다양성을 추구하고 있다.

## 이사회 산하에는 어떤 위원회들이 있는가?

이사회는 의사결정의 전문성과 효율성을 제고하기 위해 산하에 다양한 성격의 위원회를 설치할 수 있다. 규모나 업종 등 회사 특성에 따라 일부 위원회는 법에 의해 설치가 강제되지만 그 이외의 위원회는 자율 판단에 따라 설치하고 운영할 수 있으며 일부 이사회 권한을 위원회에 위임할 수 있다.* 우리나라의 경우 상법에 따라 자산총액 2조 원 이상 대규모 상장회사는 사외이사 후보추천위원회와 감사위원회를 의무적으로 설치해야 하고, 「금융회사의 지배구조에 관한 법률」을 적용받는 금융사들은 임원후보추천위원회,** 감사위원회, 위험관리위원회, 보수위원회를 의무적으로 설치해야 하는데, 이렇게 법적으로 설치 의무가 있는 위원회들은 모두 사외이사가 과반수로 구성되어야 한다. 미국 기업의 경우 상장사는 이사추천위원회(또는 지배구조위원회),*** 보상위원회, 감사위원회 설치 의무가 있으며 모두 사

---

* 주주총회의 승인을 요하는 사항, 대표이사 선임 및 해임, 위원회 설치 및 위원 선임과 해임, 기타 정관에서 정하는 사항을 제외하고는 이사회의 권한을 위원회에 위임할 수 있다.

** 사외이사 외에도 대표이사, 대표집행임원, 감사위원 후보 추천 역할을 수행한다.

*** 회사에 따라 이사추천위원회(Nominating Committee) 또는 지배구조위원회(Corporate Governance Committee) 등 다양한 이름으로 불리는데, 지배구조 관련 정책을 수립하고 이사 추천 기능을 가진 위원회에 대한 설치 의무가 있다.

외이사로 구성되어야 한다.

〈도표 5-3〉은 미국 제약회사 화이자(Pfizer)의 이사회 산하 위원회에 대한 예시이다. 화이자는 상장기업이 의무적으로 설치해야 하는 지배구조 및 지속경영위원회, 보상위원회, 감사위원회 외에도 자율적으로 경영위원회, 컴플라이언스 위원회, 과학기술위원회를 추가 운영하고 있다. 아울러 CEO 앨버트 불라(Albert Bourla)가 소속된 경영위원회를 제외한 모든 위원회가

▼ 도표 5-3 : 화이자의 이사회 산하 위원회의 구성 및 역할(2024년 1월 기준)[12]

| | 위원회 | 구성 | 역할 |
|---|---|---|---|
| 의무 | 지배구조 및 지속경영위원회 | 사외 4명 | • 지배구조 정책 수립<br>• 이사회 규모 및 기능 검토<br>• 이사 후보 식별/검증 및 추천<br>• 이사회 평가 프로세스 정립<br>• 이사 독립성 평가<br>• CSR/지속가능경영 감독 |
| | 보상위원회 | 사외 3명 | • 회사 보상 철학 수립<br>• CEO/고위 임원 연간 및 장기 성과목표 수립과 평가/보상 결정 |
| | 감사위원회 | 사외 4명 | • 외부 감사인 선정 및 감독<br>• 리스크 관리 정책/재무지표 감독<br>• 내부 감사 기능 감독 |
| 자율 | 경영위원회 | 사내 1명<br>사외 6명 | • 이사회가 열리지 않는 기간 사업 경영 관련 이사회로부터 위임받은 권한 행사 |
| | 컴플라이언스 위원회 | 사외 5명 | • 헬스케어 분야 주요 규제 및 컴플라이언스 문제, 법규 관련 내부 절차 준수 상황 감독 |
| | 과학기술위원회 | 사외 5명 | • 바이오 의약품 연구개발 및 기술 실행계획에 대한 경영진의 전략방향과 투자를 정기 검토 |

사외이사로만 구성되어 있다. 이사회는 각 위원회에 참여하는 사외이사들에게 높은 전문성을 갖출 것을 요구하며, 특히 컴플라이언스위원회 위원장은 법률 전문가 또는 규제 강도가 높은 산업에서 규제 대응 전문가로 근무한 경력을 보유해야 하며, 과학기술위원회 위원장은 바이오 기술 및 임상 과학 전문가를 선임할 것을 위원회 헌장에서 규율하고 있다.

## 이사회 평가, 어떻게 할 것인가?

투명한 기업지배구조 구축과 효과적인 이사회 구성 및 운영을 위해 많은 기업이 이사회 평가를 실시하고 있다. 이사회 평가란 이사회의 활동 및 운영에 관한 객관적·지속적·정기적 평가로서, 기업의 최고 의사결정 기구인 이사회가 그 역할과 책임을 다하고 있는지를 측정하고 개선점을 모색하는 일련의 프로세스를 의미한다. 이사회 평가는 크게 이사회 전체에 대한 평가, 이사회 내 위원회에 대한 평가, 이사 개인에 대한 평가로 구분할 수 있으며, 평가 결과는 이사회 구성 및 운영 개선과 이사 교체를 위한 참고자료로 활용된다.

국내에서는 2016년부터 「금융회사의 지배구조에 관한 법률」을 적용받는 금융사들을 대상으로 이사회 평가 의무를 부과하여 이사회 및 산하 위원회, 사외이사에 대한 평가를 실시하고 관련 내용을 공시하도록 의무화하고 있다. 미국에서는 2002년부터 뉴욕증권거래소 상장 규정을 통해 상장기업 대상 이사회 평가를 의무화하고 매년 관련 내용을 공시하도록 규율해놓았다. OECD에서도 회원국들이 기업지배구조 관련 이사회 평가를 포함하도록 권고하고 있으며,[13] 블랙록(BlackRock)[14]과 뱅가드 (Vanguard)[15] 같은 글로벌 대형 기관투자자들도 자체적으로 마련한 스튜어드십 지침 (Stewardship Code)에 따라 투자회사들이 지속적으로 이사회의 효율성을 평가하고 그 방법 등을 공시할 것을 요구하고 있다.

일례로 화이자는 지배구조 및 지속경영위원회가 주축이 되어 매년 이사회 및 산하 위원회 평가를 진행한다. 해당 위원회는 매년 2월 이사회 평가

▼ 도표 5-4 : 화이자의 연간 이사회 평가 프로세스[16]

### (2월) 평가 프로세스 개시 및 평가 포맷 결정

- 지배구조·지속경영위원회 주도로 이사회 및 각 산하 위원회에 대한 평가 프로세스 및 방법을 검토하고, 이사들의 의견 수렴만으로 평가할지 외부기관에 의한 제3자 평가를 진행할지 여부를 결정

### (4~6월) 평가 결과 프레젠테이션

- 전체 이사회에서 지배구조·지속경영위원회 위원장이 이사회 평가 결과를 발표하고 후속 사외이사 회의에서 추가 논의 진행
- 각 산하 위원회에 대한 평가 결과는 위원회 미팅에서 발표되고 논의

### (6~12월) 평가 결과 후속 조치 논의

- 추후 검토사항들에 대해 향후 이사회 및 위원회 미팅에서 논의

### (12월) 평가 리뷰

- 지배구조·지속경영위원회가 현 프로세스의 효과성을 검토하고 차년도 프로세스를 수정할지 여부를 결정

방법을 확정하고 연중 평가 프로세스를 관장하는데, 평가 과정에서 나온 시사점 및 이사회 구조의 적절성, 이사들의 독립성 및 자격요건 등을 고려하여 개별 이사들의 교체 여부도 결정한다.

## 미래 조직과 이사회의 역할

앞서 이사회는 주주총회와 더불어 기업의 최고 의사결정 기구라고 했지만, 많은 한국 기업이 이사회의 기능을 법적 테두리 안에서 최소한으로만 설정해놓거나, 혹은 이사회가 정해진 안건에 대한 거수기 역할만 수행한다고 비판받아온 것이 사실이다.[17]

하지만 최근에는 전 세계적으로 ESG* 경영의 중요성이 강조되면서 이사회의 전략적이고 능동적인 역할이 더욱 요구되고 있다. 글로벌 자산운용사 블랙록의 회장 래리 핑크(Larry Fink)는 투자회사들의 CEO에게 보낸 서한에서 이사회가 기업이 직면한 중요한 문제를 효과적으로 해결하기 위해 책임을 져야 한다고 주장했고,[18] 글로벌 의결권 자문사**인 ISS와 글래스루이스(Glass Lewis) 같은 기관도 이사회가 지배구조 및 환경, 사회 관련 이슈들에 대한 감독과 의사결정을 제대로 하지 못하고, 관련 정보에 대한 공시를 게을리할 경우 주주총회에서 관련 이사들의 재선임을 반대하겠다는 의

---

* ESG는 Environmental(환경), Social(사회), Governance(지배구조)의 첫 글자를 조합한 단어로 기업의 친환경 경영과 사회적 책임, 투명한 지배구조 등을 의미한다.

** 의결권 자문사들은 기업별 주총 안건을 분석한 뒤 자체적으로 작성한 의결권 행사 가이드라인에 따라 기관투자자들에게 찬반 의결을 전달하며, 투자자들은 이를 참고하여 의결권을 행사한다.

결권 행사 가이드라인을 수립하고 있다.[19]

글로벌 기업의 사례를 보면 이사회는 장기적 주주가치 증대 및 지속 가능한 성장을 위한 전략을 설정하는 주체로서 주주들에게 최상의 이익을 제공할 수 있는 지배구조를 검토하고 전사 리스크 관리 및 경영활동 전반을 감독하는 적극적 역할을 수행한다.

일례로 영국 기반의 글로벌 통신사 보다폰(Vodafone)은 매년 사업보고서에 이사회의 활동을 상세히 기술하는데, 기업 성장전략 수립 및 사업/기술 전략 검토, 고객경험과 인사제도, 조직문화, 지배구조, 재무 및 내부감사, 주주와의 소통에 이르기까지 기업 경영과 관련해 폭넓은 역할을 수행하고 있다.

이렇게 보다폰에서는 이사들이 전문적 의사결정을 할 수 있도록 경영진과 상시적으로 교류하여 사업현황을 논의할 수 있도록 하고, 이사들의 역량 강화를 위해 최신 기술, 사업 개발, 고객서비스 관련 교육 프로그램도 별도로 운영한다.

미래 조직을 구상하고 설계하는 것은 일상적 조직개편과는 다른 일이며 회사의 중장기 전략 및 사업 방향과도 밀접한 연관이 있다. 최고경영진의 선임과 교체 관련 의사결정을 주관하는 이사회에서는 그와 더불어 조직의 장기 생존을 위해 미래 조직을 어떻게 구성하고 준비할지 경영진과 함께 고민해야 할 것이다.

▼ **도표 5–5 : 보다폰 이사회의 역할**[20]

| 구분 | 내용 |
|---|---|
| 성장전략<br>수립 | • 사업계획 및 예산계획<br>• 5~7년 장기 전략 수립<br>• 사업개발 기회 탐색 |
| 사업·기술<br>관련<br>검토/의사결정 | • CEO가 매 정기 이사회마다 사업성과에 대해 보고<br>• CFO가 분기별 재무성과 리포트 보고<br>• CTO가 기술개발 계획 및 성과 등에 대해 정기 보고<br>• 새로운 기술운영 모델로의 전환 전략 검토<br>• R&D 연구소 방문, 최신 기술개발 동향 파악<br>• 로컬 시장 현황 리뷰, 조인트벤처 및 M&A 승인 등 |
| 고객경험 | • 최고경영진이 고객서비스 프로그램 진척사항 및 로컬 시장별 소비자 만족도<br>개선사항 등에 대해 정기 보고 |
| 인사/<br>조직문화 | • CEO 교체 및 경영진 평가/보상 결정<br>• CHRO*가 조직개편, 인재개발, 임직원 보상, 조직문화, 다양성 관리 등에 대해<br>정기 보고 |
| 지배구조 | • 사업보고서, 주주총회 공지 리뷰<br>• 반기·연간 배당 정책 리뷰<br>• 이사 선임 등 이사회 운영 관련 주요사항 검토 및 평가 |
| 감사 | • 대외협력 담당 최고 임원이 컴플라이언스 이슈에 대해 보고<br>• 내부 통제/위험관리 시스템 평가, 사이버보안 이슈 검토 |
| 주주 소통 | • 이사회 의장, 이사회 멤버들이 CEO, 고위 임원 등과 함께 기관투자자/애널리<br>스트들과 미팅, 사업전략/현금 흐름/주주 환원/지배구조/성과 전망 등 논의 |

---

\* Chief Human Resources Officer(최고인사책임자)

# 14

미래 조직모델 설계,
경영진과 인사의
역할은 무엇인가?

이커머스 플랫폼 기업 M사는 수익이 지난해에 비해 주춤했지만

글로벌 시장 확장 가능성을 높게 평가받아 2,000억 원 넘는 투자를

유치할 수 있었다. 연말이 다가오면서 이제 그 투자를 바탕으로

내년 전략을 새로이 세우려고 한다. 모처럼

CEO, 사업부장, CFO, CHRO가 한자리에 모였다.

내년도 전략을 논의하다 보니, 최근 공석이 된 상품기획팀장, 생산기술팀장

포스트에 대한 이야기가 나왔다. CEO는 이참에 단지 공석 충원을 넘어,

보다 미래 지향적으로 M사의 조직을 재편했으면 좋겠다는 제안을 했다.

그렇다면 과연 M사의 미래 조직은 CEO, 사업부장, CHRO 중

누가 책임지고 만들어가야 하는 것일까?

지금까지 살펴본 것처럼 스타트업이든 대기업이든 미래 조직모델 설계에 대한 고민은 필요하다. 그 고민이 바로 현재를 미래로 이어주는 가교 역할을 할 것이기 때문이다. 그리고 그 고민의 주체는 당연히 '사람'이 되어야 한다. 전략을 실현하는 것은 결국 사람이고, 그 '사람'을 담아내는 그릇이 바로 조직이기에 그렇다.

'미래 조직모델'은 경영에 중요한 부분이며, 따라서 미래 조직을 설계하는 것은 최고경영진의 중요한 책무이다. 동시에, 최고경영진 구성 자체가 미래 조직설계의 일부이므로 최고경영진은 미래 조직설계의 주체이자 객체라 볼 수 있다.

## 미래 조직설계의 중추, 최고경영진

최고경영진은 영어로 C-Suite[21]라고 부르는 것이 일반적이지만, Strategic Apex,[22] Corporate Center[23] 등 다양한 용어로 불린다. 최고경영진을 C-Suite로 표현할 때는 사업을 맡고 있는 사업부장들은 제외한 Chief

Officer들, 즉 CEO(Chief Executive Officer), CFO(Chief Financial Officer), CTO(Chief Technology Officer) 등으로 구성된 팀(Top Management Team)을 의미한다. 1980년대 이후 경영학계에서는 최고경영진 구성이 회사의 성과에 미치는 영향을 연구하는 분야(upper echelons theory)[24]가 별도로 있을 정도로 C-Suite가 기업 경영에서 중요한 부분을 차지한다.

　C-Suite는 CEO(Chief Executive Officer), CFO(Chief Financial Officer), COO(Chief Operating Officer), CTO(Chief Technology Officer), CIO(Chief Information Officer), CMO(Chief Marketing Officer), CHRO(Chief Human Resource Officer) 등으로 구성된다.[25] C-Level 각각이 맡고 있는 주요 역할

▼ 도표 5-6 : C-Suite의 주요 역할

| 구분 | 주요 역할 |
|------|-----------|
| CEO | 다른 C-Suite 멤버와 조직구성원 전체를 총괄, 회사 전체 경영에 대한 책임과 권한 보유 |
| CFO | 본래 회사의 재무/회계를 관리하던 역할에서 최근 투자자/이사회/다른 Suite와의 조율 역할까지 확대 중 |
| COO | 회사의 상품/서비스를 고객에게 전달하는 역할 담당 회사가 영위하는 업에 따라 세부 기능은 상이 |
| CTO | 외부 기술 동향을 살피고 내부에서 기술을 연구/개발하여 회사의 기술 경쟁력을 유지하는 역할을 수행 |
| CIO | 기술 기반으로 기업 내부 업무 프로세스를 혁신하여 운영상 최고 수준(Operational Excellence)을 유지 |
| CMO | 기업의 상품/서비스가 더 잘 팔릴 수 있도록 시장에 상품/서비스를 알리는 역할 수행 |
| CHRO | 회사의 인적자원을 관리하는 역할을 수행 (인재 확보/배치/평가/보상/양성) |

은 〈도표 5-6〉과 같이 요약할 수 있다.

최고경영진 구성은 미래 조직설계의 출발점이다. 조직에서 가장 큰 책임과 권한을 갖는 핵심 포스트(Post)를 설정하고, 그 자리에 가장 적합한 인물을 선임하는 일이기 때문이다. 즉, C-Suite 구성은 반드시 일반론을 따라간다기보다 회사의 소속 업종, 성숙 단계, CEO 성향 등에 따라 상이할 수 있다.

일례로 COO는 지난 수년간 가장 큰 폭으로 감소한 포스트다. 2000년에는 미국 포천(Fortune) 500 및 S&P 500 기업의 48%가 COO 포스트를 운영했지만, 2018년에는 32%만이 COO 포스트를 유지하고 있다.[26] 하지만 애플[27]은 COO 역할을 담당했던 팀 쿡이 CEO로 승진한 이후에도 여전히 새로운 COO 제프 윌리엄스(Jeff Williams)가 최고경영진의 한 자리를 차지하고 있다. 애플의 COO는 애플의 제품을 생산, 유통, 판매하는 역할을 담당한다. COO 포스트가 사라지는 동향 속에서도 가장 전통적 개념의 COO 포스트를 계속해서 운영 중인 것이다. 반면 마이크로소프트[28]는 사티아 나델라가 취임하면서 여러 사업부를 조율하는 역할을 맡았던 COO 포스트를 없애고 그 책임과 권한을 CFO와 CMO 등에게 분산시켰다. 이는 기능 간 조정에 조금 더 자원을 투자하더라도, 하나의 포스트에 권한이 쏠리는 것보다는 여러 기능이 균형 있게 조화를 이루는 것을 지향하는 CEO의 의도가 반영된 결과라 볼 수 있다. 이처럼 최고경영진 구성은 각 기업의 현실을 반영하여 맞춤화된 형태로 운영된다.

한편 사업을 책임지는 리더를 포함한 경영진을 서구 기업에서는 리더십팀 또는 시니어 리더십팀이라 부른다. 애플과 마이크로소프트의 리더십팀을 통해 최고경영진 구성에 대해 좀 더 구체적으로 살펴보자.

### ①애플의 리더십팀: 양손잡이, 애자일, 합종현횡의 장

애플의 리더십을 살펴보면, 연구개발을 총괄하는 하나의 포스트를 운영하지 않고, 하드웨어 요소 기술이나 부품 기술을 연구하는 포스트(H/W Tech.), 하드웨어 제품(아이폰/맥북 등)을 개발하는 포스트(H/W Eng.), 소프트웨어를 개발하는 포스트(S/W Eng.)를 나누어 테크 기업으로서 '깊이'를 추구한다.

또한 앱스토어, 아이튠즈, 애플뮤직, 아이클라우드, 애플페이 등의 서비스를 담당하는 별도 조직도 편제했는데, 이는 앞서 10장에서 살펴본 양손잡이 조직 전략을 응용한 것이다. 그리고 애플의 하드웨어 제품과 연계되

▼ 도표 5-7 : 애플의 리더십팀(2024년 10월 기준)

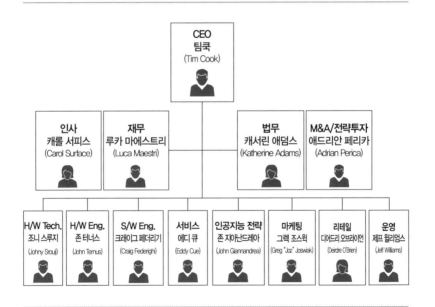

자료: 〈https://www.apple.com/leadership/〉을 바탕으로 재구성.

어 애플 사용자들에게 더 나은 경험을 제공하면서도 별도의 매출과 수익을 만들어내는 곳이 서비스 조직이다. 서비스 조직 산하에는 앞서 9장에서 살펴본 애자일 조직형태로 각 서비스들이 상품기획, 개발, 운영 등의 기능을 보유한 완결형으로 구조화되어 있다. 즉 애플은 회사 전체를 애자일 조직으로 구조화하지 않고, 애자일 구조가 가장 잘 적용될 수 있는 곳에만 적용했다. 이런 점도 미래 조직을 꾸려가는 데 중요한 팁이 될 수 있다.

애플은 본 사업 외에도 기술 변화에 대응하고 새로운 사업에 투자하려는 의지를 조직구조에 반영했다. 이를테면 2018년에는 AI 시대에 발맞추어 인공지능 전략을 담당하는 별도 포스트를 신설하고 새로운 리더를 영입했다.[29] 또한 동종과 이종을 가리지 않는 기업 인수합병과 스타트업 생태계에 대한 투자를 위하여 M&A/전략투자 포스트를 운영한다. 애플은 대형 M&A보다는 기술과 인재 흡수를 위한 소규모 M&A를 진행하는 것으로 잘 알려져 있다. 플래시메모리 회사 아노비트(2011년, 4억 달러), 지문인식 센서 회사 프라임센스(2013년, 3.5억 달러), 음향기기 회사 비츠(2014년, 30억 달러), 머신러닝 회사 투리(2016년, 2억 달러), 자율주행 회사 드라이브닷 에이아이(2019년, 인수금 비공개), VR 콘텐츠 회사 넥스트 VR(2020년, 1억 달러) 등을 그러한 예로 들 수 있다.[30]

### ②마이크로소프트의 리더십팀: 전문가들 간의 협업 조직

마이크로소프트의 리더십팀은 애플에 비해서는 소수정예로 구성되어 있는데, 이는 기능별 전문성을 가진 리더들의 협업과 조화를 중요하게 생각하는 CEO의 철학이 잘 반영된 형태다.

종류를 구분하지 않고 모든 상품과 서비스에 대한 영업은 커머셜 조직에서, 상품 마케팅, 브랜딩, 광고, 시장조사 등은 마케팅 조직에서 전담한다. 이는 나델라 이전의 마이크로소프트가 상품군 단위로 영업과 마케팅 기능을 내재화했던 것과 크게 차이가 난다. 더는 상품 조직별로 서로 더 많은 매출과 이익을 올리겠다고 경쟁할 필요가 없게 된 것이다.

대신 상품 기획, 연구개발, 운영 조직을 큰 상품군 단위로 통합하고, 해당 조직 내부에 작은 상품군 단위의 애자일 조직을 편제하고 있다. 이는 상품 조직이 기민하게 작동할 수 있도록 도와줄 뿐 아니라 고객이나 시장 반응에 따라 특정 상품 조직을 더 확장하거나 폐쇄하는 데 굉장히 유용한 형태이다. 마이크로소프트도 애플과 마찬가지로 조직 전체를 애자일 형태로

▼ **도표 5-8 : 마이크로소프트의 리더십팀(2024년 10월 기준)**

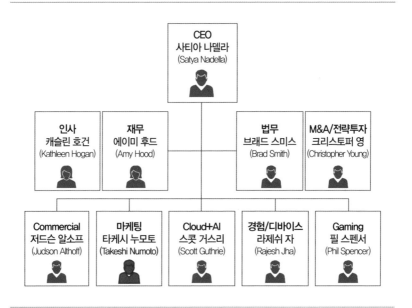

자료: <https://news.microsoft.com/leadership/>을 바탕으로 재구성.

구조화하지는 않았지만 소프트웨어 기업인 만큼 개발이 포함된 상품 조직만은 애자일 조직을 적용하여 조직운영의 유연성을 높인 것이다.

또한 마이크로소프트 역시 조직 내부에서 직접 개발한 상품과 서비스를 통해서만이 아니라 외부에서 유망한 기업을 인수하는 것을 통해서도 성장할 수 있도록 M&A/전략투자 포스트를 별도로 두고 있다. 이 덕분에 마이크로소프트는 모장(2014년, 25억 달러), 링크드인(2016년, 262억 달러), 깃 허브(2018년, 75억 달러), 제니맥스 미디어(2020년, 75억 달러), 뉘앙스 커뮤니케이션즈(2021년, 197억 달러), 액티비전 블리자드(2022년, 687억 달러) 등을 인수했고, 오픈AI(2023년)에도 130억 달러 규모의 전략적 투자를 하는 등 외부 기회를 지속적으로 발굴·포착하고 있다.[31] M&A는 빠른 시간 안에 새로운 상품, 사업, 기술을 획득할 수 있고, 조직 관점에서도 새로운 인력들이 대거 유입되기 때문에 미래를 여는 하나의 방법이 될 수 있다.

또한 마이크로소프트가 '런처(launcher)'라는 프로그램을 통해 외부 스타트업에 기술적·금전적 혜택을 제공하고,[32] '개라지' 프로그램을 통해 내부에서도 사내벤처 설립과 실험적 아이디어 구현을 지원하는 것은[33] 기존 조직 안에서 만들어내지 못하는 새로운 시도를 장려하기 위한 것이라 볼 수 있다.


## 미래 조직 준비의 첫발, 최고경영진 구성

이처럼 몇 개의 포스트에 지나지 않는 최고경영진을 어떻게 구성하고, 각각의 포스트 산하의 조직구조를 어떻게 잘 설계하고 운영하느냐에 따라

우리는 충분히 미래를 준비하는 조직을 만들어갈 수 있다. 혁신 담당 조직을 꼭 별도 편제하지 않더라도 미래를 그리는 방법이 조직구조 안에 존재하는 것이다. 큰 기업이든 작은 기업이든 CEO로부터 출발해 이러한 노력을 기울여야 하겠지만, 일단 CEO에 의해 리더십팀이 구성되었다면 모두가 함께 미래를 그려나가며 시너지를 창출해야 한다.

특히 아직 인사 담당 전문가를 갖추지 못한 스타트업에서는 CEO와 공동 창업자의 역할이 더더욱 중요하다고 할 수 있겠다. 가령 스타트업의 경우에는 Chief라는 직함을 맥킨지에서 언급한 것보다 더 세분화해 사용하기도 한다. 최고 커뮤니케이션 책임자, 최고 구매 책임자, 최고 과학 책임자 등을 두는 것이다.

하나의 기능이나 직무에 여러 명이 포진된 대기업에서 의사결정을 위해, 또는 해당 기능의 최고 전문성을 가진 사람을 가늠하기 위해 Chief라는 직함을 부여한다면, 스타트업에서는 인재 영입을 위하여 Chief 직함을 달아주는 경우도 드물지 않게 존재한다.

그러나 우리가 이미 이 책의 3~6장에서 살펴보았듯 스타트업은 처음에는 작은 팀으로 시작하지만 그 후 지속적으로 성장하게 될 것이다. 초기에 특정 직무를 담당하던 사람이 조직이 커진 뒤 Chief로서 하나의 기능을 총괄하고 또 적시에 적합한 의사결정을 내릴 수 있을지는 아무도 알 수 없다. 그렇다고 해서, 나중에 C-Suite를 CEO가 임의로 교체하는 것도 적절하지 않으며, 가능한 일도 아니다. 한번 부여한 직함을 회수하거나 권한과 책임을 줄이기란 실상 쉬운 일이 아니기 때문이다.

그러므로 스타트업은 작은 리더십팀으로 출발하여 기업이 커지는 과정에서 각각의 기능을 책임지는 수장을 결정할 때 조금 더 신중하게 숙고하여 임명하는 것이 미래 조직을 만들어가는 가장 합리적인 방법일 수 있다. 마이크로소프트조차 Chief 직함을 달고 있는 고위 임원은 대략 10명 이내이고, 애플도 단일 인물이 CTO로서 기술개발을 총괄하지 않고 전문성을 가진 3명의 기술 전문가가 이를 나누어 맡고 있다.

## 미래 조직을 준비하는 첨병, 인사팀

서구 기업에서는 현장 리더들이 조직설계의 권한을 가진 경우가 많고, 그래서 데이브 울리히(Dave Ulrich)[34]의 3필러 모델(3 Pillar Model)이 유효하게 적용되고 있다. 이 모델은 인사 업무를 인사의 기능별 전문성을 갖고 제도와 정책을 기획하고 설계하는 전문가 집단, 현장 리더들이 가진 조직설계와 인력 운영에 대한 권한 행사를 지원하는 비즈니스 파트너, 인사 관련 행정 업무를 실행하고 운영하는 실무자 집단 등 셋으로 나누는 것이 특징이다. 즉, 어디까지나 현장에 조직설계 및 임원 임면 권한이 주어져 있다는 것이 이 모델의 전제이기 때문에 아직 인사팀이 임원 임면에 대한 주요한 역할을 하는 국내 기업과는 인사환경이 매우 다르다. 물론 조직 편제와 임원 임면에 대한 최종 의사결정을 내리는 주체가 CEO라는 것은 서구 기업이나 국내 기업이나 동일하지만, 그 권한을 현장 리더가 이양받는 것과 인사팀 리더가 이양받는 것은 '누가 미래 조직을 준비할 것인가?'라는 질문에 답할 때 매우 중요한 영향을 미친다.

기업마다 차이가 있겠지만 한국 기업에서는 대체로 인사팀 내 임원 인사를 담당하는 유닛에서 조직개편안과 임원 임면을 위한 일종의 기획안을 제출하고, CEO가 이를 승인하는 형태로 연 단위 인사가 이루어진다. 따라서 인사팀은 현재 조직이 잘 운영될 수 있도록 운영의 효율성을 추구하는 것뿐 아니라 미래 조직을 설계하고 준비해야 한다는 막중한 의무를 갖는다. 이러한 의무를 잘 이행하려면 과연 인사팀은 무엇을 준비해야 할까?

먼저, 경쟁사의 조직구조 변화 동향을 수시로 체크할 필요가 있다. 조직 구조 모니터링은 사업방향의 변화, 새로운 인재 영입 등 경쟁사에서 일어나는 핵심적 변화를 엿볼 수 있는 좋은 방법 중 하나다. 경쟁사의 조직구조는 기본적으로는 비공개(confidential) 영역이지만 신문 기사, 기업공시 자료, 회사 홈페이지 등을 통해 간접적으로 확인해볼 수 있다. 일례로 애플이 구글로부터 존 지아난드레아(John Giannandrea)를 영입한 기사[35]를 통해 향후 애플이 자사의 인공지능 서비스인 '시리'를 더 강화할 계획임을 추론해볼 수 있다. 마이크로소프트의 딥마인드의 공동 창업자 무스타파 술레이만(Mustafa Suleyman)을 인공지능 사업 책임자로 영입한 기사[36]에서도 마이크로소프트의 AI 연구개발 및 제품 경쟁력을 강화하려는 의도를 엿볼 수 있다. 이 같은 정보를 기반으로, 우리 회사의 인공지능 조직의 기술력은 어느 수준인지, 보강할 필요가 있는지 여부를 판단하는 계기로 삼을 수 있다.

둘째, 중장기 사업전략, 기술확보 전략 등 우리가 수립한 미래 전략방향을 확인하고, 미래를 만들어가기 위해 필요한 역량(capability)은 구체적으로 무엇인지 정의해볼 수 있다. 만약 이런 역량을 외부 시장 또는 내부에서 적절한 사람을 확보하는 것으로 채울 수 있다면, 새로운 조직을 편제하는 것도 충분히 가능한 시나리오다. 특히 내부에서 양성한 인력이 미래를 책임질 만한 역량을 가지고 있다면 더할 나위가 없다. 하지만 앞서 7장에서 살펴본 바와 같이 요구되는 역량이 항상 내부에 존재하는 것은 아니다. 만약 전략방향의 실현 가능성과 미래를 위해 필요한 역량을 가진 인재를 외부에서 확보해야 한다면, 이 인재의 현장에서의 활용 가능성은 현장 관리자들과 소통하여 점검해야 할 것이다. 이때 인사팀의 역할은 데이브 울리히가 언급한 비즈니스 파트너와 크게 다르지 않다. 현업에서 필요로 하는 사람을 찾기보다 인사팀이 우수 인력을 확보하는 일 자체에 매몰되어 채용이 이루어진다면 그것은 자칫 보여주기식 채용에 지나지 않을 수 있으므로 인사팀은 현업 리더와 밀착하여 가장 적합한(fit) 인재를 확보하고 양성하는 데 기여해야 한다.

셋째, 조직 성과관리 체계, 업무 프로세스, 조직문화 등을 조직구조와 연계하여(align) 상시 정비해야 한다. 구조를 만들고 사람을 배치했다고 해서 그것만으로 조직이 잘 운영되는 것은 아니다. 각 조직 내 포스트별 성과목표뿐 아니라 포스트와 포스트 간 협업을 장려할 수 있는 성과목표와 조정 체계까지 갖추어야 비로소 완결적 형태의 조직모델이라 할 수 있다. 또한 각 조직이 수행하는 업무 프로세스를 정비하고 조직구조를 설계할 때의 철학을 담아 조직문화도 구축해나가야 한다. 예를 들어 기민한 조직을 만들고자 애자일 조직을 도입했는데 C-Suite가 각 애자일 단위조직을 강력하게 통제한다면 자율적이고 고객 지향적 문화는 구축되기 어려울 것이다.

마지막으로, 미래의 최고경영진이 될 수 있는 리더 후보군을 발굴하고 이들을 미리 양성하는 석세션 플랜 수립도 인사팀에 매우 중요한 과제다. 인사팀의 자원이 허락한다면 최고경영진의 석세서만이 아니라 직책 포스트 중 더 핵심적이고 가치가 높은 포스트들을 별도 선정하여 1차 관리자까지 석세션 플랜의 범위를 폭넓게 확대하는 것이 이상적이다. 우리가 이미 2장에서 언급한 것처럼 때로는 전략이 아니라 조직에 의해 전략방향이 만들어지는 경우도 있을 것이며, 결국 조직설계란 사람을 전혀 고려하지 않고 이루어지기는 어려운 일인 것이다. 따라서 미래를 책임질 인재를 지속적으로, 끊기지 않게 키워내는 일이 중요하다. 이는 인사팀이 가장 잘할 수 있는 일이면서 인사팀의 가장 본질적인 미션이기도 하다.

## 미래 조직모델 설계를 위한 여정

이 책에서 우리는 환경변화에 대응하여 미래를 준비하기 위한 도구로서의 '조직모델'을 살펴보았다. 여러 이론과 사례를 다루었지만, 조직모델을 설계하는 과정에서 반드시 짚고 넘어가야 하는 원론적 사항은 다음 2가지로 요약될 수 있다.

첫째, 조직모델은 단순히 구조만을 의미하지 않는다. 조직모델은 개념적 수준에서 구체적 수준까지 다양한 요소가 결합된 것이다.[37] 경영철학에 기초한 문화에서 조직구조, 제도와 프로세스, 사람(구성원)까지 모두 연결되어야 비로소 조직모델이라 부를 수 있다. 각각을 별개로 설계하면 조직이 제대로 작동하기 어렵다. 또한 조직이란 것이 반드시 전략에 후행하는 것은 아니므로 조직모델을 설계할 때 전략에 대한 고민도 동시에 하는 것이 좋다. 현실세계에서는 전략과 조직을 담당하는 부서가 별개일 소지가 크기에 두 부서 간의 긴밀한 협업이 요구된다.

둘째, 조직모델의 변화는 하루아침에 이루어지는 것이 아니다. 그러므로 점진적이고 반복적으로 '재설계-이행' 과정을 반복해야 한다. 중요한 것은

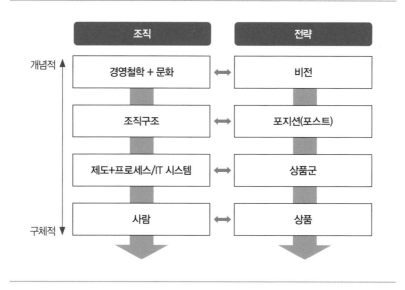

시간이 흘러가면서 조직모델에 영향을 주는 환경과 조직모델을 실현하는 주체인 사람이 모두 변한다는 사실이다. 따라서 어떤 조직을 만드는 것이 지금 이 시점에, 또는 1년 뒤, 5년 뒤에 효과적일지 가늠하여 완벽하게 판단하기란 쉽지 않다. 결국 미래 조직을 설계할 때 단 하나의 정답을 도출할 수는 없지만 '미래'를 너무 긴 시점 뒤로 잡기보다는 조금 더 짧은 주기로, 수시로 조직을 재설계한다고 생각하면 보다 기민한 구조를 가진 조직이 될 수 있지 않을까? 예측이 어렵다면 변화를 선도하는 것이 미래를 만들어가는 효과적 접근이 될 수 있을 것이다. 조직은 변화를 계획하고 실행하는 과정을 반복하는 지속적이고 집단적인 학습체이다. 말 그대로 조직이기 때문에 한두 사람의 사고와 의지만으로 변화가 이루어질 수 없다. 헨리 포드가 말했듯 "모두 함께 앞으로 나아가면 성공은 저절로 따라온다(If Everyone is Moving Forward Together, then Success Takes Care of Itself)". 그러므로 미래 조직 모델을 만들기 위한 긴 여정을 함께 걸어 나가자는 말로 이 책을 마치고자 한다.

# 5부
# KEY TAKEAWAYS

1. 이사회는 주주총회와 더불어 기업의 법적 최고 의사결정 기구라는 것 이해하기

2. 의사결정의 전문성과 효과성을 높일 수 있는 이사회 구성 및 운영 방식 설계하기

3. 미래 조직모델의 설계는 최고경영진, 즉 C-Suite 구성에서 출발한다는 것 인지하기

4. 이사회는 조직의 장기적 생존을 위한 미래 조직 방향성을 경영진과 함께 고민하기

5. 인사팀은 수시로 외부·내부 환경을 살펴 조직모델을 설계해야 한다는 점 이해하기

6. 조직모델은 영구적인 것이 아니라 지속적으로 변화할 수 있다는 것 유념하기

## 1부 조직모델을 바라보는 시각

1. Microsoft Stories (2015). "Aligning Our Strategy and Structure". Satya Nadella Email to Employees on Aligning Engineering to Strategy. ⟨https://news.microsoft.com/2015/06/17/satya-nadella-email-to-employees-on-aligning-engineering-to-strategy/⟩.

2. Hill, A., Mellon, L., & Goddard, J. (2018). "How Winning Organizations Last 100 Years". *Harvard Business Review*. ⟨https://hbr.org/2018/09/how-winning-organizations-last-100-years⟩.

3. Mann, B. (2021). "FAANG is Dead. Long Live MANAMANA". The Motley Fool. ⟨https://www.fool.com/investing/2021/11/05/faang-is-dead-long-live-manamana⟩.

4. Bonnet, D., Buvat, J., & KVJ, S. (2017). "When Digital Disruption Strikes: How Can Incumbents Respond?". Capgemini Consulting.

5. Segal, E. (2023). "The 9 Biggest Risks & Threats That Companies Will Face In 2024". *Fobes*.

6. Bradley, C., & Doherty, R. (2022). "The Ten Rules of Growth". Mckinsey.

7. 김인수 (1999). 《거시조직이론》. 무역경영사.

8. Weber, M. (1947). *The Theory of Social and Economic Organizations*. New York: Free Press.

9. Crozier, M., & Thoenig, J. C. (1976). "The Regulation of Complex Organized Systems". *Administrative Science Quarterly*. pp. 547-570.

10. 〈https://talent.hyundai.com/team/list.hc〉.

11. 〈https://live.lge.co.kr/lg-q2-earnings/〉.

12. Galbraith, J. R. (1977). *Organization Design*. Ma.: Addison-Wesley.

13. Bhattacharya, A., Bürkner, H., Bailey, A., & Verma, S. (2022). "The Organization of the Future Is Fractal". BCG.

14. Salo, O. (2017). "How to Create an Agile Organization". McKinsey.

15. McDowell, T., Rahnema, A., & Van Durme, Y. (2017). "The Organization of the Future: Arriving Now". Deloitte Insight.

16. SHRM (2020). "Understanding Organizational Structures". SHRM Digital.

17. Chandler, A. D. (1962). *Strategy and Structure: Chapters in the History of the Industrial Empire*. The MIT Press.

18. Mintzberg, H., Ahlstrand, B., & Lampel, J. B. (2009). *Strategy Safari*. 2nd Edition. Pearson UK.

19. Mintzberg, H., Ahlstrand, B., & Lampel, J. B. (2009). *Strategy Safari*. 2nd Edition. Pearson UK.

20. Quinn, J. B. (1978). "Strategic Change: Logical Incrementalism". *Sloan Management Review* (pre-1986), 20(1), 7.

21. 저자들이 마이크로소프트 본사를 방문하여 진행한 인터뷰에서 발췌.

22. Nadella, S. (2014). "Mobile First, Cloud First Press Briefing". 〈https://news.microsoft.com/2014/03/27/satya-nadella-mobile-first-cloud-first-press-briefing/〉.

23. 사티아 나델라 (2018). 《히트 리프레시》. 최윤희 역. 흐름출판.

## 2부 신생기업의 조직모델

1. Blank, S., & Dorf, B. (2012). *The Startup Owner's Manual: The Step-by-Step Guide for Building a Great Company*. John Wiley & Sons.

2. 권도균 (2015).《권도균의 스타트업 경영 수업》. 위즈덤하우스.

3. Kazanjian, R. K. (1988). "Relation of Dominant Problems to Stages of Growth in Technology-Based New Ventures". *Academy of Management Journal*, 31(2), 257–279.

4. 권도균 (2015).《권도균의 스타트업 경영 수업》. 위즈덤하우스.

5. Fisher, G., Kotha, S., & Lahiri, A. (2016). "Changing with the Times: An Integrated View of Identity, Legitimacy, and New Venture Life Cycles". *Academy of Management Review*, 41(3), 383–409.

6. Ries, E. (2011). *The Lean Startup: How Today's Entrepreneurs Use Continuous Innovation to Create Radically Successful Businesses*. Crown Currency.

7. 배종태·차민석 (2009). "기업가정신의 확장과 활성화".《중소기업연구》, 31(1), 109–128.

8. 김인수 (1999).《거시조직이론》. 무역경영사.

9. Blank, S., & Dorf, B. (2020). *The Startup Owner's Manual: The Step-by-Step Guide for Building a Great Company*. John Wiley & Sons.

10. 박지은 (2011). "대기업의 팀 효과성과 팀 다양성 및 팀 학습 행동의 관계". 미출판 석사학위 논문. 서울대학교.

11. 주현미 (2012). "대기업 팀의 응집력과 학습 행동, 상사의 리더십행동 및 성과의 관계". 미출판 박사학위 논문. 서울대학교.

12. Beckman, C. M. (2006). "The Influence of Founding Team Company Affiliations on Firm Behavior". *Academy of Management Journal*, 49(4), 741–758.

13. Chowdhury, S. (2005). "Demographic Diversity for Building an Effective Entrepreneurial Team: Is It Important?". *Journal of Business Venturing*, 20(6), 727–746.

14. Beckman, C. M., Burton, M. D., & O'Reilly, C. (2007). "Early Teams: The Impact of Team Demography on VC Financing and Going Public". *Journal of Business Venturing*, 22(2), 147–173.

15. Klotz, A. C., Hmieleski, K. M., Bradley, B. H., & Busenitz, L. W. (2014). "New

Venture Teams: A Review of the Literature and Roadmap for Future Research". *Journal of Management*, 40(1), 226–255.

16. Cooney, T. M. (2005). "What Is an Entrepreneurial Team?". *International Small Business Journal*, 23, 226–235.

17. Klotz, A. C., Hmieleski, K. M., Bradley, B. H., & Busenitz, L. W. (2014). "New Venture Teams: A Review of the Literature and Roadmap for Future Research". *Journal of Management*, 40(1), 226–255.

18. Klotz, A. C., Hmieleski, K. M., Bradley, B. H., & Busenitz, L. W. (2014). "New Venture Teams: A Review of the Literature and Roadmap for Future Research". *Journal of Management*, 40(1), 226–255.

19. Beckman, C. M., Burton, M. D., & O'Reilly, C. (2007). "Early Teams: The Impact of Team Demography on VC Financing and Going Public". *Journal of Business Venturing*, 22(2), 147–173.

20. Beckman, C. M., Burton, M. D., & O'Reilly, C. (2007). "Early Teams: The Impact of Team Demography on VC Financing and Going Public". *Journal of Business Venturing*, 22(2), 147–173.

21. Lechler, T. (2001). "Social Interaction: A Determinant of Entrepreneurial Team Venture Success". *Small Business Economics*, 16(4), 263–278.

22. 박정우·김진모 (2020). "초기 스타트업 창업가의 기업가적 리더십, 팀 학습 행동, 팀 경계 확장 행동 및 지각된 성과의 관계". 《중소기업연구》, 42(1), 135–165.

23. 〈https://www.ycombinator.com/library/6r–building–culture〉.

24. Rowghani, A. (2016). "What's the Second Job of a startup CEO?". Y Combinator Blog.

25. Doerr, J. (2018). *Measure What Matters: OKRs: The Simple Idea That Drives 10x Growth*. Penguin UK.

26. Ostroff, F. (1999). *The Horizontal Organization: What the Organization of the Future Actually Looks Like and How It Delivers Value to Customers*. Oxford University Press.

27. Teece, D. J. (2007). "Explicating Dynamic Capabilities: The Nature and Microfoundations of (Sustainable) Enterprise Performance". *Strategic Management Journal*, 28(13), 1319–1350.

28. Mintzberg, H. (1993). *Structure in Fives: Designing Effective Organizations*. Prentice–Hall, Inc.

29. Tushman, M. (1988). "Executive Leadership and Organizational Outcomes: An Evolutionary Perspective." *In The Executive Effect: Research in Executive Leadership*, edited by D. Hambrick. Greenwich, CT: JAI Press,

30. Constantin, B., & Georgian, B. (2008). "Vision, Mission and Corporate Value; A comparative Analysis of the Top 50 US Companies". *Management & Marketing*, 3(3), 19–38.

31. Charles, W. L., & Gareth, R. J. (2001). "Strategic Management". *Academy of Management Review*, 18, 75–83.

32. The Josh Bersin Company (2021). "The Definitive Guide: Employee Experience".

33. ⟨https://www.glassdoor.co.uk/blog/mission–culture–survey/⟩.

34. Chatman, J. A., & Cha, S. E. (2003). "Leading by Leveraging Culture". *California Management Review*, 45(4), 20–34.

35. Gaidhani, S., Arora, L., & Sharma, B. K. (2019). "Understanding the Attitude of Generation Z towards Workplace". *International Journal of Management, Technology and Engineering*, 9(1), 2804–2812.

36. Kim Jungin (2021). "Perceived (In)Justice and Response Behavior of Civil Servants of MZ Generation Using Farrell Model: Comparative Study of MZ Generation and Older Generation Civil Servants". *Korea Public Administration Journal*, 30(4), 141–175.

37. Schroth, H. (2019). "Are You Ready for Gen Z in the Workplace?". *California Management Review*, 61(3), 5–18; Rampton, J. (2017). "Different Motivations for

Different Generations of Workers: Boomers, Gen X, Millenials, and Gen Z". Inc.

38. Aquino, K., Galperin, B. L., & Bennett, R. J. (2004). "Social Status and Aggressiveness as Moderators of the Relationship Between Interactional Justice and Workplace Deviance". *Journal of Applied Social Psychology*, 34(5), 1001–1029.

39. Cropanzano, R., Bowen, D. E., & Gilliland, S. W. (2007). "The Management of Organizational Justice". *Academy of Management Perspectives*, 21(1), 34-48.

40. Kets de Vries, M. F., & Miller, D. (1984). "Neurotic Style and Organizational Pathology". *Strategic Management Journal*, 5(1), 35–55; Sampson, A. (1973). *The Sovereign State of ITT*. Stein and Day; Bylinsky, G. (1976). *The Innovation Millionaires: How They Succeed*. Scribner Book Company.

41. Brown, S. L., & Eisenhardt, K. M. (1998). *Competing on the Edge: Strategy as Structured Chaos*. Harvard Business Press; Karim, S. (2006). "Modularity in Organizational Structure: The Reconfiguration of Internally Developed and Acquired Business Units". *Strategic Management Journal*, 27(9), 799–823.

42. Girod, S. J., & Whittington, R. (2017). "Reconfiguration, restructuring and firm performance: Dynamic capabilities and environmental dynamism". *Strategic Management Journal*, 38(5), 1121–1133.

43. Porter, M. E. (1985). *The Competitive Advantage: Creating and Sustaining Superior Performance*. NY: Free Press. (Republished with a new introduction, 1998).

44. Kaplinsky, R., & Morris, M. (2000). *A Handbook for Value Chain Research*. Vol. 113. Brighton: University of Sussex, Institute of Development Studies.

45. IBM Institute for Business Value analysis (2020). "Component Business Models: Making Specialization Real".

46. 홍길표·정충식·김판석 (2014). "협업정부 구현을 위한 행정공유서비스센터 도입방안 연구—정부 공유서비스센터 선진국 사례연구를 기반으로". 《정보화정책저널》, 21(3), 33–55.

47. Santosh, K. P. (2013). "Shared Services Center Optimization: From Cost Reduction to Strategic Partnership". GENPACT White Paper (www.genpact.com).

48. Weisbord, M. R. (1976). "Organizational Diagnosis: Six Places to Look for Trouble with or Without a Theory". *Group Organization Management*, 1, 430–447.

49. Waterman Jr, R. H., Peters, T. J., & Phillips, J. R. (1980). "Structure is Not Organization". *Business horizons*, 23(3), 14–26.

50. 〈https://tompeters.com/2011/03/a-brief-history-of-the-7-s-mckinsey-7-s-model/〉.

51. 〈https://www.cwn.kr/news/articleView.html?idxno=4457〉.

52. 김영천 (2012). 《질적연구방법론 I》. 아카데미프레스. 326쪽.

53. 〈https://www.forbes.com/sites/jackkelly/2020/02/14/teslas-leaked-employee-handbook-is-as-unconventional-as-its-founder-elon-musk/?sh=336562d57ec2〉.

54. 반진욱 (2023). "휴먼 리스크 줄여라… 新 인재 채용 트렌드 붙임성 좋은 직원 어디 없나요? 능력보다 인성… 확 바뀐 채용 시장". 《매경이코노미》. 56–58쪽.

55. 〈https://toss.im/career/article/core-values-are-evolving〉.

56. Cohen, S. G., & Bailey, D. E. (1997). "What Makes Teams Work: Group Effectiveness Research from the Shop Floor to the Executive Suite". *Journal of Management*, 23(3), 239–290.

57. Collins, A., & Baccarini, D. (2004). "Project Success – A Survey". *Journal of Construction Research*, 5(2), 211–231; Cohen, S. G., & Bailey, D. E. (1997). "What Makes Teams Work: Group Effectiveness Research from the Shop Floor to the Executive Suite". *Journal of Management*, 23(3), 239–290; Mumford, M. D., & Gustafson, S. B. (1988). "Creativity Syndrome: Integration, Application, and Innovation". *Psychological Bulletin*, 103(1), 27–43.

58. 콜린 브라이어·빌 카 (2021). 《순서 파괴: 지구상 가장 스마트한 기업 아마존의 유일한 성

공 원칙》. 유정식 역. 다산북스.

59. 〈https://www.startuplessonslearned.com/2015/01/mvps-and-excellence. html〉.

60. 스티븐 데닝·개리 해멀 (2019). 《애자일, 민첩하고 유연한 조직의 비밀》. 박설영 역. 어크 로스.


## 3부 성장한 기업의 조직모델

1. 〈https://www.weforum.org/publications/the-future-of-jobs-report-2023/〉.

2. 〈https://zdnet.co.kr/view/?no=20231127102314〉.

3. 〈https://careers.microsoft.com/v2/global/en/culture〉.

4. McClelland, D. C. (1973). "Testing for Competence Rather Than for 'Intelligence'". *American Psychologist*, 28(1), 1–14.

5. 〈https://www2.deloitte.com/kr/ko/pages/human-capital/articles/20230906. html〉.

6. 〈htps://www.kornferry.com/insights/featured-topics/organizational-transformation/redefining-a-skills-based-organization〉.

7. 〈https://hbr.org/2021/06/you-need-a-skills-based-approach-to-hiring-and-developing-talent〉.

8. 김덕중 (2024). "HR 관점을 바꾸는 시작점, 뉴칼라". 《월간인사관리》. 2024년 2월호(통권 414호).

9. 〈https://www.unilever.com/news/press-and-media/press-releases/2019/unilever-launches-ai-powered-talent-marketplace/〉.

10. 국내에서 사업을 진행 중인 GE, IBM 등을 포함한 글로벌 기업, 국내 회사의 인사 담당 자, 서치펌 근무자에 대한 저자들의 인터뷰를 통해 파악한 내용.

11. 〈https://www.fastcompany.com/90994540/apple-next-ceo-tim-cook-succession-dua-lipa〉.

12. Rothwell, W. (2010). *Effective Succession Planning: Ensuring Leadership Continuity and Building Talent from Within.* Amacom Books.

13. ⟨https://www.itworld.co.kr/news/85809⟩.

14. "삼성전자, 2023년 2분기 실적 발표" (2023. 7. 27). 삼성전자 뉴스룸.

15. "LG전자, 2023년 2분기 역대 최고 수준 실적" (2023. 7. 7). LG전자 뉴스룸.

16. Williamson, O. E. (1975). "Markets and Hierarchies: Analysis and Antitrust Implications: A Study in the Economics of Internal Organization". University of Illinois at Urbana–Champaign's Academy for Entrepreneurial Leadership Historical Research Reference in Entrepreneurship.

17. INSEAD (2017). "Successes and Failures of Amazon's Growth Strategies".

18. ⟨https://www.agilealliance.org/agile101/the–agile–manifesto/⟩.

19. Miles, R. E., Snow, C. S., Mathews, J. A., Miles, G., & Coleman Jr, H. J. (1997). "Organizing in the Knowledge Age: Anticipating the Cellular Form". *Academy of Management Perspectives,* 11(4), 7–20.

20. Blank, S., & Dorf, B. (2012). *The Startup Owner's Manual: The Step-by-Step Guide for Building a Great Company.* BookBaby, Pennsauken.

21. Ries, E. (2011). *The Lean Startup: How Today's Entrepreneurs Use Continuous Innovation to Create Radically Successful Businesses.* Crown Currency.

22. Salo, O. (2017. 10. 2). "How to Create an Agile Organization". McKinsey & Company Digital; Rigby, D. K., Sutherland, J., & Noble, A. (2018). "Agile at Scale". *Harvard Business Review,* 96(3), 88–96.

23. IBM Institute for Business Value (2018). "Incumbents Strike Back, Insights From the Global C–Suite Study".

24. Barton, D., Carey, D., & Charan, R. (2018). "One Bank's Agile Team Experiment". *Harvard Business Review* Spotlight Series.

25. INSEAD (2017). "Successes and Failures of Amazon's Growth Strategies".

26. Khanna, T., Dai, N. H., & Lin, S. (2017). "Talent@ Tencent". Harvard Business

School Case, Reference no. 9-717-500.

## 4부 신사업을 추진하는 기업의 조직모델

1. O'Reilly, C. A., & Tushman, M. L. (2004). "The Ambidextrous Organization". *Harvard Business Review*, 82(4), 74-83.

2. March, J. G. (1991). "Exploration and Exploitation in Organizational Learning". *Organization science*, 2(1), 71-87.

3. Pope, J. (2022). "AWS Chief Says Amazon's Most Profitable Segment Is Just Getting Started". The Motley Fool.

4. Debb, G. (2016). "Big Companies Must Embrace Intrapreneurship To Survive". *Forbes*.

5. 류희숙 (2019). "바이오 이노베이션에 도전: 후지필름의 재생의료 사업전략". 포스코경영연구원.

6. Gibson, C. B., & Birkinshaw, J. (2004). "The Antecedents, Consequences, and Mediating Role of Organizational Ambidexterity". *Academy of Management Journal*, 47(2), 209-226.

7. 이경묵·유지현 (2011). "조직 양면성의 개념과 향후 연구 과제". 《노사관계연구》, Vol. 22, pp. 1-30. 서울대학교 노사관계연구소.

8. Stoll, J. D. (2020). "Corporate America's Most Underrated Innovation Strategy: 3M's 15% Rule". *Wall Street Journal*.

9. Murphy, B. (2020). "Google Says It Still Uses the '20-Percent Rule,' and You Should Totally Copy It". Inc.com.

10. Black, S. (2016). "How the 15% Rule Became a Stepping Stone for 3M's Innovation". Market Realist.

11. 황종억·정진우·조철희 (2015). 《양손잡이 기업의 비밀》. 프리이코노미북스.

12. O'Reilly, C. A., & Tushman, M. L. (2008). "Ambidexterity as a Dynamic

Capability: Resolving the Innovator's Dilemma". *Research in Organizational Behavior*, 28, 185–206.

13. 콜린 브라이어·빌 카 (2021). 《순서 파괴: 지구상 가장 스마트한 기업 아마존의 유일한 성공 원칙》. 유정식 역. 다산북스.

14. Boston Consulting Group (2013). "Ambidexterity: The Art of Thriving in Complex Environments".

15. Venkatraman, N., Lee, C. H., & Iyer, B. (2007). "Strategic Ambidexterity and Sales Growth: A Longitudinal Test in the Software Sector". In Unpublished Manuscript.

16. Gibson, C. B., & Birkinshaw, J. (2004). "The Antecedents, Consequences, and Mediating Role of Organizational Ambidexterity". *Academy of Management Journal*, 47(2), 209–226.

17. Boston Consulting Group (2023). "A New Era of Competition Calls for Co-Ambidexterity".

18. 김우현 (2022). "'기업이 기업을 낳았다'… 네이버 포켓몬고도 '이것' 덕에 탄생했다". 《매일 경제》.

19. 중소기업벤처부 (2019). "국내외 사내벤처 운영 실태조사 및 정책 개선방안 마련".

20. 조용철 (2023). "월드비전 소셜 액션 플랫폼 '베이크' 독립 분사". 《파이낸셜뉴스》.

21. Sharma, P., & Chrisman, J. J. (1999). "Toward a Reconciliation of the Definitional Issues in the Field of Corporate Entrepreneurship". *Entrepreneurship Theory and Practice*, 23(3), 11–28.

22. 배종태·차민석 (2009). "기업가정신의 확장과 활성화". 《중소기업연구》, 31(1), 109–128.

23. 〈https://www.fki-emuseum.or.kr/main/entrepreneurship/entrepreneurship.do〉.

24. 중소기업벤처부 (2019). "국내외 사내벤처 운영 실태조사 및 정책 개선방안 마련".

25. Hill, S. A., & Georgoulas, S. (2016). "Internal Corporate Venturing: A Review of (Almost) Five Decades of Literature". *Handbook of Research on Corporate*

*Entrepreneurship*, 13–63.

26. Burgers, J. H., Jansen, J. J., Van den Bosch, F. A., & Volberda, H. W. (2009). "Structural Differentiation and Corporate Venturing: The Moderating Role of Formal and Informal Integration Mechanisms". *Journal of Business Venturing*, 24(3), 206–220.

27. 삼성전자 보도자료 (2021). "삼성전자-사내벤처 'C랩 인사이드'·사외 스타트업 'C랩 아웃사이드'… 미래 동력 찾아 발맞춘다".《경향신문》.

28. McCracken, H. (2018). "An Exclusive Look inside Google's In-House Incubator Area 120". Fast Company.

29. Microsoft (2021). "Room to Dream: How the Microsoft Garage is Hacking Creative Culture on a Global Scale"; Mahalakshmi, B. V. (2018). "How Microsoft Garage is Fueling Ideas in Hyderabad". *Financial Express*.

30. Kuratko, D. F., Covin, J. G., & Garrett, R. P. (2009). "Corporate Venturing: Insights from Actual Performance". *Business Horizons*, 52(5), 459–467; Hill, S. A., Maula, M. V., Birkinshaw, J. M., & Murray, G. C. (2009). "Transferability of the Venture Capital Model to the Corporate Context: Implications for the Performance of Corporate Venture Units". *Strategic Entrepreneurship Journal*, 3(1), 3–27.

31. Briody, E. K., Cavusgil, S. T., & Miller, S. R. (2004). "Turning Three Sides into a Delta at General Motors: Enhancing Partnership Integration on Corporate Ventures". *Long Range Planning*, 37(5), 421–434; Johnson, K. L. (2012). "The Role of Structural and Planning Autonomy in the Performance of Internal Corporate Ventures". *Journal of Small Business Management*, 50(3), 469–497.

32. McCracken, H. (2018). "An Exclusive Look inside Google's In-House Incubator Area 120". Fast Company.

33. McCracken, H. (2018). "An Exclusive Look inside Google's In-House Incubator Area 120". Fast Company.

34. 구글 전·현직 직원들과 저자들의 인터뷰 내용에 기반한 것.

35. 배미정 (2019). "후보 선정 오디션부터 재미있는 축제 '대기업 틀 벗어나 마음껏 실패하게'". 《동아비즈니스리뷰》.

36. Kuratko, D. F., Covin, J. G., & Garrett, R. P. (2009). "Corporate Venturing: Insights from Actual Performance". *Business Horizons*, 52(5), 459-467; Garrett Jr, R. P., & Neubaum, D. O. (2013). "Top Management Support and Initial Strategic Assets: A Dependency Model for Internal Corporate Venture Performance". *Journal of Product Innovation Management*, 30(5), 896-915.

37. Garvin, D. A. (2002). "A Note on Corporate Venturing and New Business Creation". Harvard Business School Background Note 302-091.

38. 조정형 (2023). "삼성전자, 역대 최다 15개 C랩 스타트업 CES 출동". 《전자신문》.

39. "'워라밸 시대' 맞아 새삼 주목 받는 집단지성 플랫폼 모자이크(MOSAIC)" (2018. 8. 22). 삼성전자 뉴스룸.

40. Knowledge@Wharton (2018). "At Microsoft, Makers and Dreamers Head to the Garage".

41. Burgelman, R. A. (1988). "Strategy Making as a Social Learning Process: The Case of Internal Corporate Venturing". *Interfaces*, 18(3), 74-85; Keil, T., McGrath, R. G., & Tukiainen, T. (2009). "Gems from the Ashes: Capability Creation and Transformation in Internal Corporate Venturing". *Organization Science*, 20(3), 601-620.

42. Garvin, D. A., & Levesque, L. C. (2006). "Meeting the Challenge of Corporate Entrepreneurship". *Harvard Business Review*, 84(10), 102; McGrath, R. G., Keil, T., & Tukiainen, T. (2006). "Extracting Value from Corporate Venturing". *MIT Sloan Management Review*.

43. McCracken, H. (2018). "An Exclusive Look inside Google's In-House Incubator Area 120". Fast Company.

44. 구글 전·현직 직원들과 저자들의 인터뷰 내용에 기반한 것.

45. Wiggers, K. (2023). "Area 120, Google's In-house Incubator, Severely Impacted by Alphabet Mass Layoffs". TechCrunch.

46. Monsen, E., Patzelt, H., & Saxton, T. (2010). "Beyond Simple Utility: Incentive Design and Trade-Offs for Corporate Employee-Entrepreneurs". *Entrepreneurship Theory and Practice*, 34(1), 105-130.

47. Birkinshaw, J., van Basten Batenburg, R., & Murray, G. (2002). "Venturing to Succeed". *Business Strategy Review*, 13(4), 10-17.

48. 구글 전·현직 직원들과 저자들의 인터뷰 내용에 기반한 것.

49. 배미정 (2019). "후보 선정 오디션부터 재미있는 축제 '대기업 틀 벗어나 마음껏 실패하게'". 《동아비즈니스리뷰》.

50. "삼성전자, 코로나19 이후 변화 대응 'C랩' 과제 5개 스타트업 창업 지원" (2021). 삼성전자 뉴스룸.

51. Microsoft (2021). "Room to Dream: How the Microsoft Garage is Hacking Creative Culture on a Global Scale"; Mahalakshmi, B. V. (2018). "How Microsoft Garage is Fueling Ideas in Hyderabad". *Financial Express*.

52. 황선호·신준석 (2018). "탐색적 사내기업가정신: 삼성전자 C-Lab 사례 연구". 《기술혁신학회지》, 제21권 3호.

53. Kuratko, D. F., Covin, J. G., & Garrett, R. P. (2009). "Corporate Venturing: Insights from Actual Performance". *Business Horizons*, 52(5), 459-467.

54. 배미정 (2019). "후보 선정 오디션부터 재미있는 축제 '대기업 틀 벗어나 마음껏 실패하게'". 《동아비즈니스리뷰》.

55. McCracken, H. (2018). "An Exclusive Look inside Google's In-House Incubator Area 120". Fast Company.

56. Microsoft (2021). "Room to Dream: How the Microsoft Garage is Hacking Creative Culture on a Global Scale"; Mahalakshmi, B. V. (2018). "How Microsoft Garage is Fueling Ideas in Hyderabad". *Financial Express*.

57. 조정형 (2023). "삼성전자, 역대 최다 15개 C랩 스타트업 CES 출동". 《전자신문》.

58. 이승아 (2022). "사내 스타트업 도전하면 연봉 20% 더 줍니다". 《조선일보》.

59. 삼성전자. "2023년 지속가능경영보고서".

60. Rohrbeck, R., Döhler, M., & Arnold, H. (2009). "Creating Growth with Externalization of R&D Results: The Spin-along Approach". *Global Business and Organizational Excellence*, 28(4), 44–51; Michl, T., Gold, B., & Picot, A. (2012). "The Spin-Along Approach: Ambidextrous Corporate Venturing Management". *International Journal of Entrepreneurship and Small Business*, 15(1), 39–56.

61. Rohrbeck, R., Döhler, M., & Arnold, H. (2007). "Combining Spin-Out and Spin-In Activities: The Spin-Along Approach". ISPIM 2007 Conference.

62. Dayaram, S. (2023). "Sony and Honda Drive New Electric Car Afeela Onto the CES Stage". CNET.

63. Reuters (2022). "Sony, Honda Sign JV to Sell Electric Cars by 2025".

64. Hollister, S. (2024). "Sony's Afeela Needs to Be More Than a Feeling". The Verge.

65. 장세진 (2019). 《경영전략》. 박영사.

66. BCG (2021). "Designing Joint Ventures That Create More Value".

67. IMD (2014). "Strategic Partnerships".

68. McKinsey & Company (2014). "Avoiding Blind Spots in Your Next Joint Venture".

69. BCG (2021). "Designing Joint Ventures That Create More Value".

70. 하나금융경영연구소 (2021). "코로나19 이후 기업들의 합작투자 및 사업제휴 현황과 시사점"; ⟨https://www.wallstreetmojo.com/joint-venture-jv/⟩.

71. 하나금융경영연구소 (2021). "코로나19 이후 기업들의 합작투자 및 사업제휴 현황과 시사점".

72. KPMG (2023). "Success in Joint Ventures".

73. BCG (2014). "Getting More Value from Joint Ventures".

74. Altman, E. J., Schwartz, J., Kiron, D., Jones, R., & Kearns-Manolatos, D. (2021).

"Workforce Ecosystems: A New Strategic Approach to the Future of Work". *MIT Sloan Management Review*, 62(2), 1–4.

75. Deloitte (2023). "Managing the Extended and Connected Workforce".


## 5부 조직모델을 완성하는 사람들

1. KOSIS 국가통계포털, 2021년 법인세 신고 현황.

2. "Everything You Need to Know About OpenAI's Board" (2023. 11. 21). *The Wall Street Journal*.

3. "OpenAI's board: Who are the 4 Directors Who Fired Sam Altman, and Will They Stay If He Returns?" (2023. 11. 19). Fast Company.

4. "Founders: Pay Attention to What Happened with OpenAI's Board" (2023. 11. 21). TechCrunch.

5. 삼일PwC거버넌스센터 (2022). "2022 이사회 트렌드 리포트".

6. Spencer Stuart (2023). 2023 U.S. Spencer Stuart Board Index.

7. 삼일PwC 거버넌스센터 (2022). "2022 이사회 트렌드 리포트".

8. Spencer Stuart (2023). 2023 U.S. Spencer Stuart Board Index.

9. Coles, J. L., Daniel, N., & Naveen, L. (2008). "Boards: Does One Size Fit All?". *Journal of Financial Economics*, 87(2), 329–356.

10. Creary, S., McDonnell, M., Ghai, S., & Scruggs, J. (2019). "When and Why Diversity Improves Your Board's Performance". *Harvard Business Review*.

11. ⟨https://www.apple.com/leadership/⟩.

12. ⟨https://investors.pfizer.com/Investors/Corporate-Governance/Board-Committees-Charters/default.aspx⟩.

13. OECD (2018). "Board Evaluation: Overview of International Practices".

14. BlackRock (2020). "BlackRock Investment Stewardship: Corporate Governance and Proxy Voting Guidelines".

15. Vanguard (2019). "Vanguard Investment Stewardship Commentary: What We Do, How We Do It, Why It Matters".

16. Pfizer (2023). Proxy Statement for 2023.

17. 신종석 (2015). "주식회사 사외이사의 독립성 확보를 위한 법적 과제".《법학연구》, 제57권, 117–135.

18. BlackRock (2020). "Larry Fink's 2020 Letter to CEOs".

19. ISS (2023). Proxy Voting Guidelines; Glass Lewis (2023). 2024 Benchmark Policy Guidelines.

20. Vodafone (2023). "Annual Report".

21. McKinsey & Company (2023. 12. 13). "What is the C-suite?"

22. Mintzberg, H. (1980). "Structure in 5's: A Synthesis of the Research on Organization Design". *Management Science*, 26(3), 322–341.

23. Messenböck, R., Hilberath, C., & Kopinitsch, B. (2018. 1. 26). "The Corporate Center of the Future". BCG.

24. Hambrick, Donald C., & Mason, Phyllis A. (1984). "Upper Echelons: The Organization as a Reflection of Its Top Managers". *The Academy of Management Review*, 9 (2), 193-206.

25. McKinsey & Company (2023. 12. 13). "What Is the C-suite?"

26. McKinsey & Company (2023. 12. 6). "Why Do Organization Have COOs?"

27. ⟨https://www.apple.com/leadership/⟩.

28. ⟨https://news.microsoft.com/leadership/⟩.

29. Statt, N., & Vincent, J. (2018. 4. 4). "Apple Hires Google's Former AI Boss to Help Improve Siri". The Verge.

30. "116개 기업 사들인 애플, 인재·신기술 집어삼켰다" (2022. 5. 11).《한국경제》.

31. "MS, 연속 대형 M&A로 1위 애플 잡는다?" (2023. 5. 1). 뉴스핌.

32. ⟨https://news.microsoft.com/ko-kr/2023/07/11/microsoft-launcher-2023/⟩.

33. ⟨https://www.microsoft.com/en-us/garage/⟩.

34. Ulrich, D. (1996). *Human Resource Champions: The Next Agenda for Adding Value and Delivering Results*. Harvard Business Press.

35. Statt, N., & Vincent, J. (2018. 4. 4). "Apple Hires Google's Former AI Boss to Help Improve Siri". The Verge.

36. Novet, J., & Field, H. (2024. 3. 20). "Microsoft Hires DeepMind Co–Founder Mustafa Suleyman as CEO of New AI Unit". CNBC.

37. Clemmer, J. (1995). *Pathways to Performance: A Guide to Transforming Yourself, Your Team, and Your Organization*. The ClemmerGroup.

**|박정우|**

중앙대학교 심리학과를 졸업하고 서울대학교 대학원에서 조직심리학 석사학위, 교육학 박사학위를 받았다. 글로벌 경영컨설팅 회사 Accenture와 IBM을 거쳐 현재는 삼성글로벌리서치 리서치 펠로우(Research Fellow)로 재직하고 있다. 주요 관심 분야는 조직설계, 인사제도 혁신, 혁신과 기업가정신, 리더십, AI의 인사 적용, 대학 혁신이다. 최근에는 한국에 적용 가능한 직책/직무 기반 인사, 시대에 맞는 새로운 동기부여 방안 등을 중점적으로 연구하고 있다. 주요 논문 및 저서로 "팀 학습 행동의 통합적 고찰"(《지식경영연구》, 2024), "초기 스타트업 창업가의 기업가적 리더십, 팀 학습 행동, 팀 경계 확장 행동 및 지각된 성과의 관계"(《중소기업연구》, 2020, 공저), "중간관리자의 팀 성과 향상 기여도에 영향을 미치는 요인에 대한 부하들의 주관적 인식 유형: 조직적 특성과 리더십 행동을 중심으로"(《기업교육과 인재연구》, 2018, 공저), 《실리콘밸리 사람들은 어떻게 일할까》(2017, 공저), 《인재경영을 바라보는 두 시선》(2015, 공저) 등이 있다.

**|김명진|**

이화여자대학교 심리학과를 졸업하고 고려대학교에서 산업 및 조직 심리학 석사학위를 받았다. 이후 IBM과 헤이그룹 컨설턴트, 삼성글로벌리서치 인재경영연구실의 연구원을 거쳐, 하이브 인사총괄 및 아워홈 People & Innovation 담당 임원으로 20여 년간 HR 분야에서 전문성을 쌓아왔다. 현재는 디아이(THEI) 컨설팅 대표로 활동하고 있다. 구성원과 회사 간 신뢰 구축, 기술 발달에 따른 협업 방식의 변화, 그리고 동기부여를 통한 인재 관리가 주요 연구 분야이며, 특히 심리학적 이론과 최신 트렌드를 실무에 접목하는 데 주력하고 있다. 저서로는《실리콘밸리 사람들은 어떻게 일할까》(2017, 공저),《인재경영을 바라보는 두 시선》(2015, 공저)이 있다.


## | 진한규 |

고려대학교 심리학과를 졸업하고 연세대학교에서 경영학으로 박사학위를 받았다. 현재 삼성글로벌리서치 인재경영연구실 리서치 펠로우(Research Fellow)로 재직하고 있다. 미래 기술과 산업 변화에 따른 조직과 인사 운영의 혁신 방향에 꾸준히 관심을 가지고 있으며, 핵심인재 채용 및 양성, 리더십, 고용 브랜딩 등의 연구 과제를 수행했다. 주요 논문 및 저서로 "기업의 성과피드백과 전략적 변화: 최고경영진 및 사외이사의 산업 외부 네트워크의 조절효과"(《전략경영연구》, 2021, 공저),《HR 테크 혁명》(2020, 공저)이 있다.


## | 주세영 |

노스캐롤라이나 대학교 MBA를 졸업하고 성균관대학교에서 경영학으로 학사와 박사학위를 받았다. 지난 23년간 삼성전자와 삼성글로벌리서치에서 근무했고 현재 미국의 컨설팅회사 나비스타(Navista.org)에서 매니징 파트너(Managing Partner)로 재직 중이다. 글로벌 기업들의 경영진 및 임원 운영을 분석하여 효과적 승계 계획(succession plan), 임원과 조직의 성과 관리 관련 연구를 수행해왔다. 최근에는 M&A 전략과 인재 관리, 비즈니스 모델 혁신에 따른 조직구조 변화에 대해 중점적으로 연구하고 있다. 저서로《실리콘밸리 사람들은 어떻게 일할까?》(2017, 공저),《SERI 경영노트2》(2011, 공저)가 있다.

## | 김재원 |

서울대학교 경제학부를 졸업하고 동 대학원에서 경영학 석사학위를 받았다. 미국 펜실베이니아대학교 와튼 경영대학원에서 인사 조직 석사학위, 한양대학교에서 인사 조직 박사학위를 취득하였다. 현재 삼성글로벌리서치 인재경영연구실 리서치 펠로우(Research Fellow)로 재직 중이다. 관심 영역은 기업지배구조, 임원 인사 운영, 핵심 인재 관리 등이다. 주요 논문 및 저서로 "Employee Voice and Organizational Performance: Team Versus Representative Influence"(*Human Relations*, 2010, 공저), "인사부서의 전략적 의사결정 참여가 인사관리의 효과성에 미치는 영향"(《인사조직연구》, 2004, 공저), 《실리콘밸리 사람들은 어떻게 일할까》(2017, 공저), 《인재경영을 바라보는 두 시선》(2015, 공저) 등이 있다.

### •감수•

## | 배노조 |

IMF 외환위기를 최전선에서 겪었던 짧은 증권 브로커 생활을 제외하면 삼성에서 줄곧 인사 커리어로 성장했다. 인재제일(人材第一) 철학이 삼성 성공의 핵심 요인이었다는 믿음과 함께 삼성글로벌리서치에서 15년간 인사제도 기획을 담당하는 수석연구원으로 일했고, 현재는 인재경영연구실장을 맡고 있다. 와세다대학교에서 경영학 석사학위를, 성균관대학교에서 인사조직 박사학위를 받았다. 기술진보와 인구구조 등 미래 인사 환경을 예측하고 선제적으로 준비하기 위해 연구원들과 고민을 함께하고 있다.